完全図解！

医者が教える

手相の健康法則

医学博士　樫尾太郎　著

東洋書院

この本をお読みになる前に

この本は、幼少の頃から病弱であった私の健康を取り戻してくれた「西式健康法」の原理、および私自身が医者として四十年間にわたって、多くの患者の皆様方と接してきた経験の中でつかむことのできた、病気を予知する方法、また病気を未然に防ぐ方法を述べたものです。

くわしくは本文をお読みいただくとして、内容についてご質問、あるいはお気づきの点などございましたら、左記あて、電話または往復ハガキでお問い合わせくださるようお願い申し上げます。

平成元年十月一日

樫尾《かしお》太郎《たろう》

医者が教える「手相」の健康法則●もくじ

図版製作・創見社

プロローグ――手相を変えれば、誰でも健康になれる

＊ズバリ！　手相で病気がわかる

私が初めて手相に興味を持ったのは、旧制中学三年生のときに、西勝造《にしかつぞう》先生の体貌《たいぼう》観測を受けたときからでした。先生は十数人の人の手をみるだけで、病気の原因と症状を的確に指摘し、その解決法を指示され、なみいる人々は驚嘆したものでした。

私はその後、東大医学部に学びましたが、その間に一般の手相の書物を読みあさり、西先生の『手相新解』や『手相学の趣味』は、くりかえして暗記するほど読んだものです。昭和二三年三月には、十日間にわたる先生の講義を聴き、そのノートを整理して『新手相人相学』という本にまとめました。

一般に出ている手相の書物というのは、東洋流のものは『神相全篇《しんそうぜんぺん》』（明の時代、袁忠《えんちゅう》徹《てつ》の著で、現存する手相の本で最も古いもの）の焼き直しが多く、西洋式のものはキロー

（二〇世紀フランスの手相学者）の翻訳をもとにしたのが普通のようです。たまたま自分の体験をまとめたものがあっても、なんだか科学的根拠が薄弱なような気がします。

しかし、西先生の手相学は、四十年にわたる体験にもとづき、解剖学的、生理学的に解明した体系であって、数学の公式にしたがって問題を解くような感じがしました。

私も医学生活四十年の間、十万人になんなんとする患者さんの手をみて病気を診断し、治療の方法を説明してきました。昔の漢方医は舌を診、脈を触れるだけで診断したものですが、私も聴診器や試薬や機械などを使わずに、起ころうとしている病気を予知し、各種の難病に的確な治療法を指示することができました。

しかし、多くの人々は手相を単なる占いだと考えているようです。かつて私はこんな経験をしたことがあります。高血圧で相談に来た人に、その手相をみて「あなたはむしろ肝臓が悪いから、いまのうちに徹底的になおしなさい」と言いましたが、そのままにしていたところ、一年後に肝臓ガンで倒れてしまいました。再度相談を受けたときは手遅れだったため、治療を断りましたが、その一週間後に亡くなったのです。

また、心臓が悪いといって来た方に、やはり手相をみて「脳溢血に注意してください」

と申し上げたことがあります。案の定（といっては失礼かもしれませんが）その人は、半年後に倒れて半身不随となり、一時は庭を散歩するくらいにまで回復しましたが、やはり不帰の客となりました。

病気になって入院しても、いろいろな検査を一カ月もやって、やっと病名がついた頃には、病人が衰弱していたり、病名がついても治療法がないという不幸なことが、私たちのまわりにはなんと多いことでしょう。

簡単に病気を予知してこれを未然に防ぎ、健康を保持・増進して天寿《てんじゅ》をまっとうする方法はないものなのでしょうか。それが手相をみることによって可能ならば、これほど簡単で便利な方法はありません。

*手は一人ひとりの健康状態を物語る

いったい「手相」とは何でしょう。手相がけっして単なる占いでないことだけは確かです。それは、手というものが、人間にとって非常に重要な意味を持ったものだからです。

私たち人類は四つ足の獣とちがい、起立することによって、手が歩行の役目から解放されました。それによって人間は手を自由に使うことができるようになり、いろいろな文化を作り出すことができたのです。絵画も彫刻も楽器の演奏も、文字を書くことも、機械を造ることも、機械を動かすことも、すべて手がおこなっています。

職業とか趣味とか、日常の動作は手の発育に個人差を与え、各人の性格とも密接な関係を示すようになりました。足は単なる移動器官であるために、個人差はさほどありません。足跡が犯罪捜査の端緒になるよりも、指紋が個人識別の最も正確な手段とされているのはそうしたことがあるからです。

顔が笑ったり、怒ったり、悲しんだりするように、手にも表情があります。「人は宇宙の縮図にして、手は人の縮図なり」と、医学博士のカルマはその著“How to Read the Hand”（一九二五）で述べていますが、手にはその人の健康、性格、知能などすべてが表示されています。そして、手は顔と違って、お化粧でごまかすことも少なく、その〝表情〟もすぐには変化しませんから、観察しやすいのです。

手相になぜ健康状態があらわれるかというと、手が身体の一部であり、しかも大脳と直結したこまかい動きを示すからです。これは図1の神経分布図を見ていただくとわかるよ

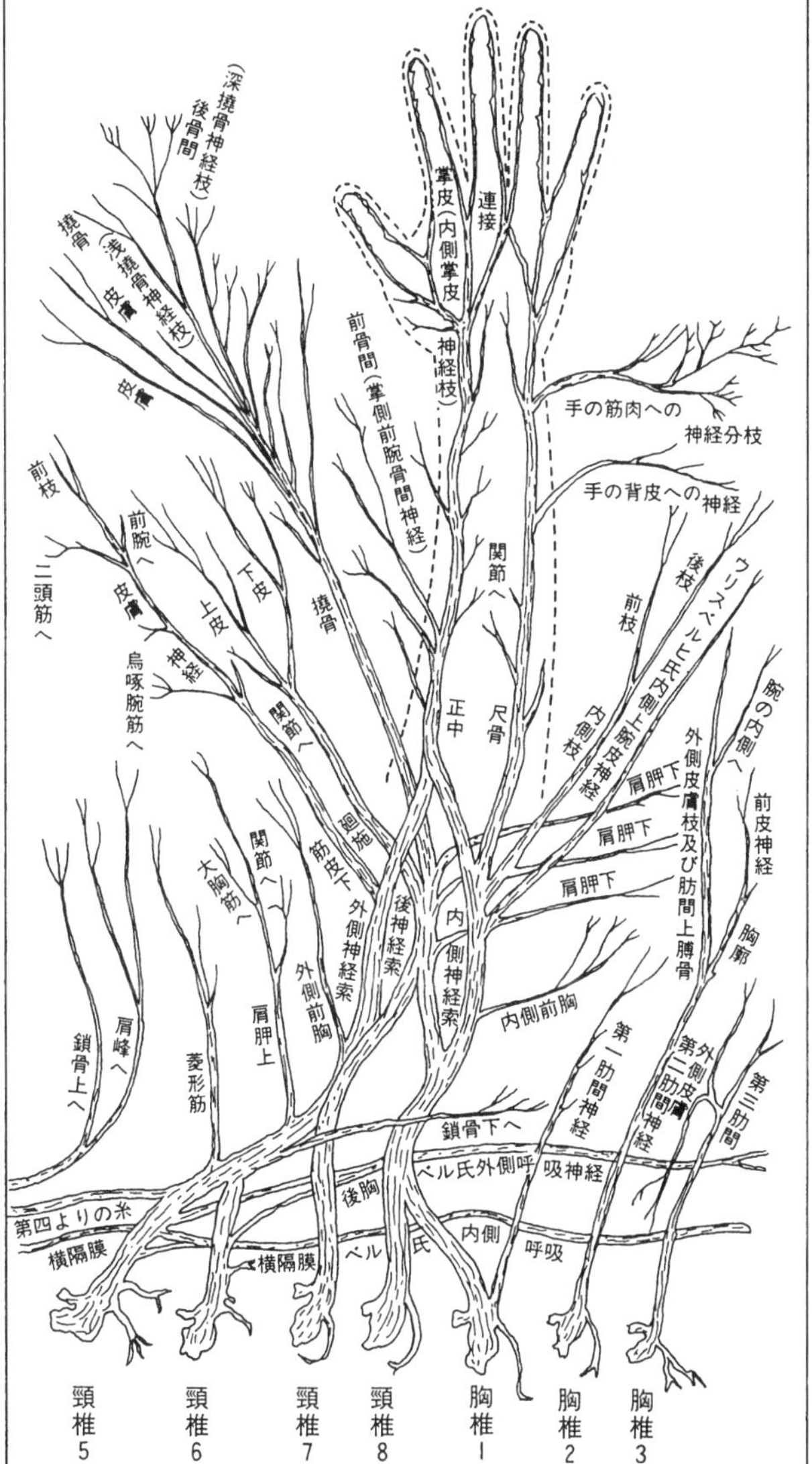

深橈骨神経枝
後骨間
橈骨
浅橈骨神経枝
皮膚
皮膚
掌皮(内側掌皮
連接
神経枝)
前骨間(掌側前腕骨間神経)
手の筋肉への
神経分枝
手の背皮への神経
前枝
二頭筋へ
前腕へ
皮膚
神経
烏啄腕筋へ
上皮
下皮
関節へ
橈骨
関節へ
正中
尺骨
後枝
前枝
ウリスベルヒ氏内側上膊皮神経
内側枝
腕の内側へ
外側皮膚枝及び肪間上膊骨
前皮神経
肩胛下
肩胛下
肩胛下
廻施
筋皮下
関節へ
大胸筋へ
外側神経索
後神経索
内側神経索
内側前胸
外側前胸
肩胛上
胸廓
第一肋間神経
第二肋間神経
外側皮膚
第三肋間
鎖骨上へ
肩峰へ
菱形筋
鎖骨下へ
ベル氏外側呼吸神経
後胸
第四よりの糸
横隔膜
横隔膜
ベル氏内側呼吸
頸椎5
頸椎6
頸椎7
頸椎8
胸椎1
胸椎2
胸椎3

図1　神経分布図

うに、自律神経と脳脊髄神経とが連係しているからです。

人間の体というものは、臓器器官に変調をきたすと、ただちに自律神経を介して大脳に直結し、脳脊髄神経を通じて手に影響があらわれます。事実、脳出血で半身不随になった人の手ははれぼったく、手全体が紫紅色を帯びて冷たくなります。そして、手に刻まれている線も薄くなります。

逆に、手の変化は脳脊髄神経の知覚神経を通じて脳に影響し、内臓器官にも作用します。手を使いすぎると肩が凝り、腕の付け根のリンパ節がはれたり肺が悪くなることもあります。腕のケガがきっかけで薬指と小指が伸びなくなり、肺を病んだり視力が落ちたりすることもあります。

環境も、手に大きな影響を与えます。環境の影響はまず皮膚にあらわれます。たとえば、寒いと皮膚は収縮して白くなり、鳥肌がたったりしますし、逆に暑いと皮膚はたるんで赤みを帯びます。そういうときには内臓の皮膜も同じような状態になっているのです。

また、その土地で獲れる食べ物も、それを食べる個人に影響を及ぼします。魚やオットセイやラッコの肉しか食べるものがないエスキモーは、多く眠ることによって肉食の酸性を中和し、バナナやパイナップルやヤシの実といった果実を多く食べる南洋の原住民たちは、独特のダンスによって果物のアルカリ性を中和しようとします。

江戸時代末期の観相家で、日本最古の手相に関する文献『南北相書《なんぼくそうしょ》』の著者・水野南北（一七五七〜一八三四）は「南北相法極意修身録《なんぼくそうほうごくいしゅうしんろく》」で、富貴《ふうき》の良相があっても不幸になる人があり、貧賤《ひんせん》の悪相があっても幸福になる人があるのは、一にかかって食を慎むか慎まないかにあると喝破《かっぱ》しています。現代の栄養学者が、うまいものを食べカロリーを十分に摂《と》れば健康になると教えて、病人を製造しているのと好対照をなしています。暖衣飽食《だんいほうしょく》はすぐに手相にあらわれ、また病気の原因を作ってゆきます。

このように、人間の手と健康とは密接にかかわっているのです。私たちの内臓器官は、全部が全部、日常生活に必要なわけではありません。たとえば、二つある腎臓のうち一つがなくても生活に不自由を感じないのがその例です。しかし、手や足は、一つ足りなくても困ります。医学者が内臓ばかりを、体育学者が手足ばかりを重視するのは、いずれも片手落ちと言えましょう。

＊手相は変えられる！

さて、手相というと、もって生まれついたもので生涯変わらないものだと考えている人も少なくないようです。たしかに、指紋や掌紋《しょうもん》は一生変わらないとされており、それ故に犯罪の捜査で個人を識別するのに利用されたりしています。しかし、手の平の線や指の付け根の丘、指や爪の形・硬度・色・温度などは、身体の状況に応じて時々刻々に変化しているのです。後天的な病気については、その変化のほうがむしろ重要な因子なのです。

この本をお読みになれば、少なくとも健康が自分の思うままになることがお分かりになるでしょうし、手相も変わることに気がつかれるでしょう。

手相はなぜ人為《じんい》的に変わりうるかというと、手の線を左右するのは手の筋肉へゆく上腕神経であり、それは身体の姿勢によって変わってくるものであり、手の色は全身の血液循環の状態に依存しているからです。

試みに、片手を下に垂れ、もう一方の手を上へ伸ばして一分間微振動を与えてみてください。下へ垂れた手はどす黒く、上で振った手は白くきれいになることに気がつかれるでしょう。また、手を温めると肺は充血し、手を冷やすと肺は貧血します。

姿勢の正しい人はすべて健康です。つまり、手の形や線を変える第一歩は、姿勢を変えるということです。病気になると、それによって、臓器器官に対応した脊椎に副脱臼が起こり、それと関係する神経に圧迫が生じてきます。

たとえば、肺の悪い人は首が前へ曲がり、胃の悪い人はみぞおちがくぼみ、子宮の悪い人は腰が曲がりますが、それに応じて手相も特徴を示します。

手相はけっして固定的なものではなく、変化しているのです。しかも、その変化は、手相と臓器器官との間で相互に起こります。逆に言えば、手相が変わると、健康状態、さらには性格や運命も変わるわけです。

また、現在は過去の結果の集積であるとともに将来をも暗示するものであり、現在の潜在エネルギーの状態が未来の状態を規定するという前提に立つならば、手相によって将来の健康や運勢を予言することもできるはずです。

＊左右どちらの手をみるのか？

キローは「左は持って生まれた手、右は人の作った手」（The left is the hand we are

born with ; the right is the hand we make.)と言っています。左手は先天的、右手は後天的傾向を示すもので、左の手相がよくないのに右の手相がよければ、それは生まれつき弱かった人が養生《ようじょう》を守って健康になったことを示すというわけです。

いわゆる手相占いでは、女は右、男は左でみるなどといわれていますが、これはまちがいです。私たち医者がみる場合、いちおう左右両方の手を観察しますが、主になるのは男女とも左手です。ちなみに、右手は左脳半球、左手は右脳半球に連なっています。

運命の動きは右手にあらわれますから、右手は変化しやすいのです。左手は生まれつきのもので変わりにくいのですが、左手の手相をよくするように努力すれば、身体によい習慣ができ、心理的にもよいという自己暗示が潜在意識に働いて、自然と右手もよくなるものです。

また、左右の手相はだいたい同じなのが正常ですが、それがいちじるしく異なるのは、左右の神経のバランスがとれていない証拠で、そういう人は片手のあらわす理想ともう一方の手のあらわす現実との矛盾に悩むことになります。それをそろえるのが、後で示す合《がっ》掌合蹠法《しょうがっせき》です。

すべての諺が相反した真理を表現するように、医学者にも、「瓜のつるにはなすびはならぬ」「蛙の子は蛙」と遺伝を重視する一派と、「氏より育ち」と環境や教育に重点をおく流派とがあります。染色体が遺伝形質を伝えるとするメンデル＝モルガン学派に対して、ソ連のルイセンコ学説は、生物が発生の間に外界と反応してゆくこと自体が遺伝であり、染色体だけでなく細胞全体が遺伝に関わると主張します。

しかし、遺伝とは一つの型から打ち出されたもので、それは生後の環境や教育や経験によって変わってゆくものです。だとすれば手相も、生まれてからの努力、修養によって変えることができることは容易に想像がつきましょう。

左手は先天的な、右手は後天的な傾向を示すということを頭に入れて、手相をみることにしましょう。

＊手相で健康状態をみる前に

手相をみるには、手の各部分の名称をまず知らなければなりません。各章の冒頭でそれぞれくわしく説明しますが、とりあえずここでは最低限度のことを知っておいていただきたいのです。

図2をご覧になってください。手は手の平と指で構成されていますが、指はともかく、手の平にもそれぞれ名前がつけられています。線のほかにも、丘とか庭とか平原とか、実に多彩です。

それはともかく、手の平をみるには、手首を経てぐるりと廻り、手の平の中心の火星平原、木星丘、土星丘、太陽丘、水星丘、月丘、金星丘とみていきます。線よりもまず丘をみて、手を支配している性質を大づかみに把握するのです。とくに、金星丘と月丘とがふっくらしているかどうかに気をつけてください。

次にみるのが線です。手にあるさまざまな線のうち、生命線、頭脳線、感情線の三つをとくに「三主線」といいます。この三主線が、手相で健康を読むとき、大きな手がかりとなります。そのなかでもっとも重要なのは生命線です。

一般に、手にあらわれる線ははっきり刻まれていたほうがよいと言えます。なかには線がはっきりわからないという人もいることでしょう。その場合、親指を深く折ると生命線が濃くなり、残り四指を強く握ってこぶしを作ると感情線がはっきりし、したがって頭脳

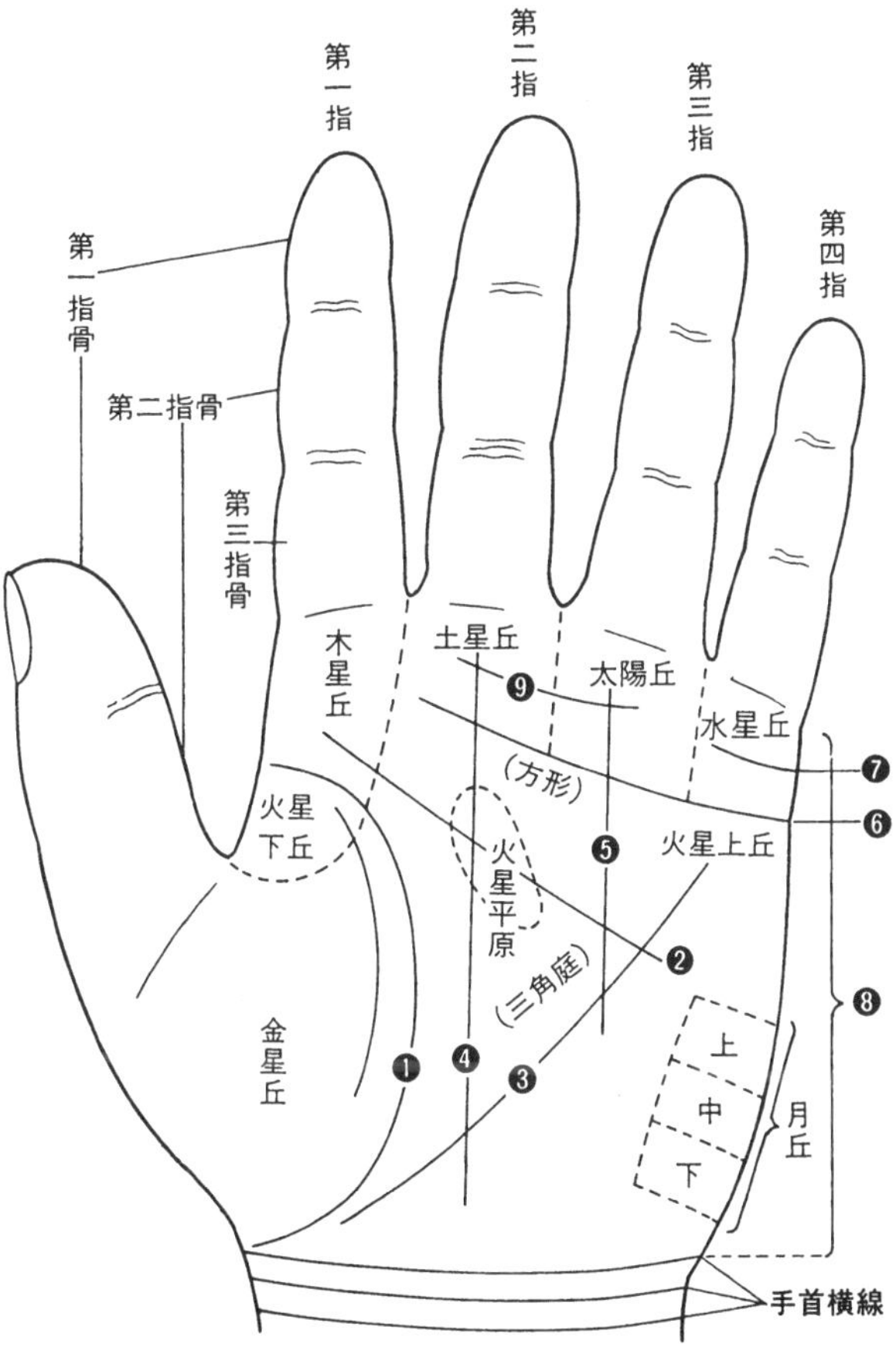

❶生命線(本能線)　❷頭脳線(理知線)　❸健康線
❹運命線　❺太陽線(個性線)　❻感情線
❼結婚線　❽打撃線(縁)　❾金星帯

図 2

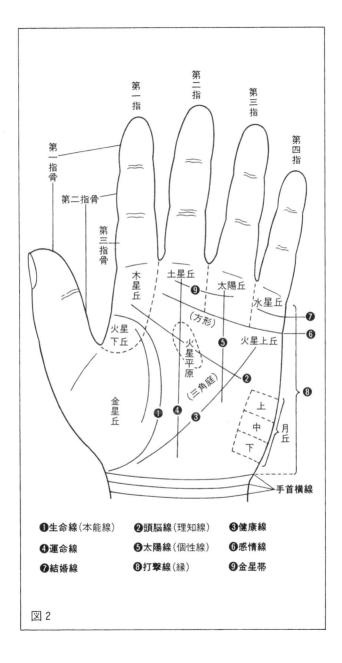

線も明瞭になります。また、運命線は、親指と小指、人差指と小指を合わせるとはっきり出てきます。さらに健康線は、人差指、中指、薬指を月丘のほうへ折り曲げるとはっきりみえます。

次は指です。指は俵のようにふっくらとしているのがベストです。なかでも親指は非常に重要です。

親指は副交感神経（代表は迷走神経）に関係してアルカリ性系統に、他の四指は交感神経と連絡して酸性系統に属します。体質がアルカリ性か酸性かを見分けることは、手相をみるときの基本です。感情線の強い酸性体質の人は約七割を占め、そういう人のかかりやすい病気の代表は脳出血です。生命線の強いアルカリ性体質の人は約三割で、そういう人のかかりやすい病気の代表はガンです。

手に至る神経は脳から発しており、腸→脳→手という順序で影響が及んでいきます。このことからも、手相が固定的なものではないことが分かります。便の停滞による腸閉塞が主線の乱れる原因であり、お腹の掃除をすれば手相もよくなるという理屈です。

紀元四世紀頃、中国の道教の士が著した『抱朴子《ほうぼくし》』という書物には「長生《ちょうせい》を得んと欲せば腸中まさに清かるべし、不死を得んと欲せば腸中滓《かす》なかるべし」とあります。またドイツの名医リガウエルも「人間の諸疾患の原因は糞便の停滞である」と言っています。

手相をみるにあたって大切なことは、人体の故障がどのようにして起こるかという原理を知っておくことです。

身体の故障、すべての病気は身体の土台である足からはじまります。足から脳に向かって上がっていくものなのです。

たとえば右足先に故障がある人（靴の右足先が減っているはずです）の場合、左足首が悪く、右膝がガクガクし、左の腸に便がたまり、肝臓を悪くし、左肋膜、右肺尖、左肩、右咽喉、左脳髄というぐあいに、ジグザグを描きながら（次ページ図3の黒い玉）上向していきます。この痛みの伝達の途中、どこか特に弱い部分があると、そこに故障が集中して病気になるのです。

そして、この右足先に故障をかかえている人は、病気のある側に首が傾き、頸椎七番の神経を圧迫するので、その側の生命線が薄くなります。また、反対側のこめかみと金星丘には、静脈の怒張がみられます。

身体の故障を示す左右の関係

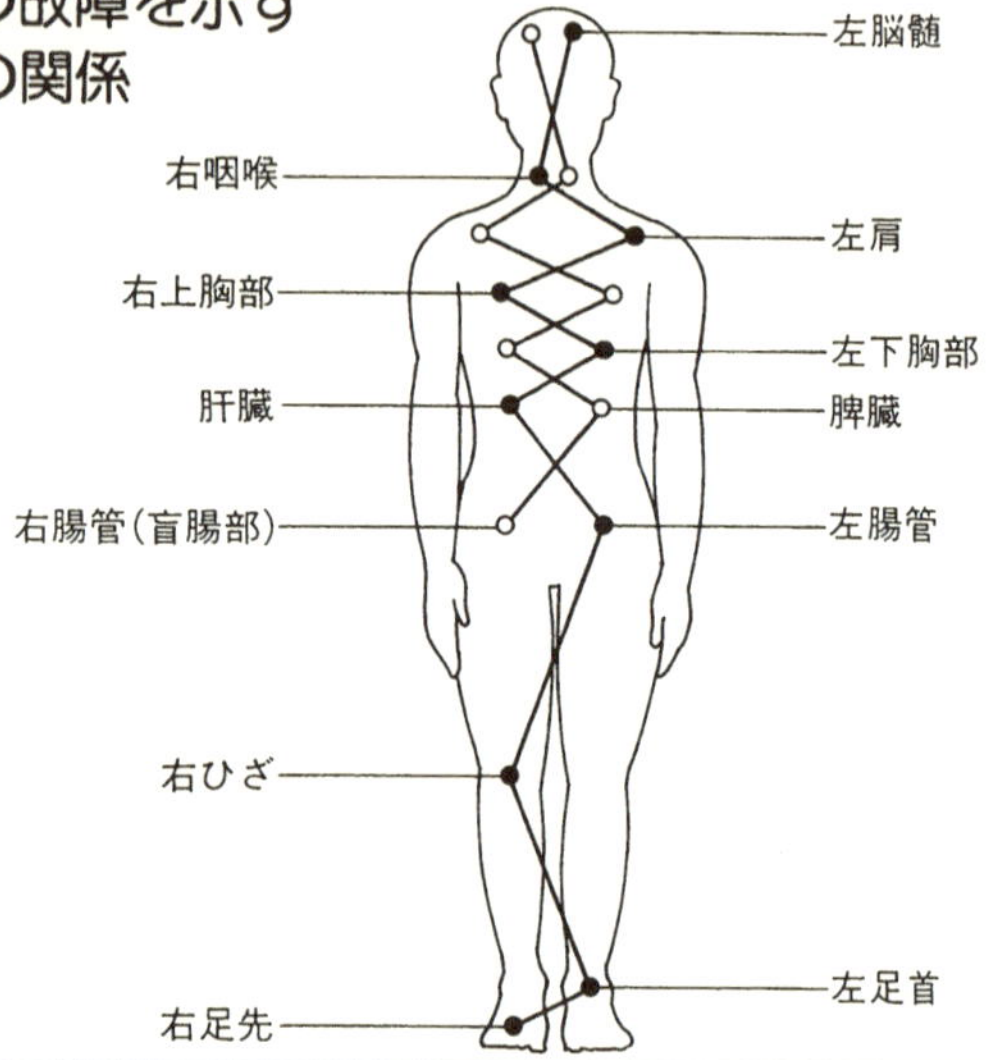

図3

反対に左足先の悪い人は、右足首から左ヒザを経て右脳髄まで、同じようにジグザグを描きながら（図3の白い玉）上向していきます。この場合、足先の悪いほうの手の平の手首寄りの中央部分が凹んでくるのが特徴です。

足の故障を治すには、足先の悪いほうを図4①のように、左手でかかえ、右手でくるぶしの部分を握り、扇形に横に振ります。次に、反対側の足のくるぶしの上方を両手で握り、おいでおいでをするように上下に（自分でするときは下腿を水平にして）振ります（同②）。

これを一日に二〜四回、一、二分ずつお

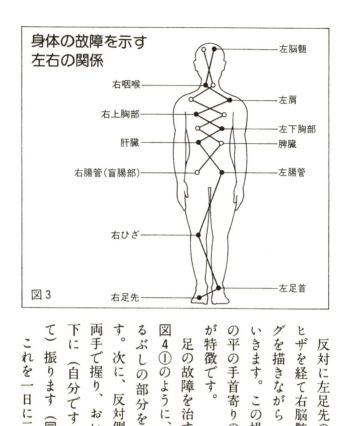

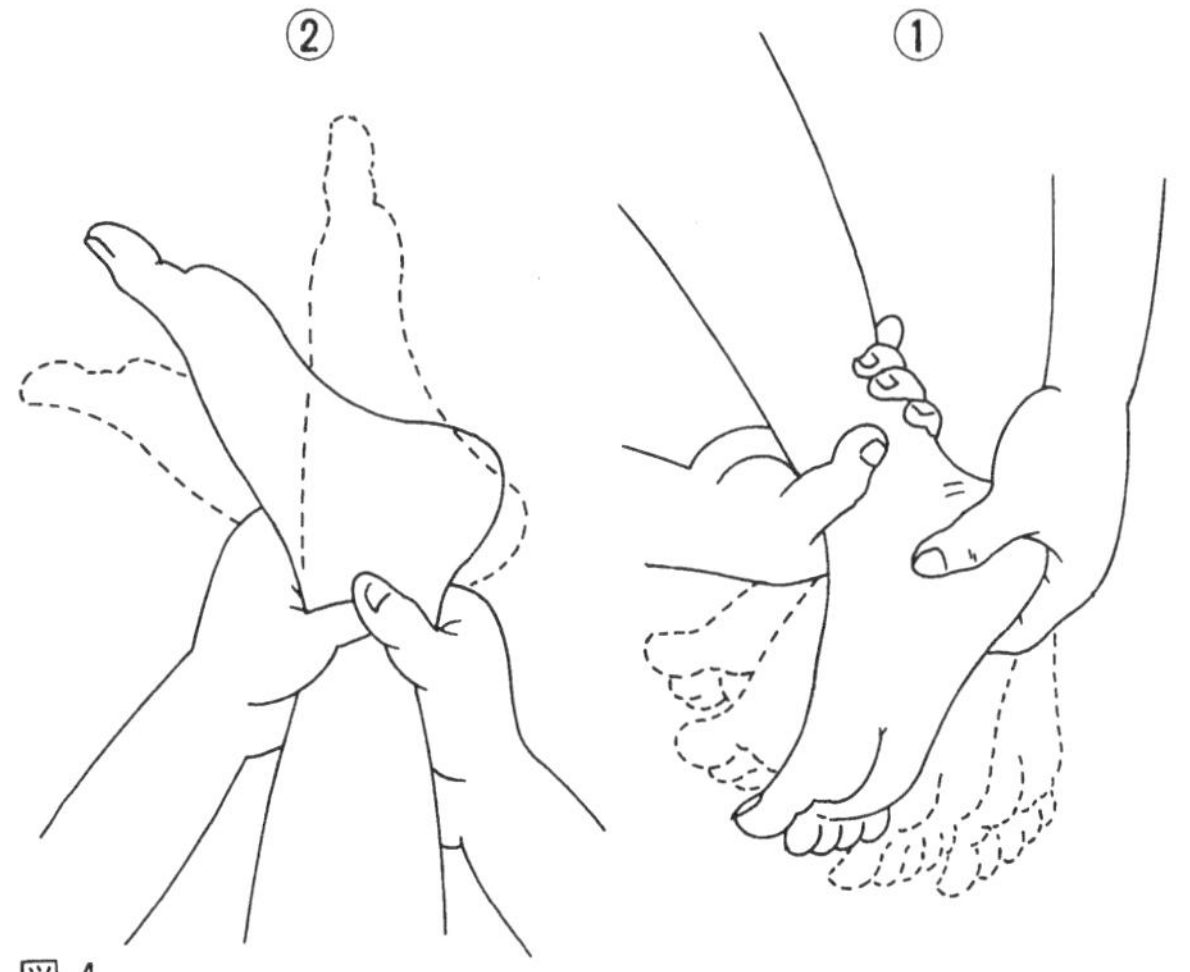

図4

こなうようにします。これは仰臥して他人にやってもらう方がよいのですが、やむを得ず自分ひとりでおこなう場合は、腰掛けてやってても足を投げ出してすわってしてもかまいません。

また、足に故障があると、足先の悪い方の神経や筋肉が弱まっていますから、弱点のある側を上にして、図5のように、側臥し適当な枕を当てて、手と足の角度をそれぞれ三十度に開いて微振動をおこないます。二、三分を一回として、状態に応じて、これを何度もくりかえすとよくなっていきます。

図5　微振動運動

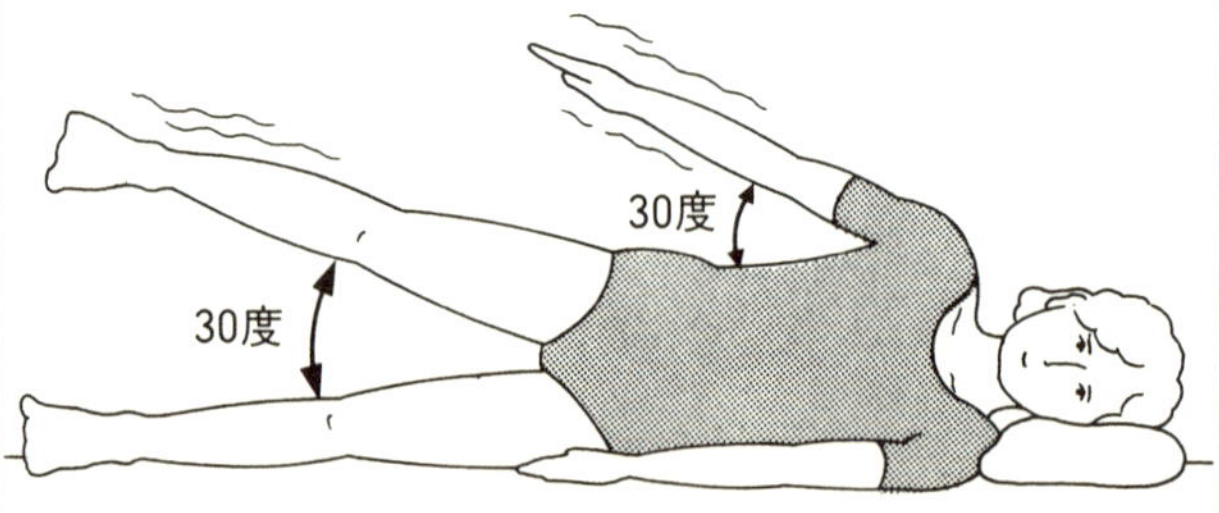

*手相を変えるさまざまな方法

これまでの説明で、手相が健康を物語るものであること、また逆に健康状態を改善することによって手相を変えられることは、ご理解いただけたことと思います。

理想的な手は、人差指と中指の間から感情線が始まり、生命線はできるだけ人差指に近いところから起こり、頭脳線は生命線と離れて月丘に向かい、健康線が強く、打《だ》撃縁《げきえん》が丸みを持っている手です。

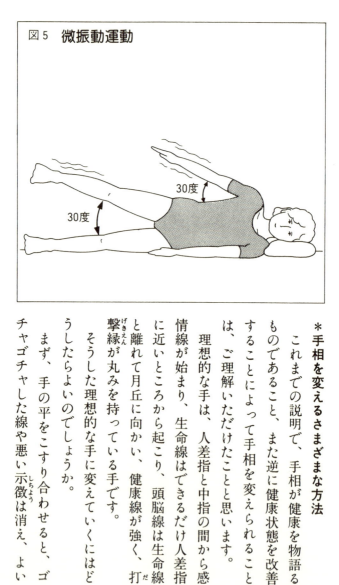

そうした理想的な手に変えていくにはどうしたらよいのでしょうか。

まず、手の平をこすり合わせると、ゴチャゴチャした線や悪い示徴《しちょう》は消え、よい線や示徴を新しくつくることができます。しかし、その前に体のむくみをとる必要があります。

親指と人差指とでマッチの軸をはさみ、ぐっと押してパッと離し、三〇秒以内に跡の消えないのは栄養過剰でむくんでいる証拠です。それから本当に筋肉を動かすと、手相は思うままに変えてゆくことができます。名優は泣いたり笑ったり、思うままの表情を作りますが、顔がむくんでいては笑うこともできません。むくむのは、水の飲み方が足りず、排泄できない毒素を薄めるためです。

むくみはすべて水分の欠乏であり、米国のスケムは、腎臓病にしろ心臓病にしろ、むくみがとれるまで、六リットルとか八リットルとか大量の水を飲めと言っています。むくみはラクダのコブと同じで、体内の毒素を薄めるために水をためているわけです。水を飲むとコブが取れます。

また、水分の不足は尿毒症となって、皮膚がどす黒くなり、ケイレンを起こしたりします。これは、血液中にグアニジンがふえ、カルシウムが減るからです。

一日に人体から失われる水分は、平均すると次のとおりです。

肺からの呼気により　六〇〇グラム
皮膚汗腺から　五〇〇グラム
尿として　一三〇〇グラム
糞便として　一〇〇グラム
　合　計　二五〇〇グラム

水は一部分は食物や飲料として摂りますから、生水としての必要量は、一日一五〇〇～二〇〇〇グラムです。どんなにひどい下痢でも生の清水を飲むと直ちに止まります。生水をチビリチビリと飲むだけで病気の半分は治るのです。

また、むくみがあるときは、無塩野菜粥（おかゆがたけたときに各種の野菜を刻んだものをまぜ、火を消してさめるまでむらしておきます）だけを、一日二回、昼と夕に食べることを二日ほどつづけてみてください。きれいにむくみがとれるはずです。

六カ月純生野菜食を続ければ、笑ったり怒ったりする顔の表情と同じく、手の線も思うままになり、手相を云々する必要もなくなり、健康も自由にできる境地に達します。

生野菜は、根と葉とを半々にして、健康者は三種類、病人は五種類以上用います。歯の丈夫な人はよくかんで食べてもいいのですが、慣れるまではすりつぶして食べたほうが無難です。

生野菜だけを一日一〇〇〇～一三〇〇グラム食べれば労働もでき、痼疾《こしつ》（持病）も一掃でき、体質は一変します。

この療法をおこなうには、はじめは主食や副食を減らし、だんだん野菜を多くしていくようにします。純生野菜食を何日おこなうかはそのときの状況によりますが、元へ戻すときも徐々にやっていかないとむくみを起こします。

生野菜だけでも栄養が十分とれることは、牛やウサギが草だけを食べていても、立派な体をしていることでも分かります。生きたものは生きたものによって養われるという原則によって、日常、生野菜を食べていると、細胞が更新されて、皮膚のしみがとれ、色は白くなり、小じわも消えて若返ります。

生野菜食の効用としては、

①太陽光線のエネルギー（葉）を利用する。

②大地の栄養（根）を十分利用する。

③ビタミンが豊富。
④タンパク質が少なく、腎臓に負担をかけない。
⑤アルカリ性食品が摂取でき、高血圧を防げる。
⑥便秘や下痢が治る。
⑦触媒作用の強い酵素を摂取できる。
などがあげられます。

生野菜は、調味料を使わずに食べますが、ナトリウム（食塩の成分）に比べてカリウムが多いため、利尿作用や便通をつける働きがあります。ナトリウムを多くとると腎臓を悪くし、皮膚がむくんできます。

生野菜は中性として作用するので、酸性体質の人にもアルカリ性体質の人にもよく、後で詳しくお話しするグローミュー（動静脈吻合《ふんごう》）を再生補給する働きもあるのです。

悪い手相の人は、姿勢が悪く、脊柱が狂って、手へゆく上腕神経にマヒが起こっています。よい手相とは、胎生期をも含めて姿勢がよいということになります。

そのうえで、おすすめしたいのは次のような方法です。

平床《ひらどこ》　敷布団の代わりに、なるべく平らで固い平床を利用します。掛布団は軽くて寒くない程度のものがよろしい。仰臥して就寝中常用します。敷布団を二枚の人は一枚に、一枚の人は毛布一枚にというように心がけ、だんだん平床（厚い朴《ほお》製のベニヤ板が便利）を利用するようにしてください。

硬枕《かたまくら》　薬指の長さを半径とする丸太の二つ割りを、頸椎四番を中心に丸い方を頭部にあて仰臥、就寝中常用します。初めてで痛い人はタオルの類をのせ、次第に取り除くよう練習します。

金魚運動　図6―①のように、身体を一直線に伸ばして仰臥します。次に足先を膝の方へ反《そ》らし、両手を組んで頸椎四、五番のあたりにあて、金魚の泳ぐ動作をすばやくおこないます。朝夕一、二分ずつおこなうと脊柱を正し、腹部内臓を整えます。

毛管運動　図6―②のように、仰臥の姿勢となり、硬枕を頭部にあて、手足をなるべく垂直に伸ばし、足の裏を水平にし、微振動することを朝夕一、二分間おこないます。

合掌合蹠《がっしょうがっせき》　図6―③のように、仰臥して正しく合掌し、これと同時に左右の足の裏を合わせます。足の裏の長さの一倍半を目安に一〇回ほど前後に動かした後、最初の姿勢に

①金魚運動

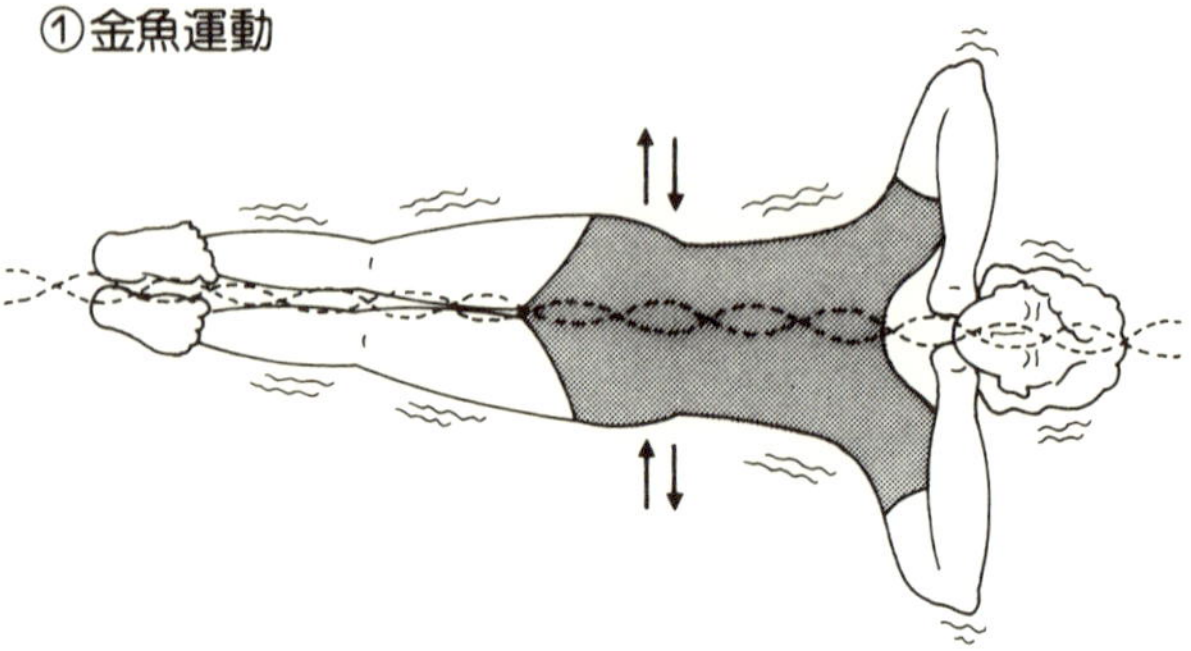

②毛管運動

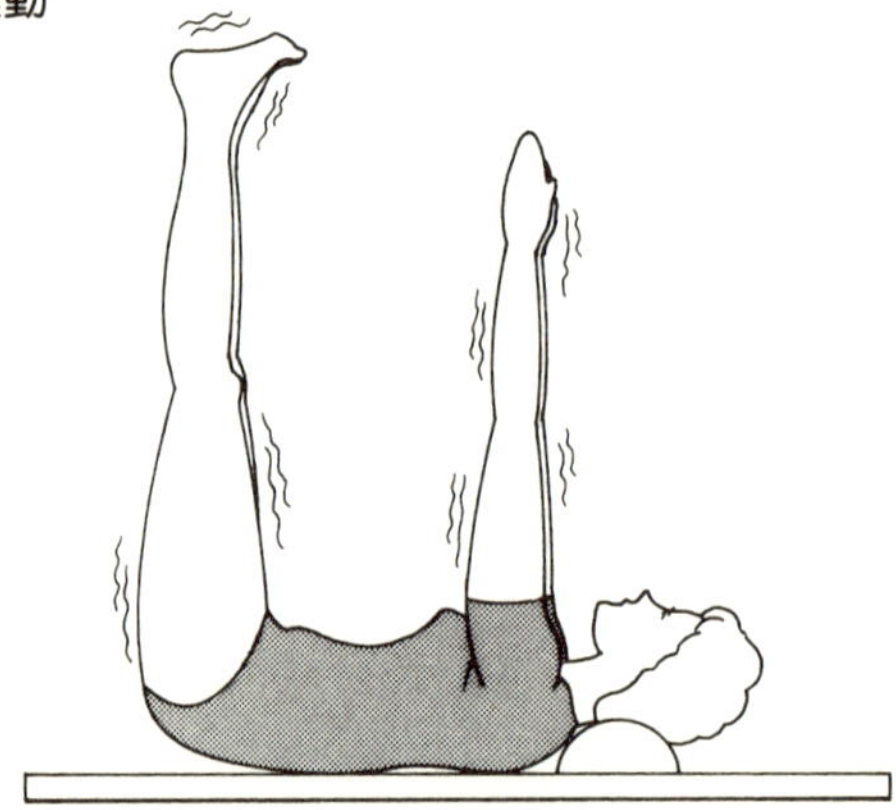

③合掌合蹠運動

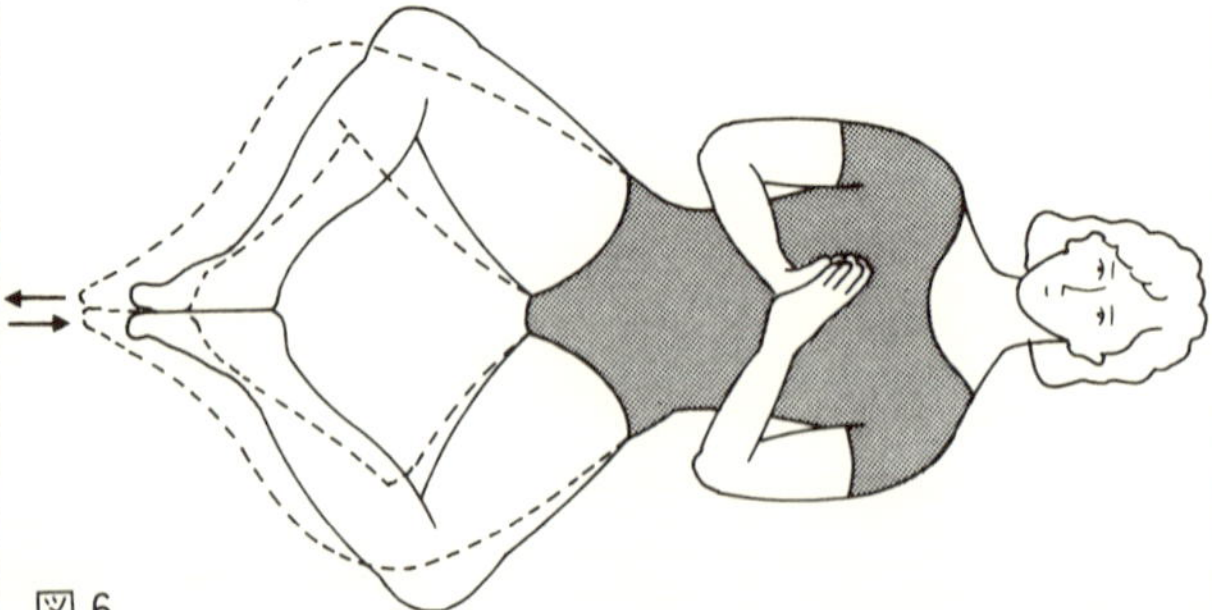

図 6

戻り二、三分間静止します。左右の神経、筋肉などをそろえ、安産法にもなります。

背腹運動　正座して姿勢を正し、膝を六〇度以上に開き、尾骨を中心に脊柱を一直線にして左右に揺すると同時に、腹部を出し入れします。朝夕一〇分間ずつ約五〇〇回おこないます（図7・8）。図7は準備運動で、一分間おこないます。

これらの運動をする際は、良くなると思い、能《よ》くなると念じ、善《よ》くなると信じることも非常に大事です。

この他、温冷浴もおすすめしたいものの一つです。水から始めて、水浴、温浴、水浴、温浴、水浴と一分間ずつおこない、最後はかならず水で仕上げます。ドイツの自然療法の大家ブラウフレは「温冷浴は水治療法の女王である」と言っています。これは血圧病、心臓病、神経痛、冷え症、風邪などほとんどすべての病気の予防と治療に効果があり、疲労回復や美容にもすばらしい効き目があります。水浴の代わりに足からだんだん上へと水をかけていってもよいでしょう。

また、倒立法も、ゼンソクばかりでなく、内臓下垂、心臓病を治すのに効果がありま す。倒立をおこなうには、始めは水平の位置で手をついて、腕立て伏せの形で身体を支え

図 7　**背腹運動**

①

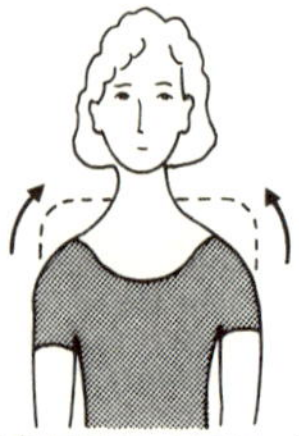

両肩を同時に上下させる（10回）

②

頭を左右に曲げる（10回ずつ）

③

頭を前後に曲げる（10回ずつ）

④

頭を右後ろ・左後ろへまわす（10回ずつ）

⑤

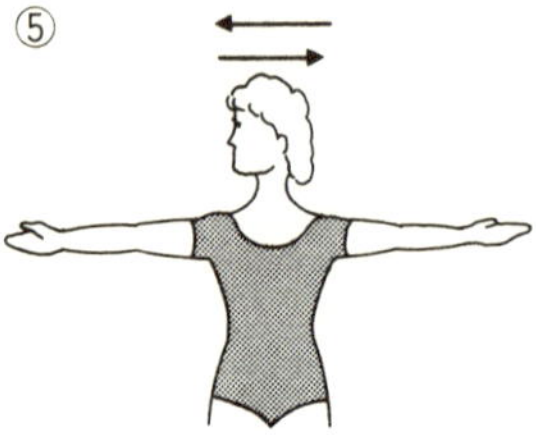

両腕を水平にのばし、頭を左右に1回ずつまわす

⑥

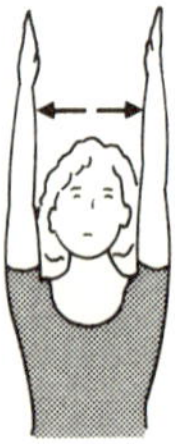

両腕を垂直にのばし、頭を左右に1回ずつまわす

⑦

⑥から、親指を内側に入れて手の平を握り、水平に下ろす

⑧

⑦から、上膊と胸を後ろへ引き、あごを突き上げる

図８　背腹運動

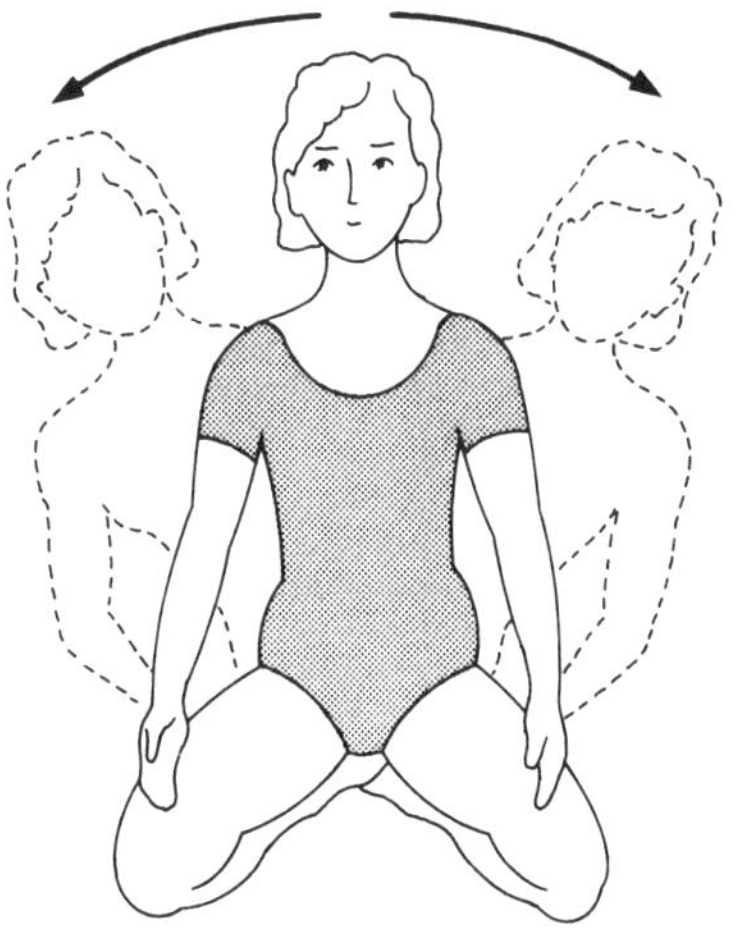

⑨両ひざを開き、親指を重ねるように座る。尾骨を中心に左右に40度ずつ揺らし、腹部を出し入れする。

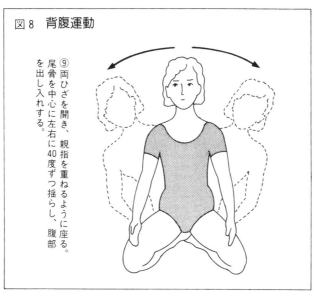

ることを朝夕三分間やり、それが楽にできるようなら、椅子の上、ついでテーブルの上と足の位置を高くしてゆくようにします。

はしごのようものを壁ぎわに垂直に取り付けておこなうと便利です。最後は身体を垂直にして、足を壁に支えるか他人に持ってもらって、両腕を伸ばし全体重を支えるのです。これを毎日おこないますと、身体に対する重力の方向が逆になるので、内臓のうっ血が取れて非常に爽快になります。

もっとも、人間は立つことにより万物の霊長になったのですから、頭を下にしてばかりいるわけにはいきません。ですから、朝夕一回だけで十分です。ただし、組織細胞を再生する材料である生野菜を一日一〇〇グラムは食べないと、疲れるばかりで効果が少ないのです。これにより、手のごちゃごちゃした線や悪い示徴は消え、主線がはっきりしてくるのがわかるはずです。

足を丈夫にするには、脚力法といって俵のようなおもりを上からつるし、両方の足の裏で支えながら膝の屈伸を一分間に六〇回、朝夕おこないます。二キロくらいから始め、それが楽にできるようになったら四〇〇グラムずつ増やしていきます。

1章

生命線が教えるあなたの「健康」

＊生命線が意味するもの

生命線（life line or line of life）は、親指をぐるりと取り囲む線で、別名を本能線、活力線、生活線ともいいます。

また、親指を小指の方に曲げてみるとわかりますが、生命線は親指の折れ目にもなっています。細くて長く刻まれているのがベストで、弱かったり短かったりするのはよくありません。

正常な生命線は親指と人差指の間にある木星丘の下、人差指寄りのあたりから始まり、大きく弧を描きながら下に降りていきます。図9のⓐよりも、ⓑのようにまっすぐ降りるほうが、生命線で取り囲まれる部分（金星丘）の面積が広くなるのでよいのですが、かといってⓒのように小指側のほうへ流れていくのもよくありません。

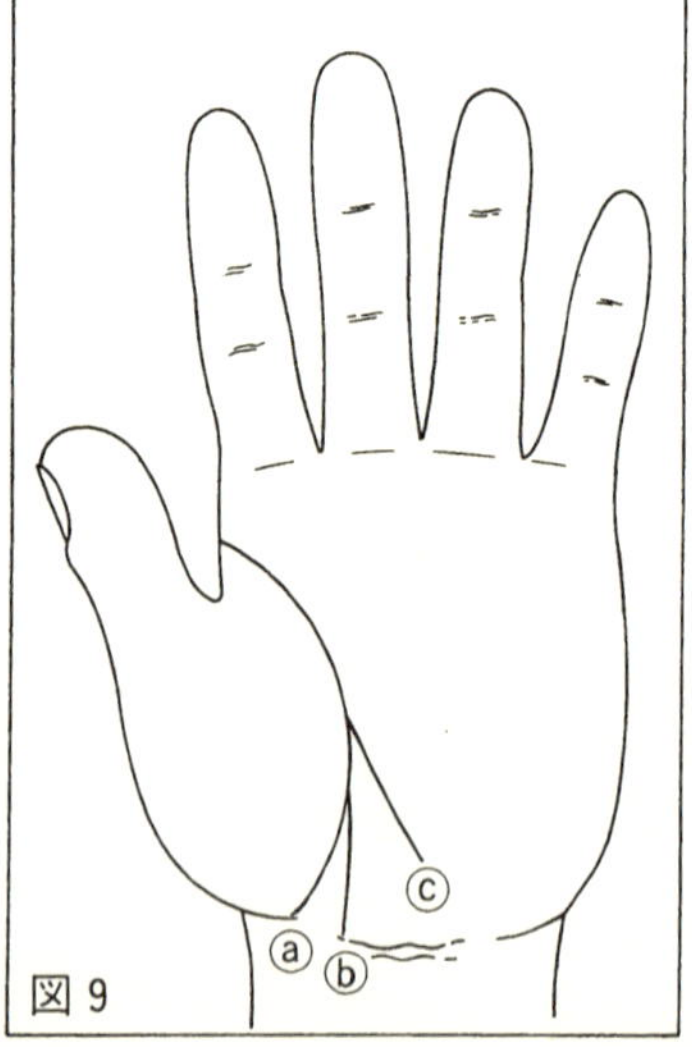

図9

生命線をひとことで言うと、体液の予備アルカリの充実度を示すものです。予備のアルカリが充実していればいるほど、さまざまなストレスに対応することができ、病気にもかかりにくいというわけです。

体液とは血液、リンパ液、脳脊髄液などを総称したものです。体液の水素イオン濃度指数pH（ペーハー）は七・二〜七・四の間にあるのが正常です。pHの値は七・〇が中性で、それより小さいときは酸性、大きいときはアルカリ性です。

体液は普通、弱アルカリ性を保っています。体液が酸性に傾こうとすると、予備のアルカリが動員され、中性からむしろ弱アルカリ性に引き戻します。予備のアルカリとは、赤字の穴埋めに使われる〝預金〟のようなものです。

また生命線は寿命をあらわすともいわれています。両手とも生命線の短い人は短命です。ただし、運命線が生命線の後半を代行して補っている場合もあります。

片手の生命線が長く、もう一方が短いときは、何かの病気で助かるかどうかという危険な状態に陥ることがあります。

ところで、手相の線には「流年法《りゅうねんほう》」といって、年齢を読み取る方法があります。

これは、生活の変化が起こる年齢を知るもので、生命線の場合、次ページ図10のように、その始まりを0歳、終わりを九〇歳とし、親指の付け根の関節と小指の付け根

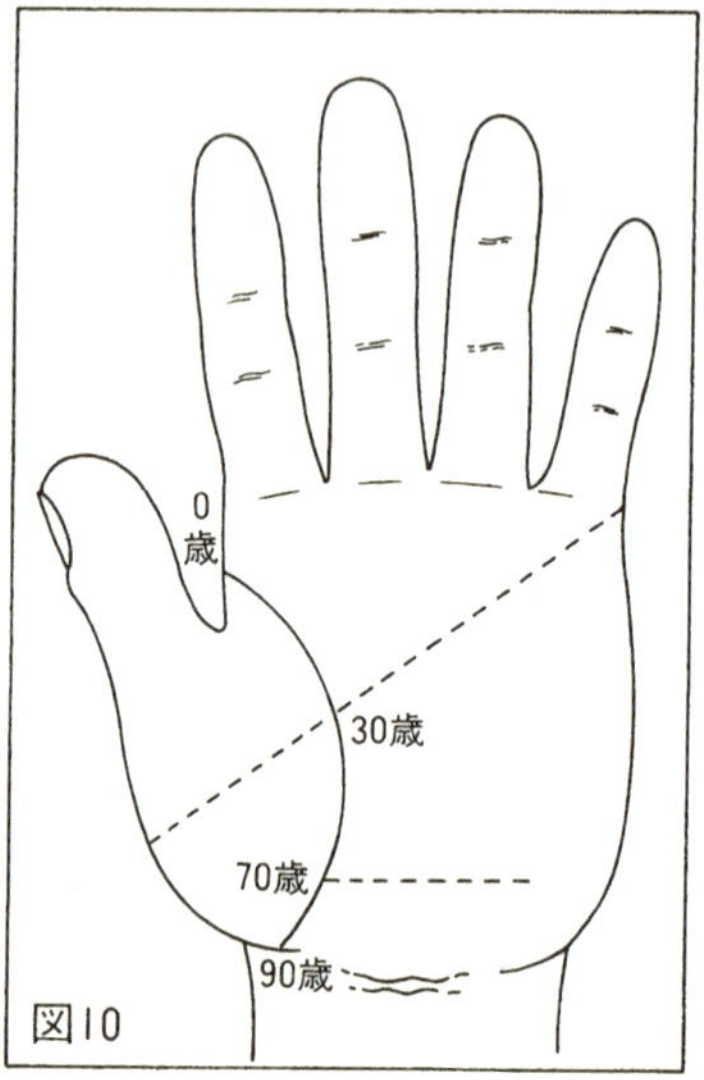

図10

とを結ぶ線と交差するところが三〇歳、手首寄りの山に水平線を引き、交差するところを七〇歳とします。

先に、生命線は途中から手首のほうにまっすぐ降りていくのがいいと述べました。まっすぐ降りていくと自然に金星丘が広くなります。金星丘が大きいほど三〇歳の点は上へ行きますから、「生命線が長ければ寿命も長い」という原則が出てくるわけです。

この流年法を知っておくと、何歳くらいのときにどんな病気にかかるか（かかったか）がわかります。後でくわしく述べるように、黒点や島、星などといった示徴が生命線のどのあたりにあるかを読み取ればいいのです。

なお、普段から親指を深く折って強く手を握るようにするとか、親指をそらしてその先端を前腕につけるようにしておくと、金星丘の面積はだんだん広くなっていくことを知っておいてください。

＊生命線の長さ

生命線が短いのは、体液の予備アルカリ分が欠乏していることを示していますが、十分に補給してやれば生命線は長くなり、寿命も伸ばすことができます。また、一見短そうでも、良好な頭脳線と親指の強い第一指骨により生命が維持されることもあります。

さらに、生命線が短くても、図11のように、健康線が発達して感情線を貫き、水星丘にまで達している場合は、かならずしも寿命が短いとは言い切れません。予備のアルカリ分を、必要なときに補給できるからです。

両手の生命線が短く、他の主線（頭脳線や感情線）がはっきりしているのは、寿命はかならずしも短くないのですが、ときどき病気に冒されては危機を脱するという歴

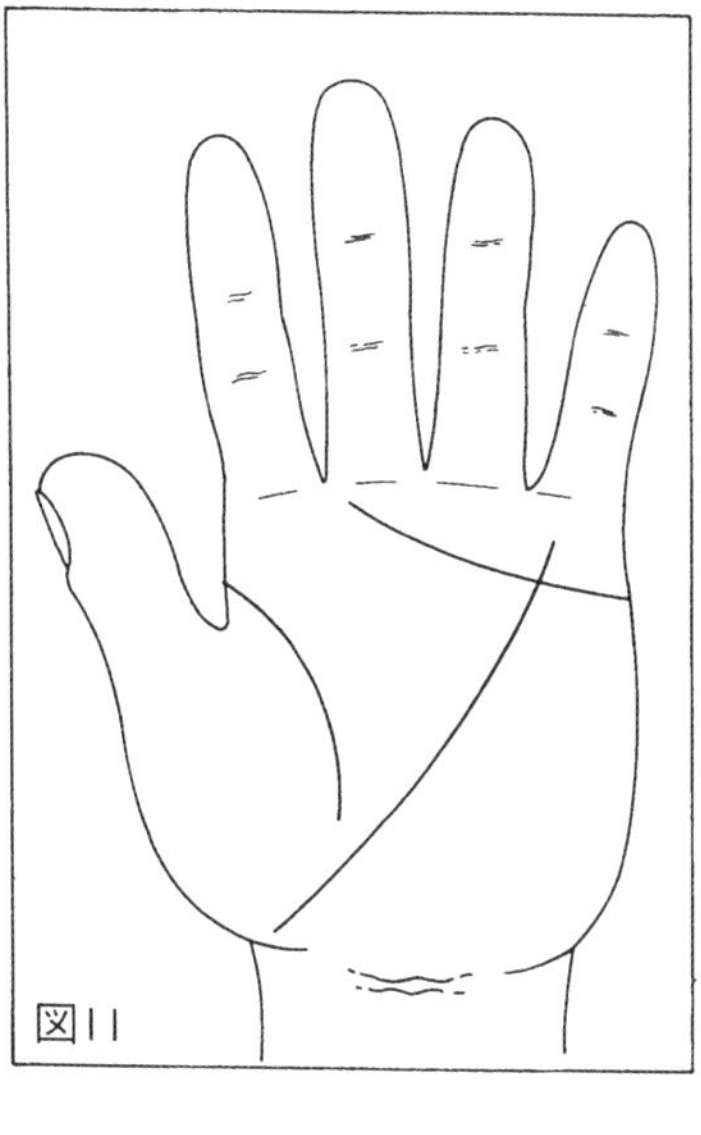
図11

史が一生つきまといます。

腎臓結石、尿路結石も、生命線の短い人によく見られる病気です。

一方、生命線が長いからといってかならずしも長命であるとは限りません。突然、脳出血で倒れる人もあります。

元来このタイプは元気なのですが、それにまかせてともすると暴飲暴食をしがちです。足を使わない結果、身体はぶくぶく太り、ビール樽のようなお腹になる人が多いのです。

こういう人の生命線ははっきりしていますが、頭脳線や感情線とともに黒褐色を帯び、手の平全体が赤茶けた色をしています。

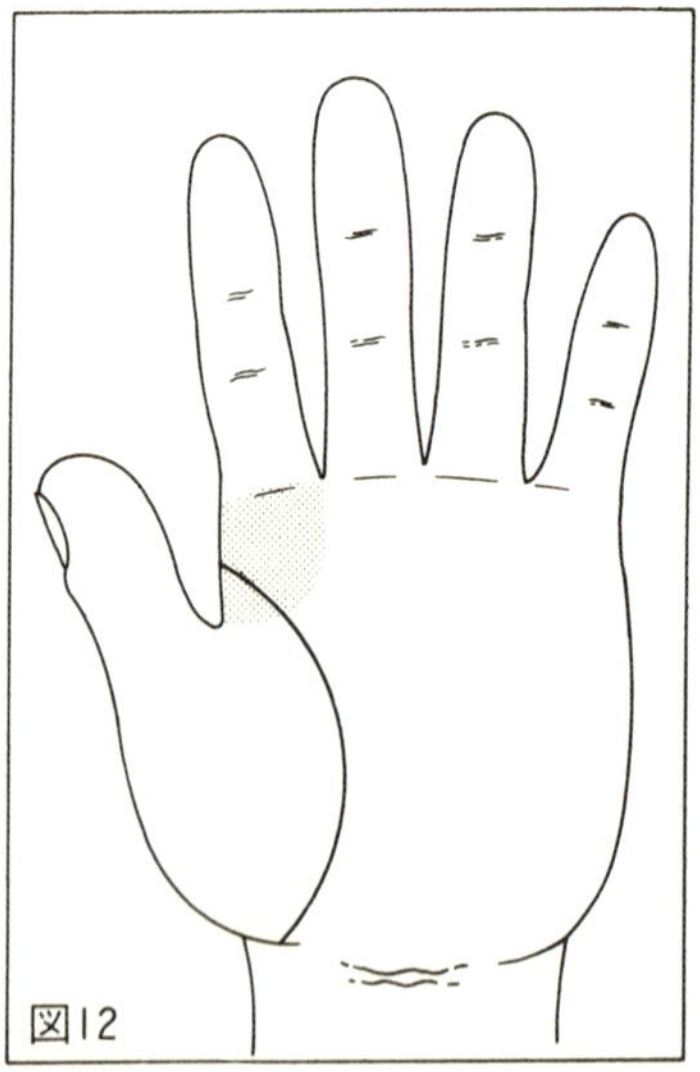
図12

＊生命線の始まり

図12のように、生命線が人差指の付け根の木星丘から始まるのは、活動力が旺盛であることを示しています。

図13のように、始まりに叉がありたびたびめまいがするようなら、脳の病気（脳腫瘍）のおそれがあります。

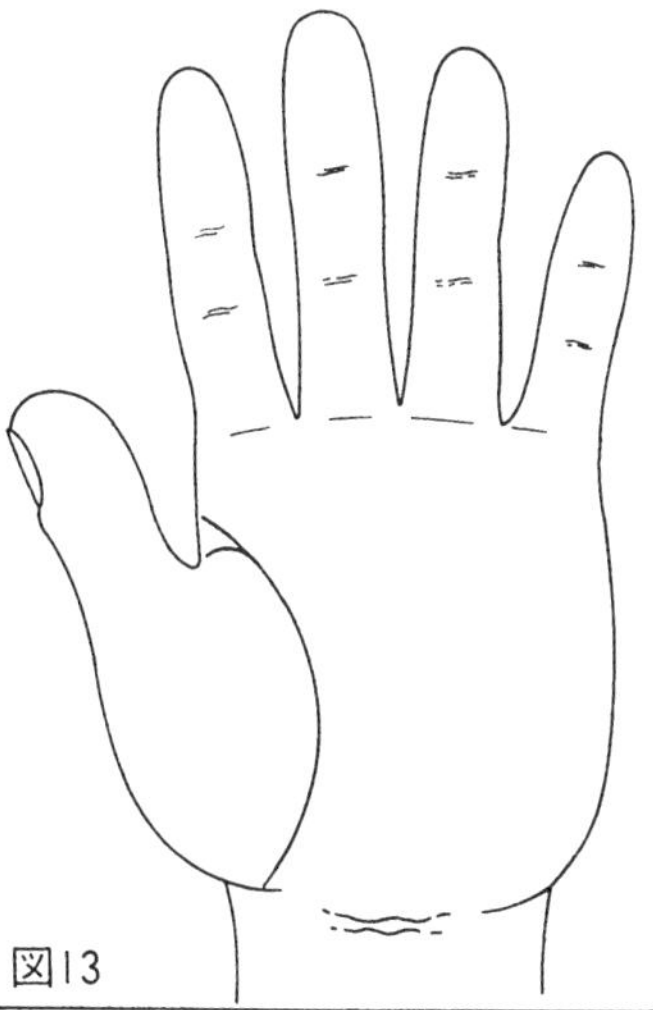

図13

生命線の始まりが乱れていて（図14）、息切れがしたり息苦しさがあったりするときは、気管支ゼンソクの徴候とみて間違いありません。

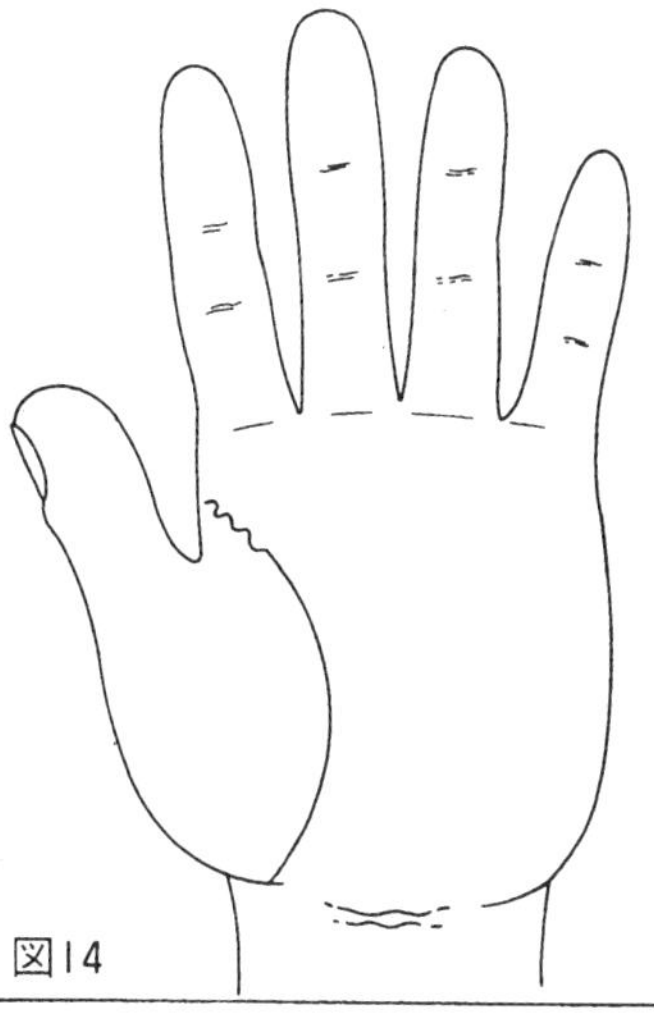

図14

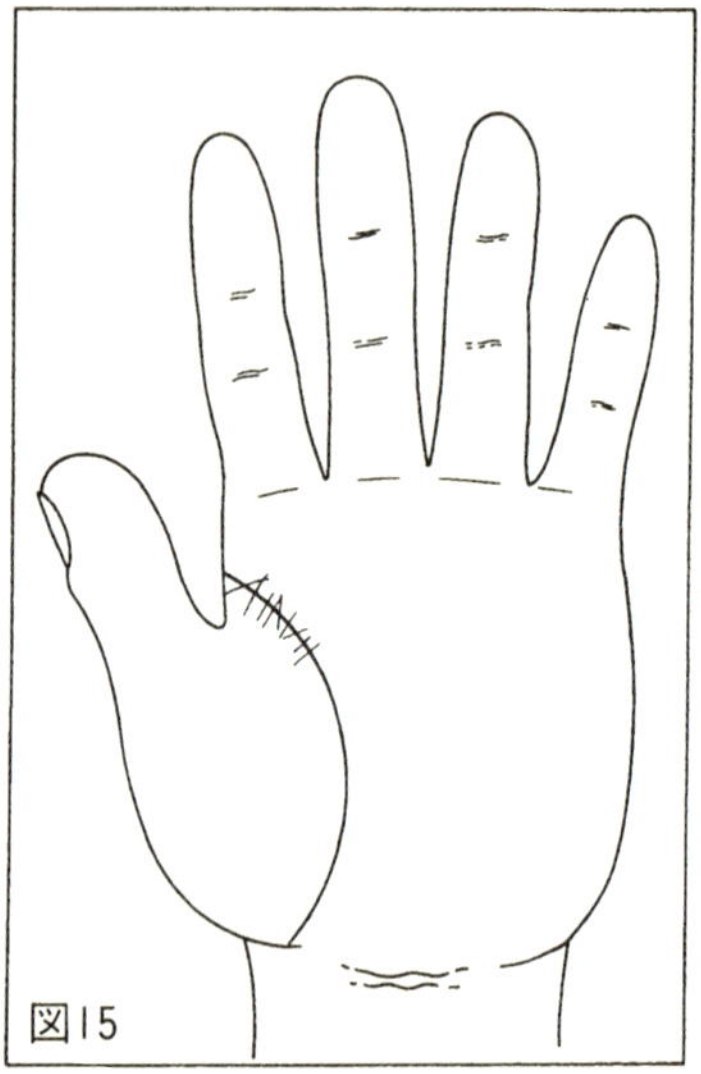
図15

始まりが図15のように細かい縦線で切られているのは、肺結核の人に多くみられます。せきが切れなかったり、たんが多くなったら用心してください。

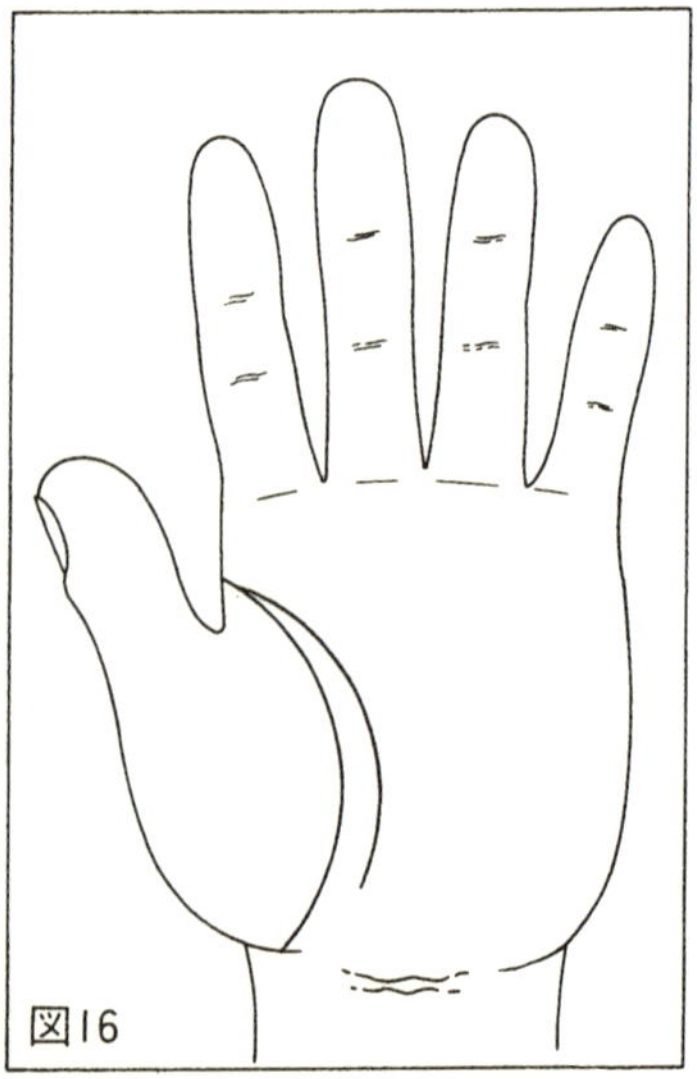
図16

図16のように、生命線の始まりに近いところから大きな枝が出て、大きな曲線を描いて手首の方へ行くのは、頭痛持ちに多く見られます。こういう人はときどき手にマヒが起こるため、二重の折れ目ができやすいのです。

たとえば脳出血で半身不随を起こした人の手は、浮腫（むくみ）状になって握りにくく、始まりのところから生命線の内側に沿って走る枝があります。その結果、生命線が取り囲む金星丘の面積がせばまり、健康でないことがわかるわけです。

握力は左右とも等しいのが正常で、朝目がさめたときも握りにくいということがあってはなりません。もし握りにくいようであれば、食事をひかえ、手足を上に挙げて微振動することをたびたびおこなわないと、マヒを起こします。

結核やガンの末期でも、手がむくんで三主線が薄くなってしまうことがよくあります。

＊生命線の終わり

生命線の下方から大きな下向線が出ているのは、体力が減退しているという〝警告〟で、更年期（男は五二歳、女は五〇歳から）の人にあらわれます。

更年期障害というのは、生殖力を失うことを意味していますが、その根本原因は便秘、それと脚の衰えです。

図17のように生命線が突然に終わり、短い平行線が二、三本あるときは急死するおそれがあります。ただしこの年齢を突破すれば、その後は大丈夫です。

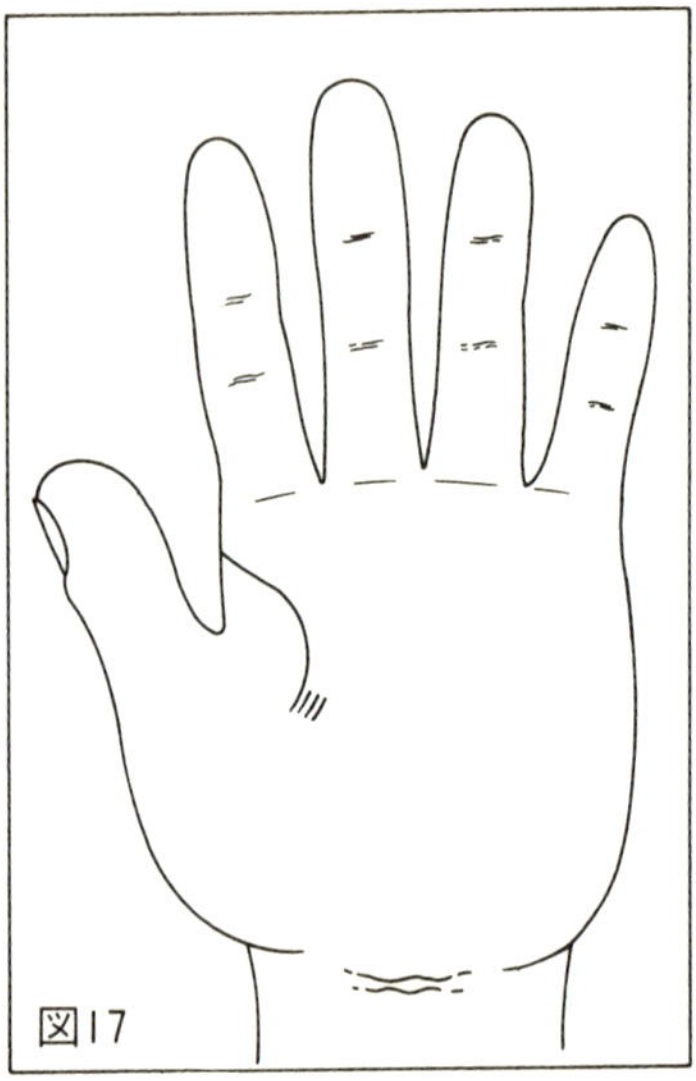

図17

唐突に終わり、そこに黒点があるのは、ケガまたは事故のために死亡します。

また、終末に叉があって、それが非常に開いているのは、リウマチ、膀胱障害、糖尿病などに冒されているおそれがあります（図18—ⓐ）。

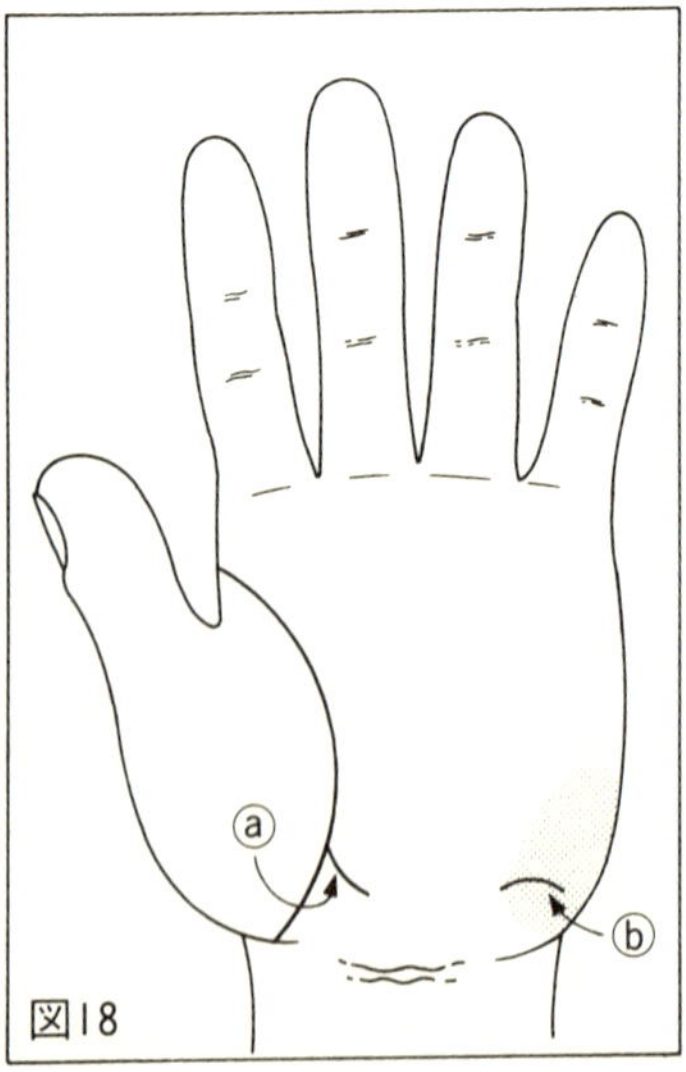

図18

月丘に横線や弧線が出ているときは、糖尿病を疑ってかかってまずまちがいありません。横線は脚の衰え、また弧線は水分の不足を示しています（同ⓑ）。

これに加えて、月丘や金星丘に赤い斑点や網状の血管がみられるときは、毛細血管の拡張で、やはり糖尿病の可能性大です。

終末が房になっている（図19—ⓐ）のは、ビタミンCが欠乏しやすい体質です。

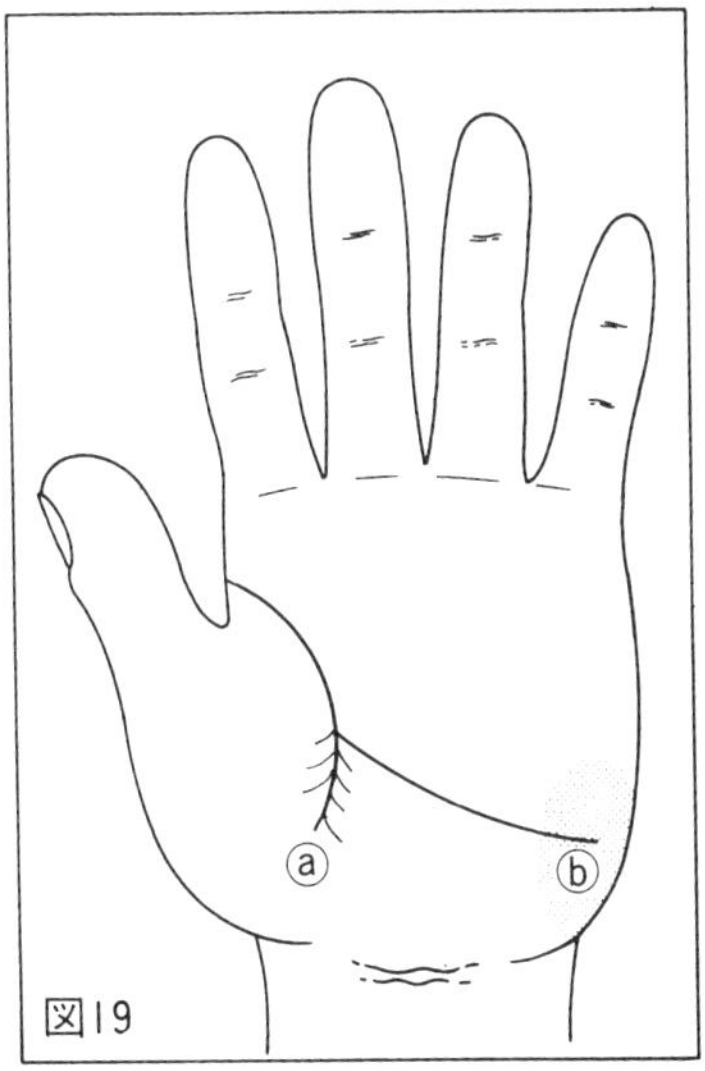

図19

その一つが月丘に深く食い込む（同—ⓑ）のは、精神錯乱や老人性痴呆（ボケ）の徴候です。

また、生命線がその終末部で多数の混乱した線により運命線と結合し、運命線がそ

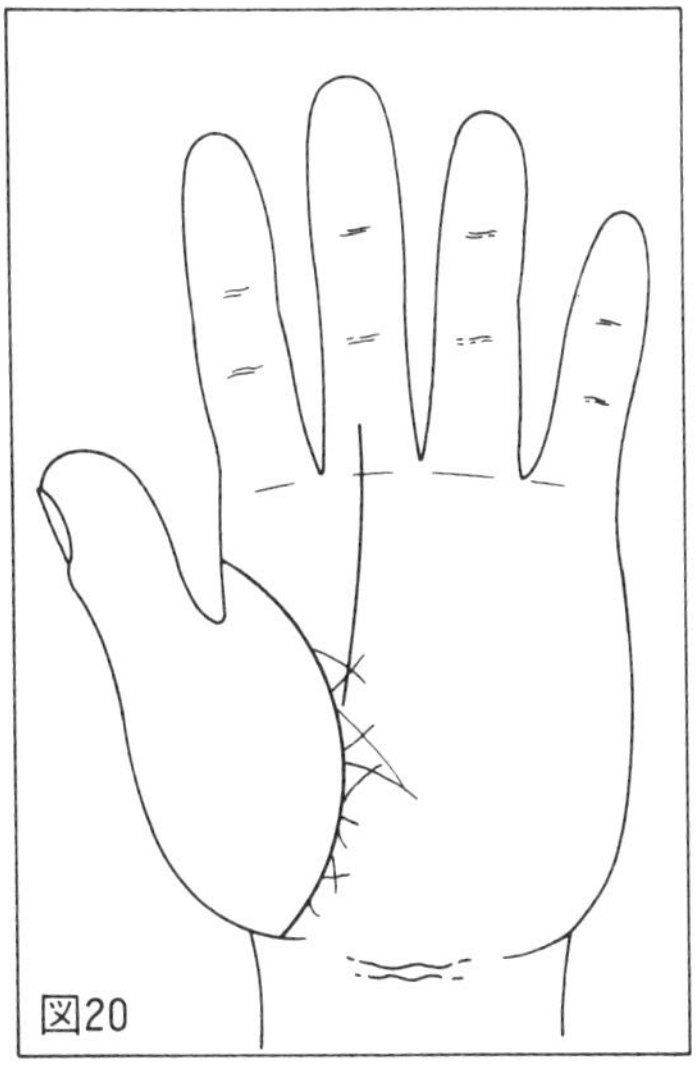
図20

れにより絶たれたもの（図20）は、老年になってからの健康に心配があります。

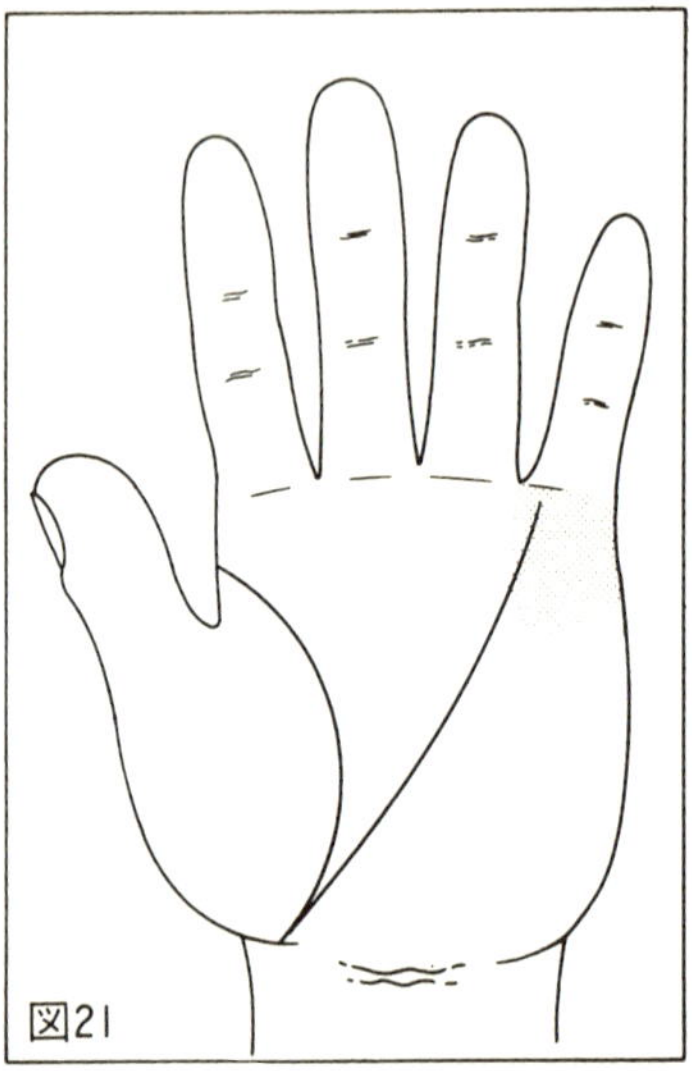

図21

図21のように、生命線の終末から小指の根もとの水星丘に線が上がっているのは、テンカンのような気絶の発作を起こします。気絶の発作を起こすのは、それによって腸にひっかかった宿便を通過させようとするからです。

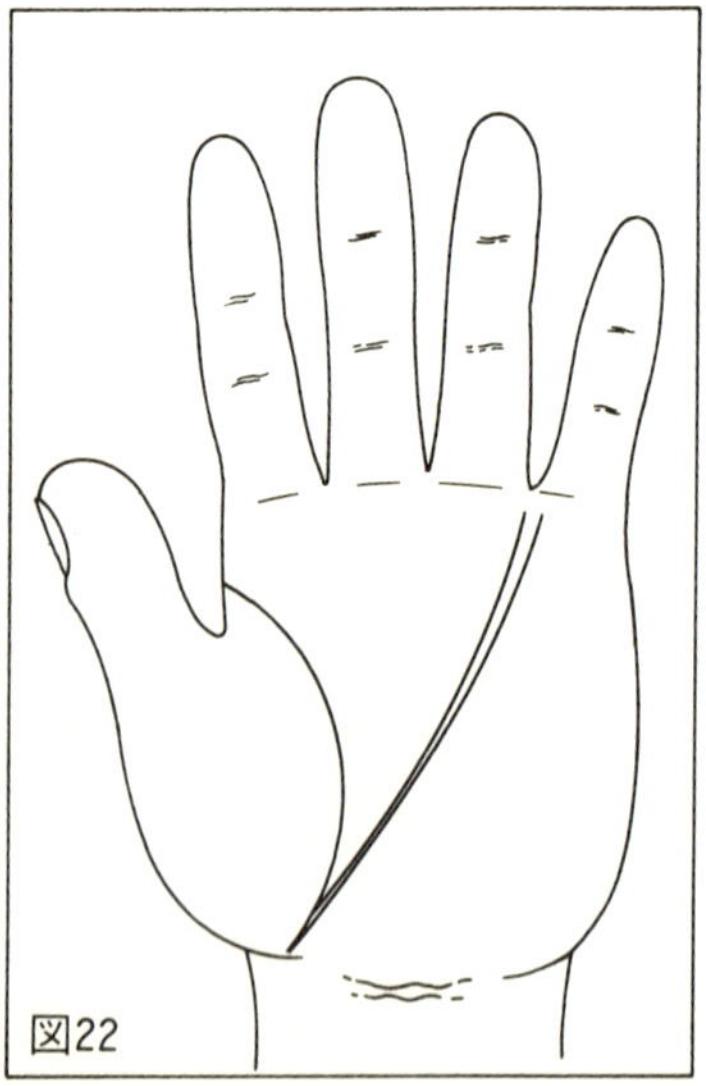

図22

この線が二本ある（図22）のは「銀河線」といって、短命です。また、性交過多気味であることを示しています。

生命線が始めのうちしばらくは正常で、急に月丘の方へ向きを変え、月丘で終わっているもの（図23）は、重い婦人病、たとえば子宮ガンなどの徴候とみることができます。

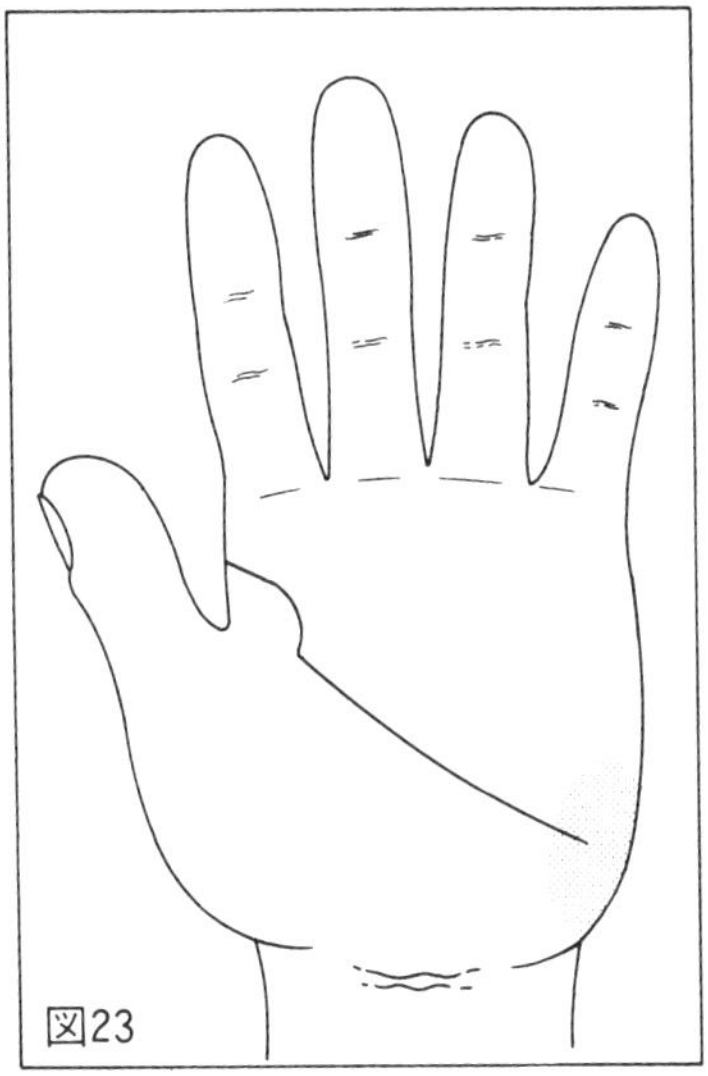
図23

きわめて短い生命線の終末が若干数の細かい線でつながる（図24）のは悪い示徴です。そういう人は脚が弱いため、微熱があり、ビタミンCが破壊されやすい体質なのです。

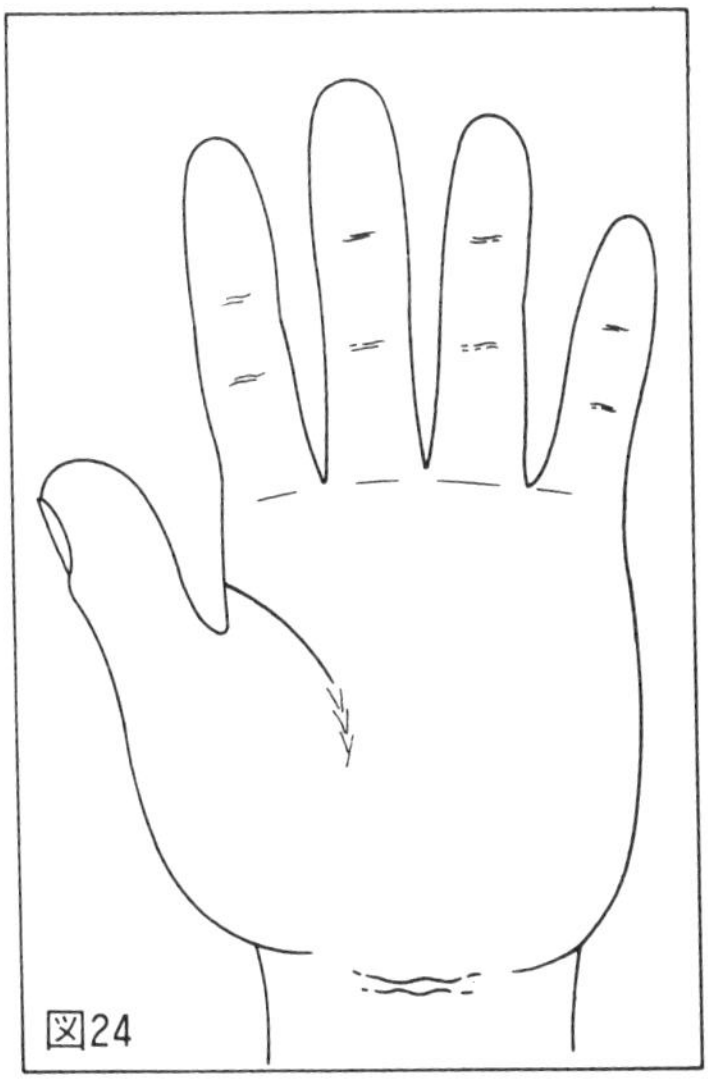
図24

＊生命線の色

生命線が真っ赤なのは、腸チフスなどのように腸に熱があることを示します。それに加えて頭脳線、感情線も赤くなっている（熱のある）ときは、熱やのどの痛みをともなっているはずで、扁桃腺、咽頭炎、ジフテリアなどをわずらっているとみて間違いありません。

生命線が青白いのは虚弱体質で、貧血など循環系統の不全を示しています。生命線全体、とくに右手の青みが強く、腹痛があるときは虫垂炎の疑いがあります。

生命線に沿って、その内側が青みがかっているのは、右手なら右の腸すなわち廻盲部、左手なら左の腸、すなわちS字状結腸で、それぞれ便が停滞していることを示しています。右と左の割合は三対七です。その関係は図25のとおりです。

左の腸に便がたまると、左の脳の血管がふくらんだり切れたり、つまったりして、反対側の右半身へゆく神経の中枢に障害が起こり、右半身不随となります。また、胆のうに故障が出てくることもあります。

逆に、右の腸がつかえれば、左手が冷たくなり、左の扁桃腺が腫れます。あるいは

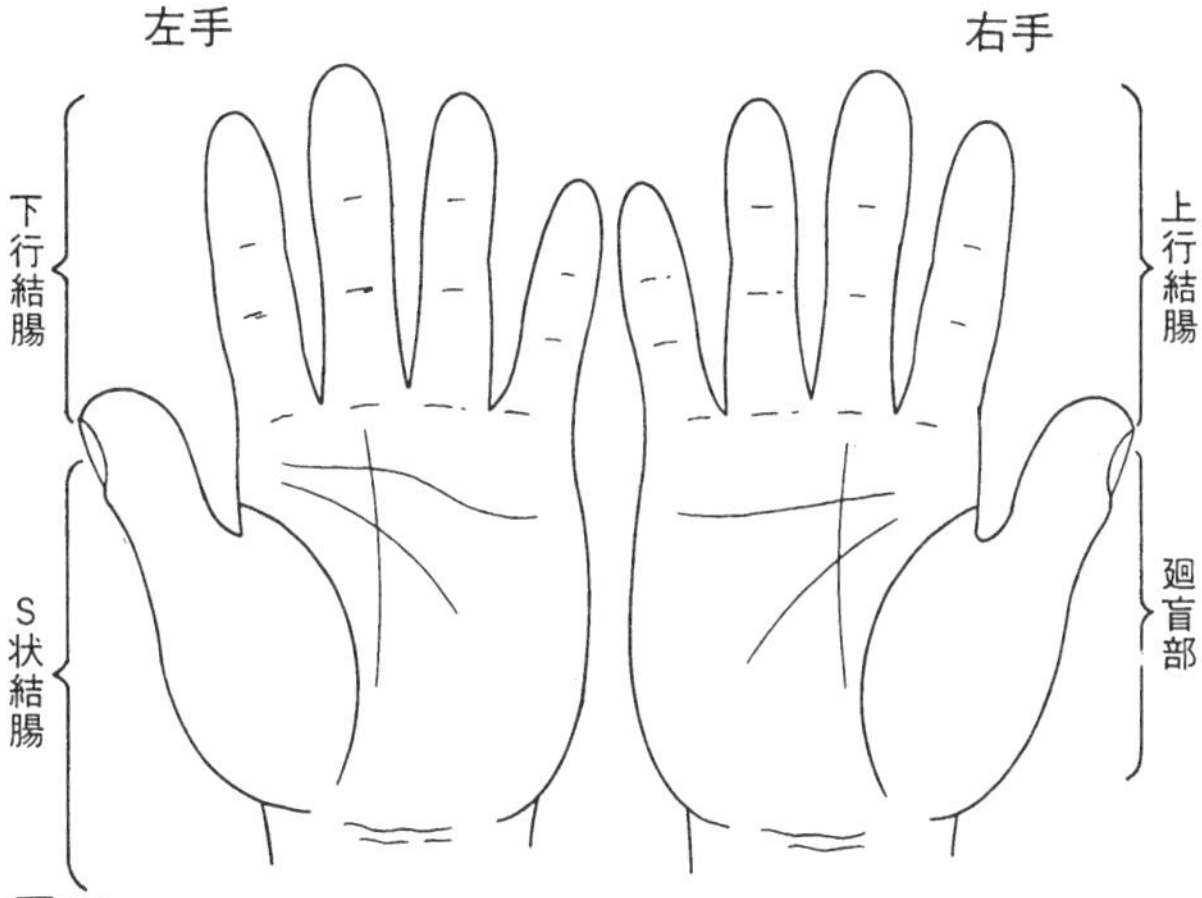

図25

胃や膵臓、脾臓に故障が出てきます。その場合、手の主線は左が乱れ、右手の生命線の内側の金星丘に青筋つまり静脈怒張が出現します。

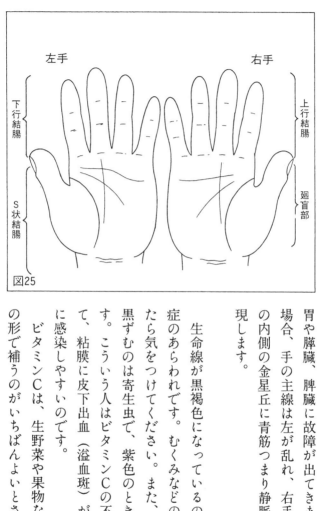

生命線が黒褐色になっているのは、腹水症のあらわれです。むくみなどの症状が出たら気をつけてください。また、下の方が黒ずむのは寄生虫で、紫色のときは梅毒です。こういう人はビタミンCの不足によって、粘膜に皮下出血（溢血斑）があるために感染しやすいのです。

ビタミンCは、生野菜や果物など、自然の形で補うのがいちばんよいとされています。結晶のビタミンCを摂りすぎると腎臓結石をつくるといわれているからです。

また柿の葉にもビタミンCが大量に含まれています。そこで、柿葉の煮汁のつくり方をご紹介しておきましょう。

柿の葉は六月から一〇月の間に、午前一一時から午後一時の間に採取し、洗って二、三日、糸につるして陰干しします。それを二つ折りにして主脈を切り去り、横に三ミリ幅に包丁で刻みます。

そして、一〇〇枚の葉について二リットルの水を用いてお湯を沸かします。沸騰したところへ刻んだ柿の葉を入れ、ふたをして三分間煮ます。

三分間たったら火からおろし、たらいに水を流しながら、その中へつけて鍋を冷やし、よく冷えたところで煮汁を採取し、褐色のビンに入れて保存します。真夏なら一・八リットルあたり四グラム、その他の季節なら二グラムのホウ酸を混ぜてよく振っておくと、けっして腐りません。

オリがたまったら漉《こ》してください。この液を一日三〇ccくらい飲むのです。

それと柿葉でつくったお茶、柿茶もビタミンCの補給には非常に有効です。鍋にお湯を沸かし、その上に蒸籠《せいろ》をのせます。湯気で十分に蒸籠を温めてから、いったんおろします。

それに、刻んだ柿の葉を厚さ三センチくらいに手早く入れて、これを湯気の立っている鍋にのせ、ふたをします。一分半ほど蒸したらふたを取り、うちわで三〇秒間あおいで葉にたまった水滴を蒸発させ、さらにふたをして一分半蒸します。そこで蒸籠をおろし、葉を広げて、風通しのよいところで陰干しします。この場合は、主脈を切り取る必要はありません。

柿茶を出すには、魔法ビンに一つまみの柿茶を入れ、熱湯を注いで一〇分か一五分してから飲みます。お湯がなくなったら、さらに二、三度熱湯を注いで、色の出る間飲みます。

ビタミンCの不足は皮下出血といって、粘膜から血がにじみ、細菌の侵入門戸を作り、ガンの誘因ともなります。

生命線が茶褐色になり、腹痛の症状があるときは、胆石、胆のう炎の信号です。

＊生命線の状態

生命線全体にわたって深さや幅が一定しない人は、しばしば身体を損ねます。

生命線の中央が薄くて細いのは不健康で、場合によっては、それに相当した年齢で急死することがあります。

生命線の幅が広すぎるのは、体力が弱いことを示し、常に風邪を引いたり、下痢をしたりします。

生命線の薄い人も、酸性の魚、卵、酒類をひかえて、野菜、果物、海草のようなアルカリ性食品を摂るとか、腹式呼吸で体液をアルカリ性に導くようにすれば、濃くなります。

胸痛がはなはだしい場合、狭心症や心筋梗塞と考えられますが、その場合は、とくに左手の生命線がぼけているはずです。

ふだんから、親指を強く内側へ折ってこぶしを作り、力強く握る習慣をつけておくと、生命線がはっきりします。これは親指の力が強いこと、つまり副交感神経の機能が完全で、体液の予備アルカリも十分なわけですから、いろんな障害やストレスにすぐ対応でき、病気を未然に予防することができるのです。

生命線がぼやけてきたり、内側に下向きの枝（図26—ⓐ）や同心円のような線ができてくるなど、生命線が内側へ移動する傾向が見えてくると、脳卒中の危険がありま す。このとき中指・薬指が硬くなっていたりすると、その危険はさらに高まります。

なお、流年法のところでも述べましたように、脳卒中で倒れる年齢は、生命線の切れ目や横切る線（図26―ⓑ）の位置によってわかることを知っておいてください。

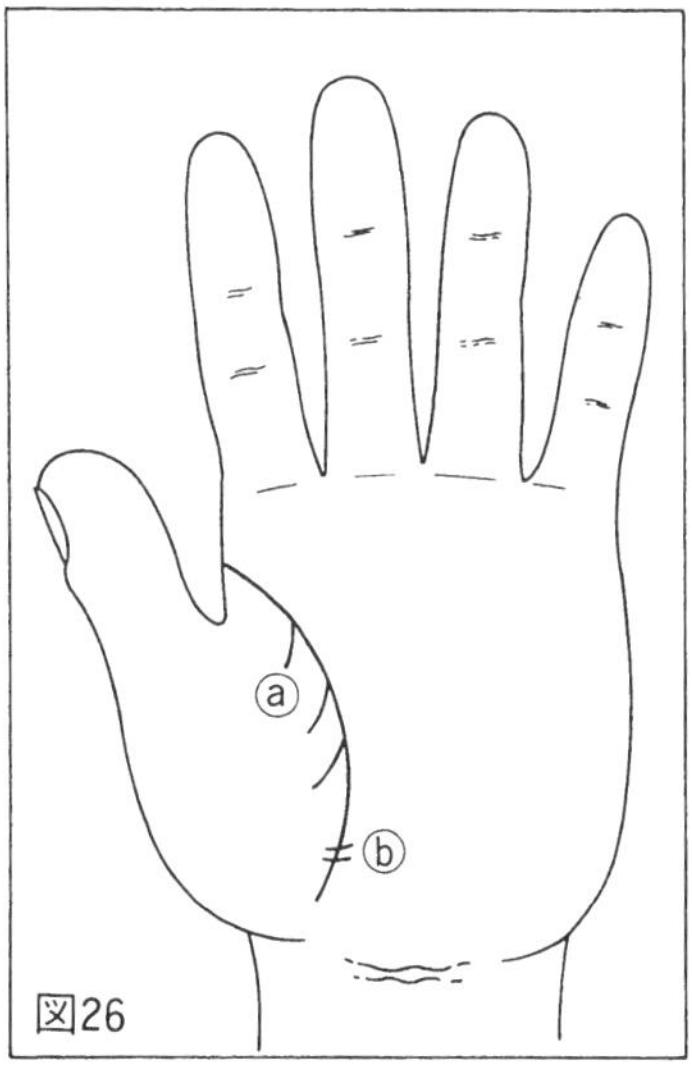

図26

生命線が弱いうえに、爪の三日月が大きいのは、脳出血のおそれがあります。あとでくわしく述べますが、三日月は爪の長さの四分の一から五分の一くらいあるのがベストです。お酒をひかえ、つとめて生野菜を食べるようにし、便通をつけるよう気をつけねばなりません。

＊生命線の示徴が意味するもの

片手の生命線にだけ、図27―①のような破れがある場合は、重い病気に冒されるものの、回復します。

破れた箇所が重なり合っているとき（同②）は、かならず回復します。

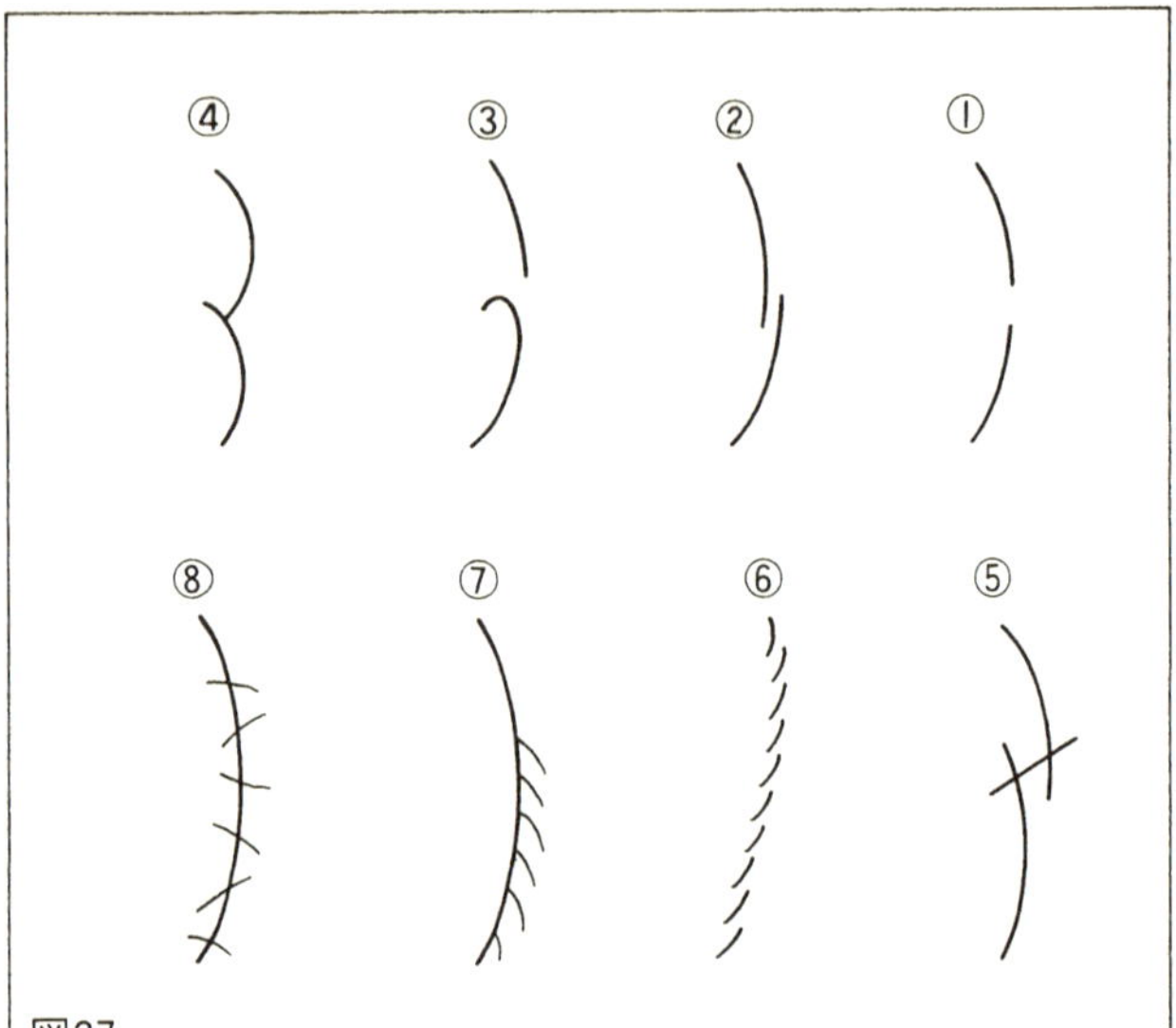

図27

両手の生命線の破れたものは死の危険がさらに大きく、同③のように一つの線が金星丘へ入ったものはそうです。

生命線が破れていても二つの断線が重なり（同④）、または横線でつながっているもの（同⑤）は重症に陥っても助かることを示しています。

同⑥のような小さな線がはしごのようになっているのは、健康状態が一生を通じて悪く、熱病にかかりやすいことを示しています。

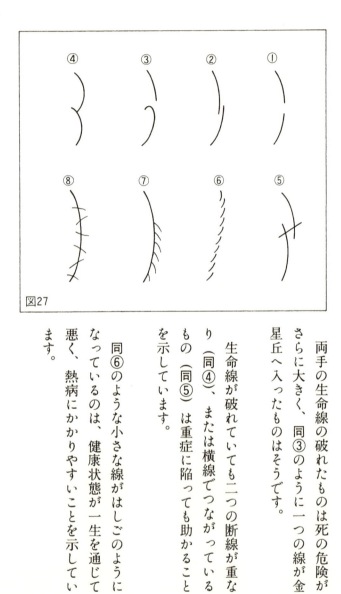

同⑦のような細い線が生命線から垂れ、または生命線に密着しているのは、虚弱か活力の喪失を示します。

同⑧のような短い線または棒が薄い生命線を切断しているものは、軽症ながら常に病気に冒されます。肋間神経痛の人にも、こうした細かい小線が横切っているのがよくみられます。その場合、胸痛があるはずです。

比較的長めの横しわが何本か入っていて、トイレが近いといった症状がある場合は、前立腺肥大症の疑いがあります。

図28―⑨のような島はいずれの場合も、その期間中のブランク（渋滞、病気）を示しています。

生命線上に同⑩のようなぼやけて黒ずんだ点があるものは、寄生虫がわいていることを示します。

生命線の付近に黒点が多数あるものは、その数だけ腸に糞石があります。それが出るときはいっとき人事不省になります。

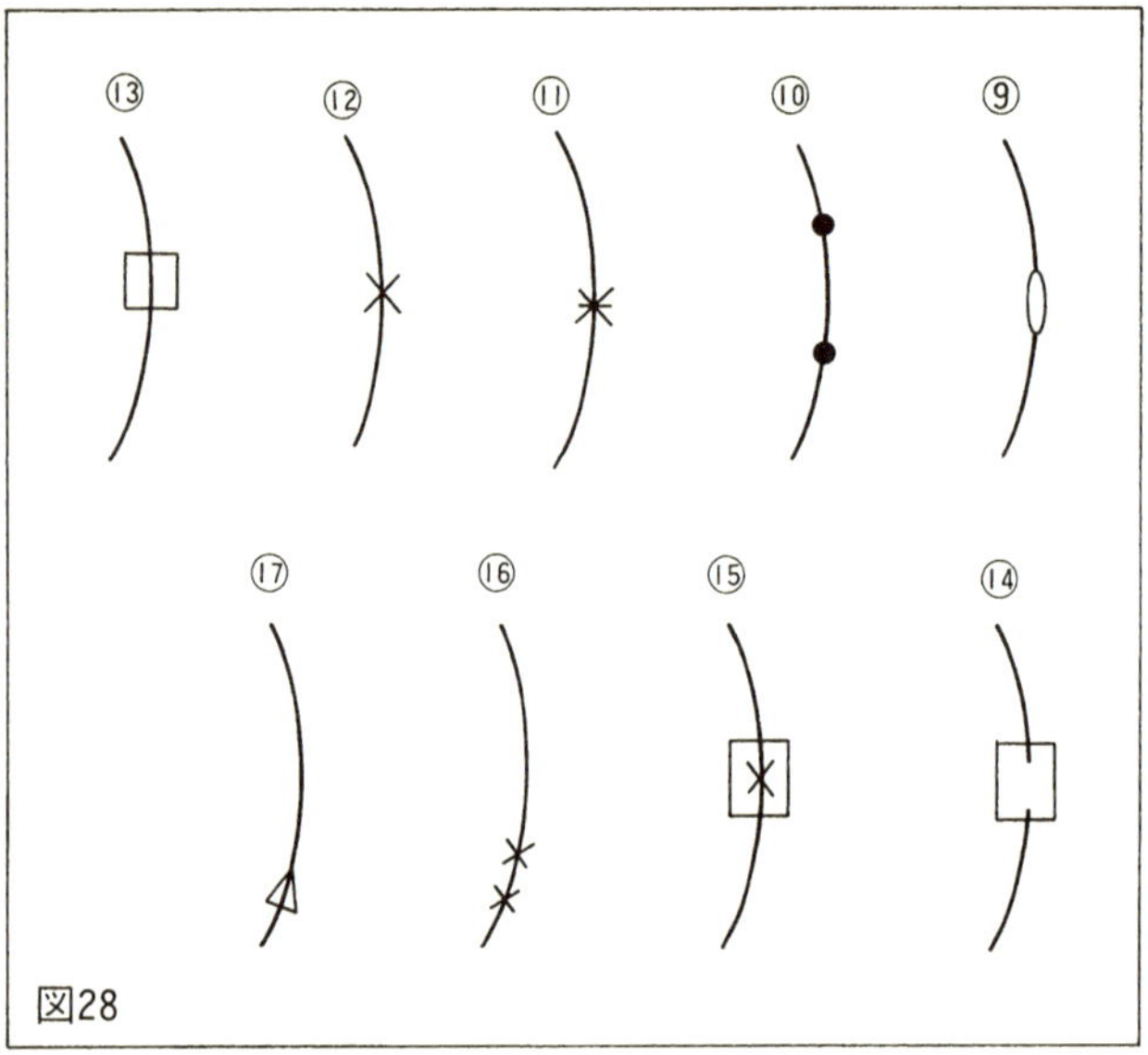

図28

生命線上に同⑪のような星があるときは、病気の危険が迫っています。星というのは十字の変形で、米の字の点がつながると星になります。これは血液が停滞していること、つまりうっ血を示しています。

同⑫のような十字のときは病気が続きます。

同⑬のような四角があるとき、または同⑭のように四角でつながっているときは、重症性の疾患または災難から奇跡的に救われます。

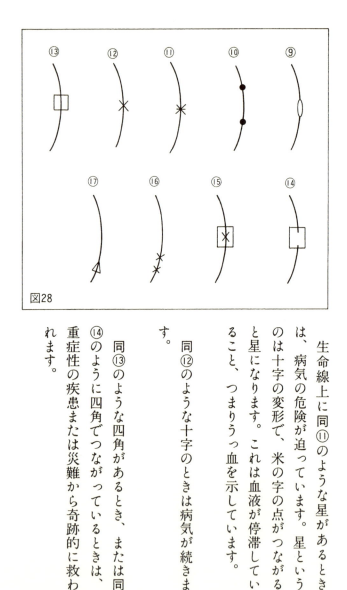

同⑮のように、四角の中に十字があるものは、せっかく助かろうとするときにかえって害されます。

同⑯のように、生命線上に十字が二カ所あるものは、病気に悩み、また生命線の下の部分に十字があるのは、老年になって足腰が立たなくなり、人の厄介になります。十字が続いてたくさんある場合は、とくにそうです。

同⑰のように、三角が終末近くにあるものは心臓が冒されていることを示しています。

これらの示徴はその時期を過ぎれば消えてゆきますが、ふだんから親指を深く折って手を堅く握る習慣をつけておくと、悪い示徴も消え、災害や病気からのがれることができます。山火事の起こる前に動物が移動し、火事の前に家のネズミがいなくなるのも、彼らは本能的に災害を予感するからです。その意味から、生命線は本能線と呼ばれるわけです。

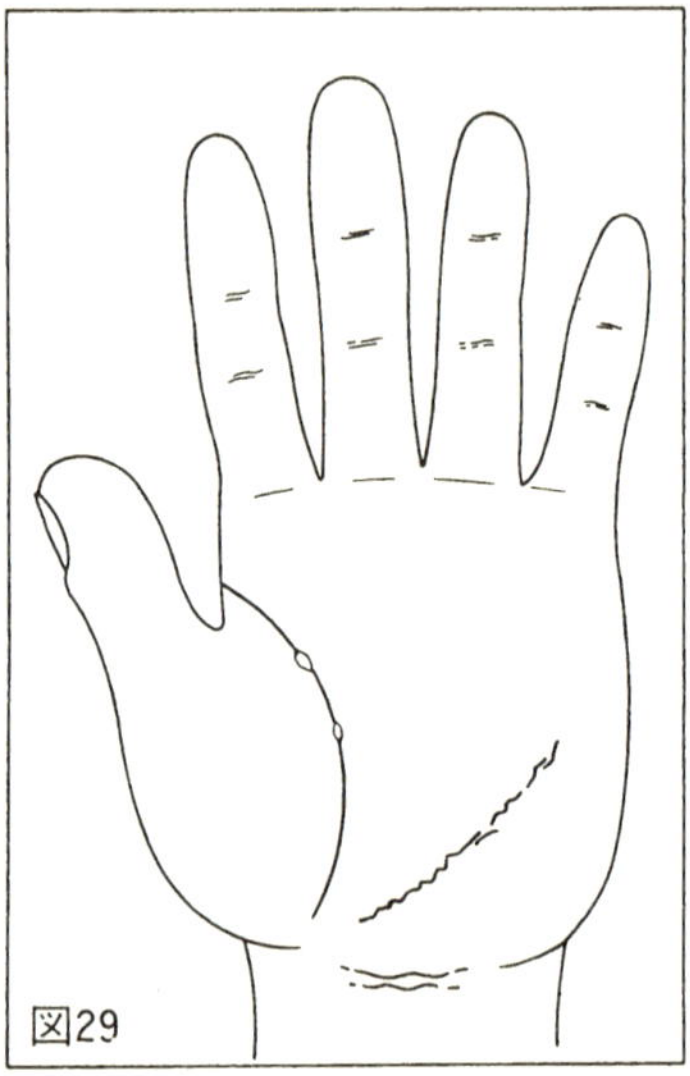

図29

＊他の線・丘との関係

図29のように生命線に島があり、健康線も乱れているのは、慢性消化不良で、油っこい食物は避けたほうがいいでしょう。

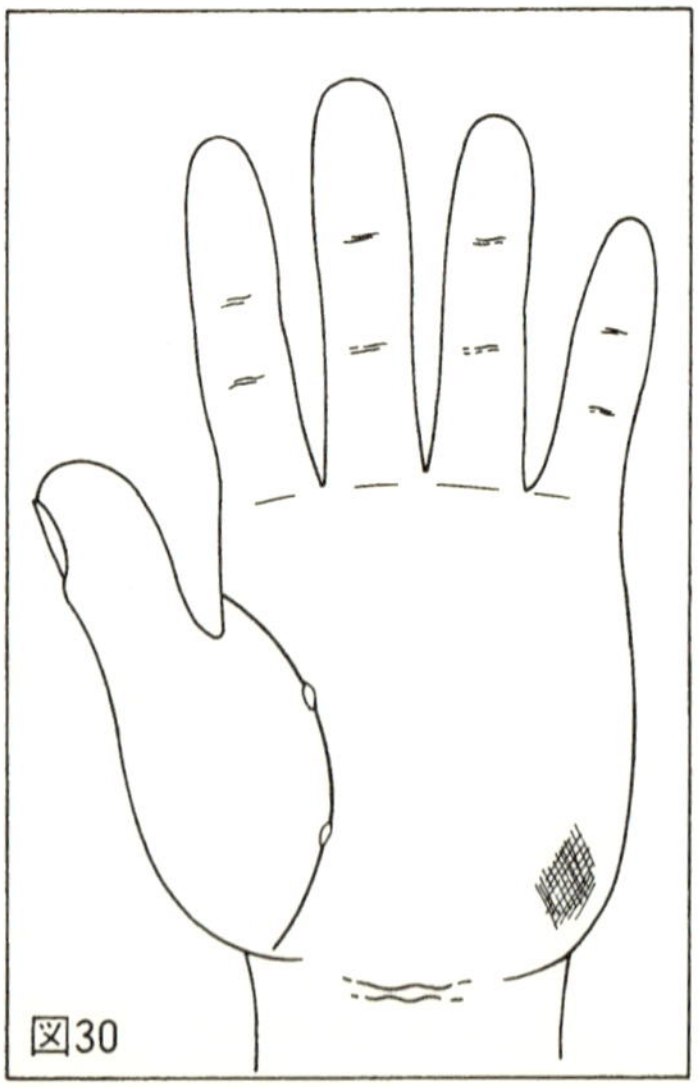

図30

図30のように、生命線に島があり、月丘がくもっている女性は、子宮を病んでいます。月丘を手の平の中心に向かって折るように動かす習慣をつけておけば、くもりも消えます。動かない部分は静脈血がたまって黒ずむのです。

図31のように生命線上に星があり、感情線が鎖状でその上にも星があるのはゼンソクです。これは感情線が一直線になれば治ります。ゼンソクというのは、迷走神経の緊張過剰によって気管支がせばまり、息を吐くのが苦しくなる状態で、温まると悪化します。

生命線の始まりの下、火星下丘にかたいグリグリがあるのは(図32)、リンパ腺系統が腫れていることを示し、梅毒や結核の疑いがあります。

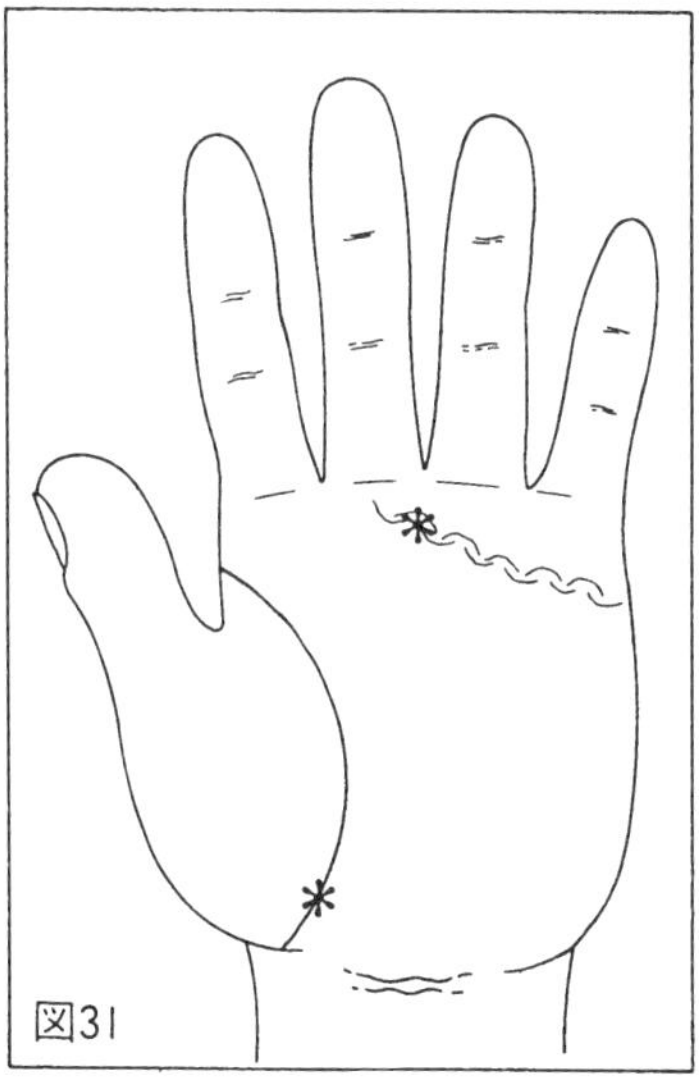
図31

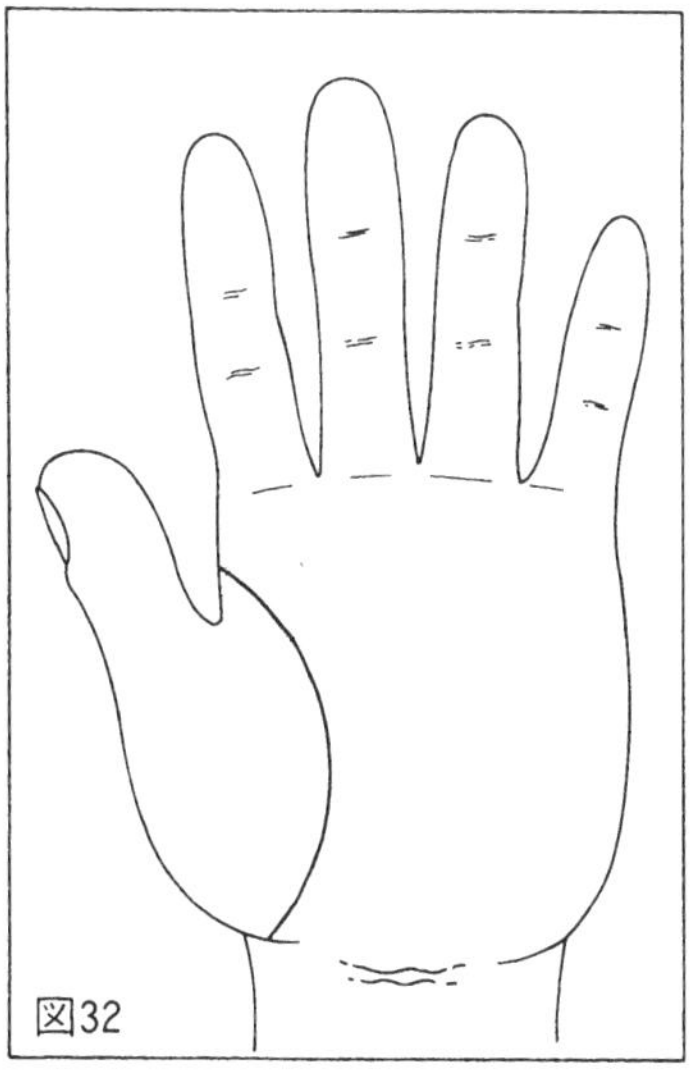
図32

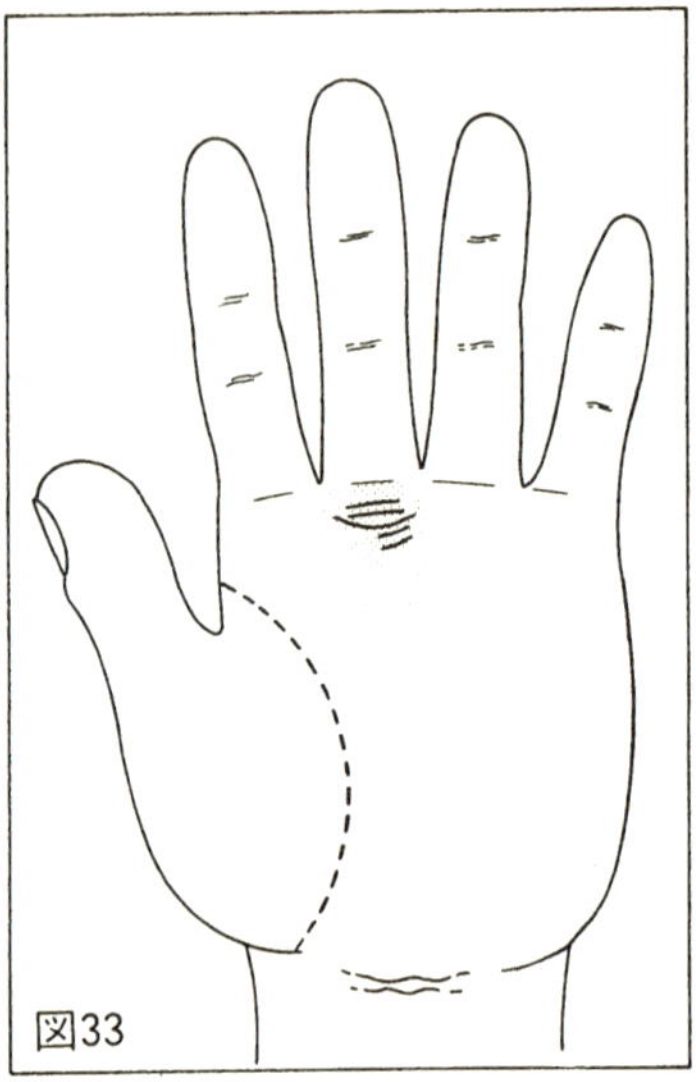

図33

図33のように生命線が切れぎれで、中指の付け根の土星丘に横線が多数ある人は、梅毒にかかります。循環系統に病原体が入ると、それを追いのけようとして循環系をつかさどる中指の根もとにしわができやすいのです。

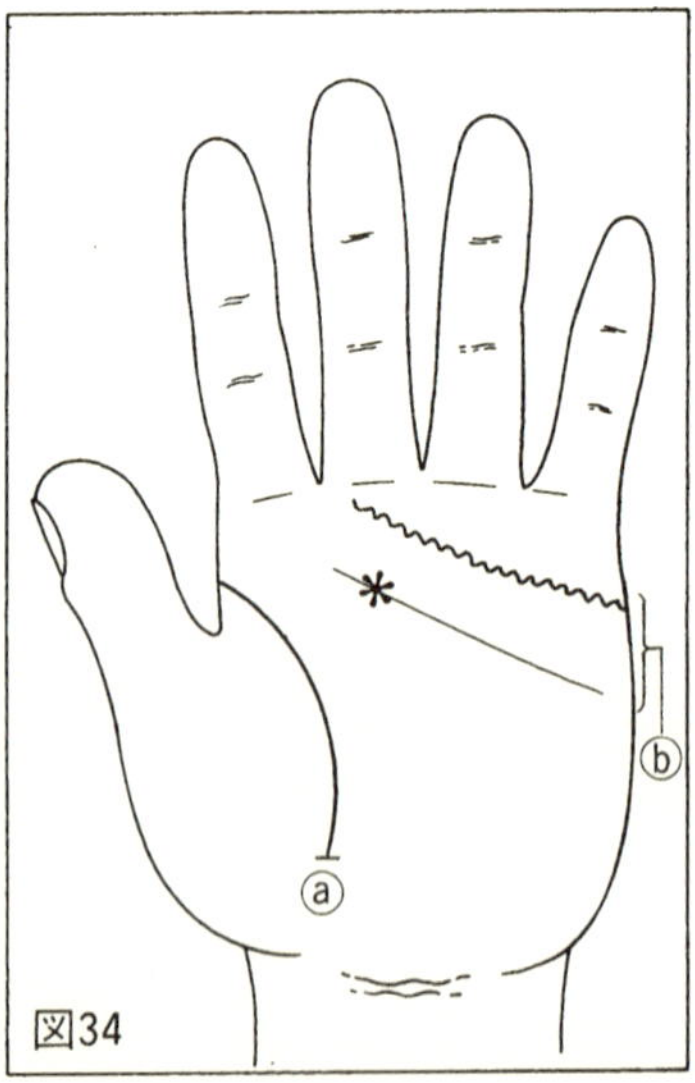

図34

生命線が小線によって中断されている（図34—ⓐ）のは脳出血のおそれがあります。さらに頭脳線上の星、波状の感情線（同ⓑ）、手の平全体が青みを帯びていると、メニエール病の疑いがあります。その場合、めまいをともなうのが特徴です。

図35のように生命線が短く、感情線が鎖状で、頭脳線は途中で切れて月丘に下り、そこにゴチャゴチャした線のあるのは膀胱結石です。月丘下部に格子のような線のある人はとくにそうです。

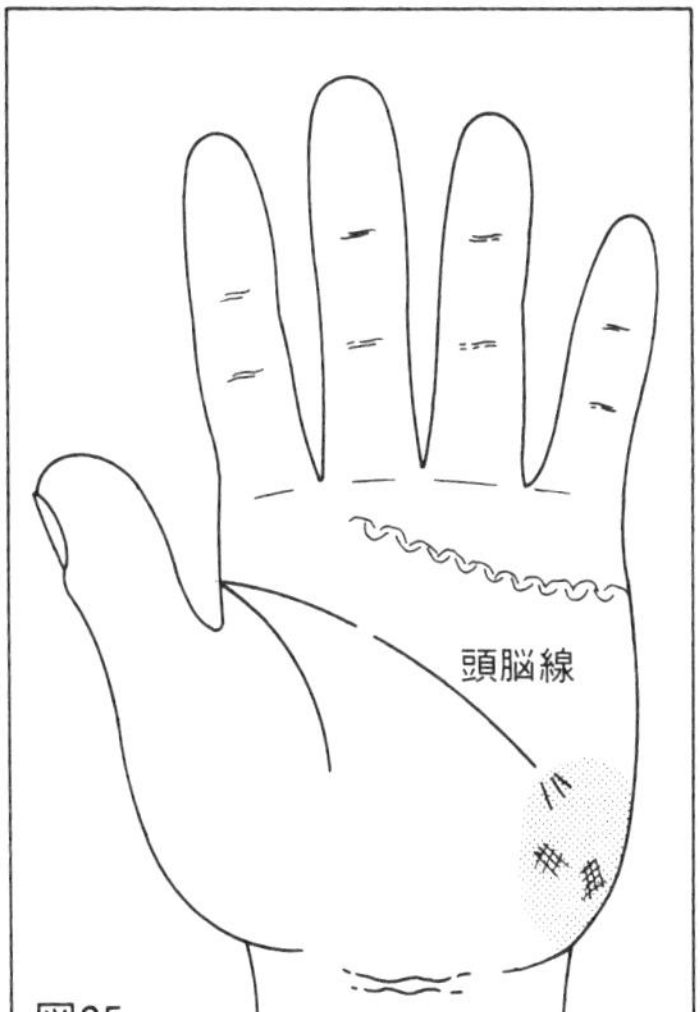

図35

図36のように生命線が親指の付け根に近接し、とくに頭脳線と健康線との交点に星があるものは、子宮の発育がよくないことを示しており、出産のときに難産します。

このような生命線は、金星丘の占める面積がせまく生殖力が衰えたことを示してい

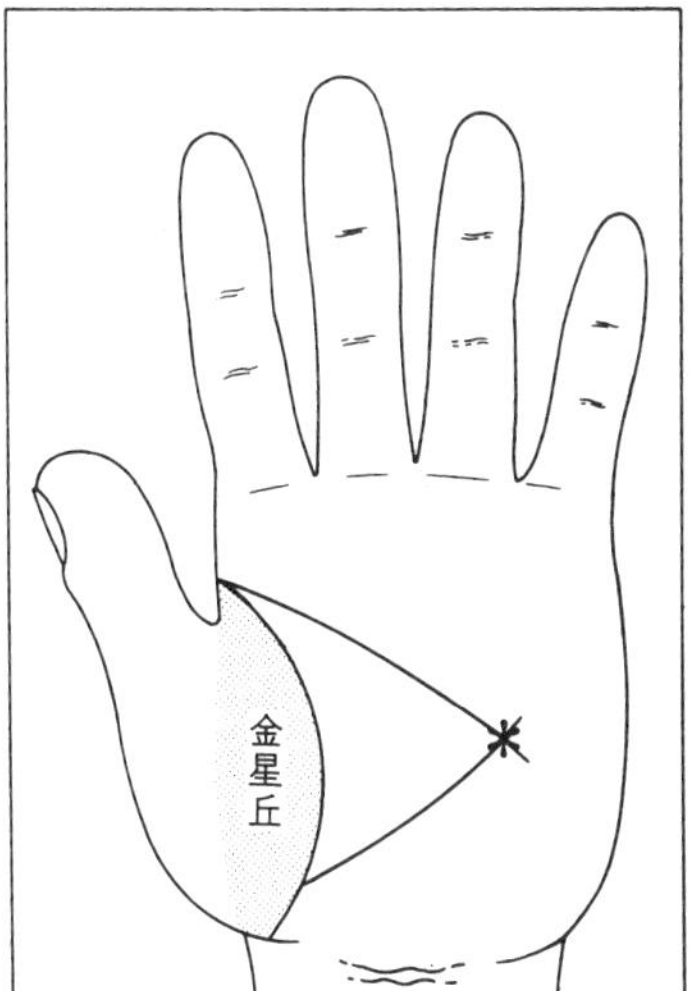

図36

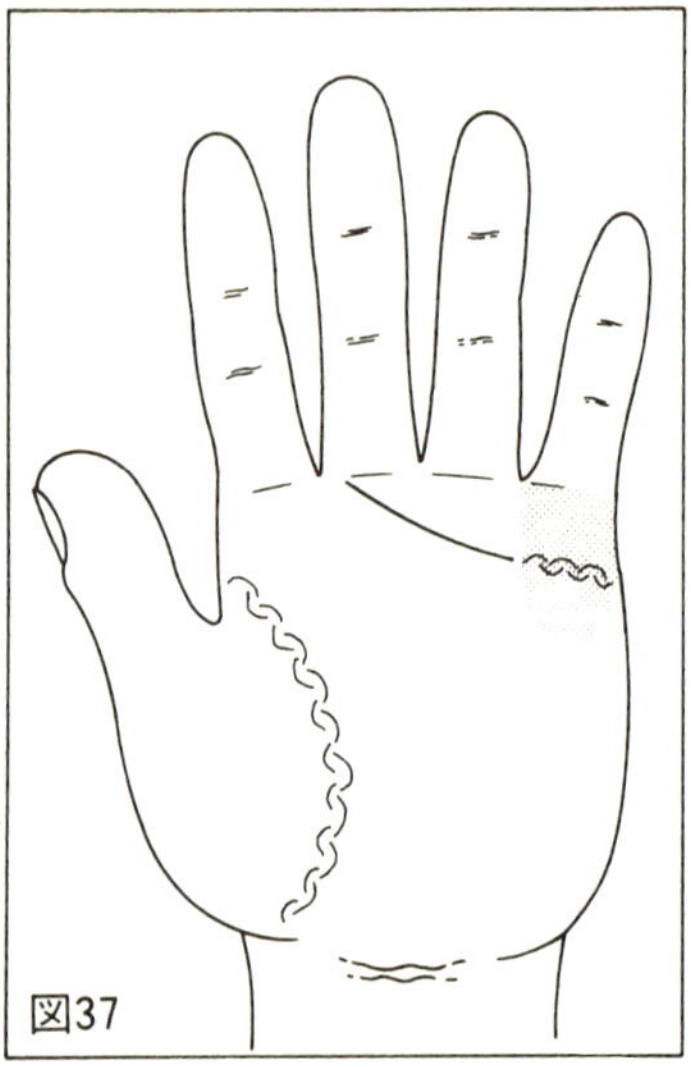
図37

ます。逆に、金星丘が豊満な人は精力旺盛です。金星丘は手の平の三分の一を占めているのが本当で、大きいほどよいのです。

図37のように生命線が鎖状になっているのは蒲柳《ほりゅう》の体質で、神経障害があり、苦痛に満ちた生涯を送ります。そういう人は病気と闘うために生まれてきたようなものです。

始めの部分、つまり水星丘の下で鎖状になったのは、幼少時の虚弱さを示します。これに加えて感情線の終末も鎖状になっていると、心臓マヒを起こすおそれがあります。

＊勢威線

生命線に付属している線のことを勢威線(influence line)といいますが、これは生命線の積極性をあらわすものです。

金星丘および火星丘の内側の勢威線と、金星丘または火星下丘もしくは生命線から起こる勢威線の二つに大別されます。

生命線を起点として上に出る線は、新しい方向へ向かおうという努力、発展、健康のあらわれでよいのですが、生命線を横切るとそれを弱めることになります。

図38のように、生命線の内側の金星丘から起こって中指の付け根を交切する線があり、おまけに頭脳線と健康線との結合点に星があって、月丘下部に混乱した線が見られるものは、女性なら子宮に障害があり、出産困難となります。

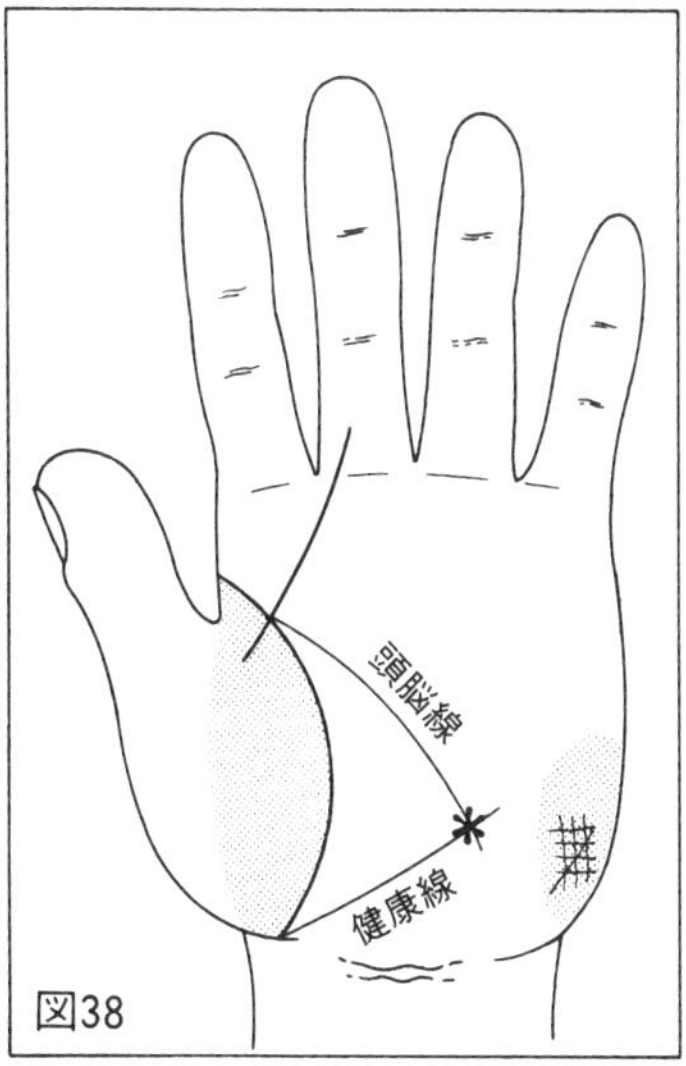

図38

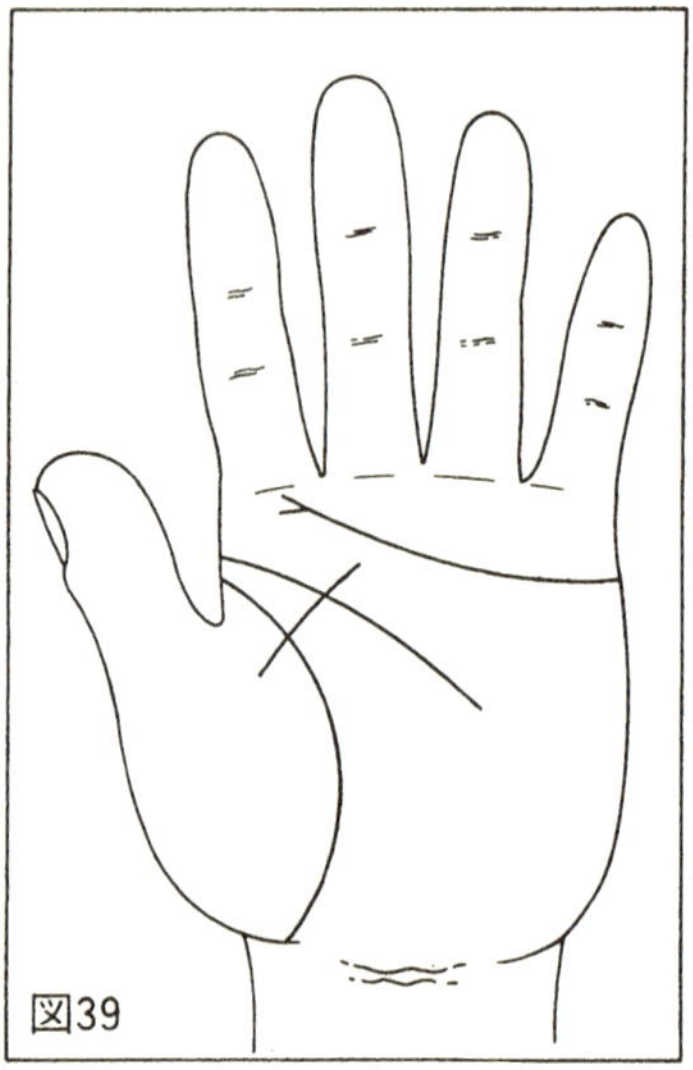

図39

図39のように、生命線および頭脳線を交差する線があり、その上に感情線の始まりが叉をなすものは、脳の故障を起こしやすい人です。

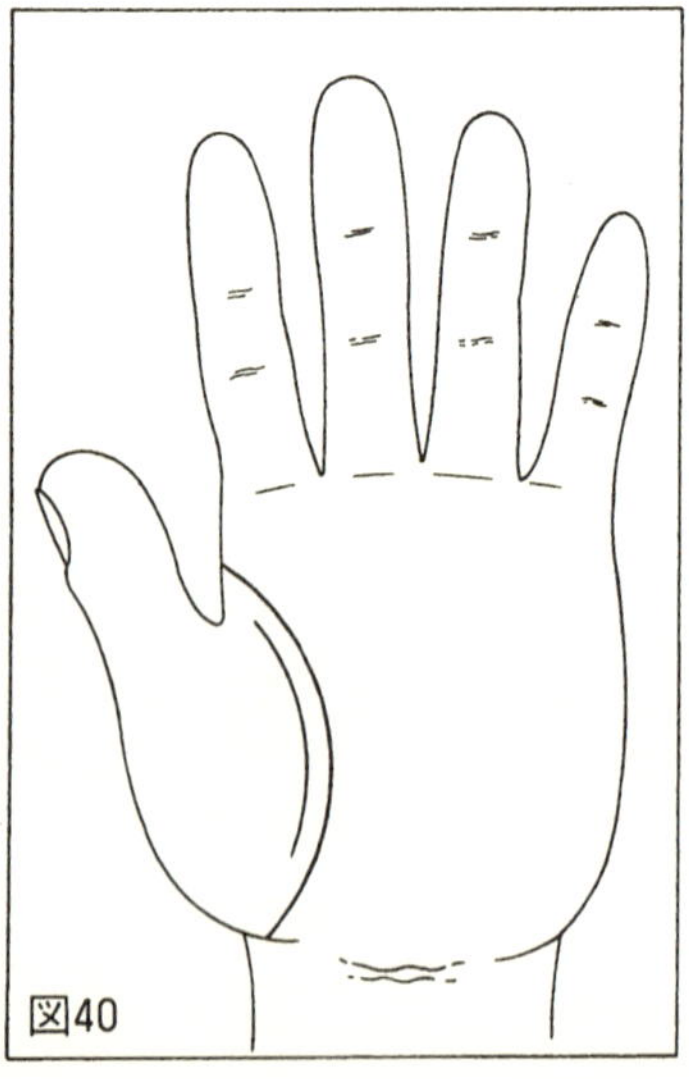

図40

図40のように、生命線の内側にこれに並行した線ができるのは、親指に力が入らなくなってきた証拠で、手のマヒしたときにみられます。

2章

頭脳線が教えるあなたの「健康」

＊頭脳線が意味するもの

手の平の真ん中を斜めに走る線を頭脳線(head line or line of head)といいますが、理知線と呼ばれることもあります。これは人差指、中指、薬指、小指を手の平側に曲げる折れ目です。

正常な頭脳線は、生命線の始まりからやや離れたところからスタートし、人差指と中指の下方で弧を描き、親指の基節の下側(第二関節)を水平線に伸ばした位置まで延びています(図41)。

アルカリ性体質の手は頭脳線が水平になります(図42—ⓐ)が、ガンにかかりやすく、逆に酸性体質の手は頭脳線が月丘へ進み(同ⓑ)、脳出血、便秘、糖尿病、腎臓病の傾向があります。

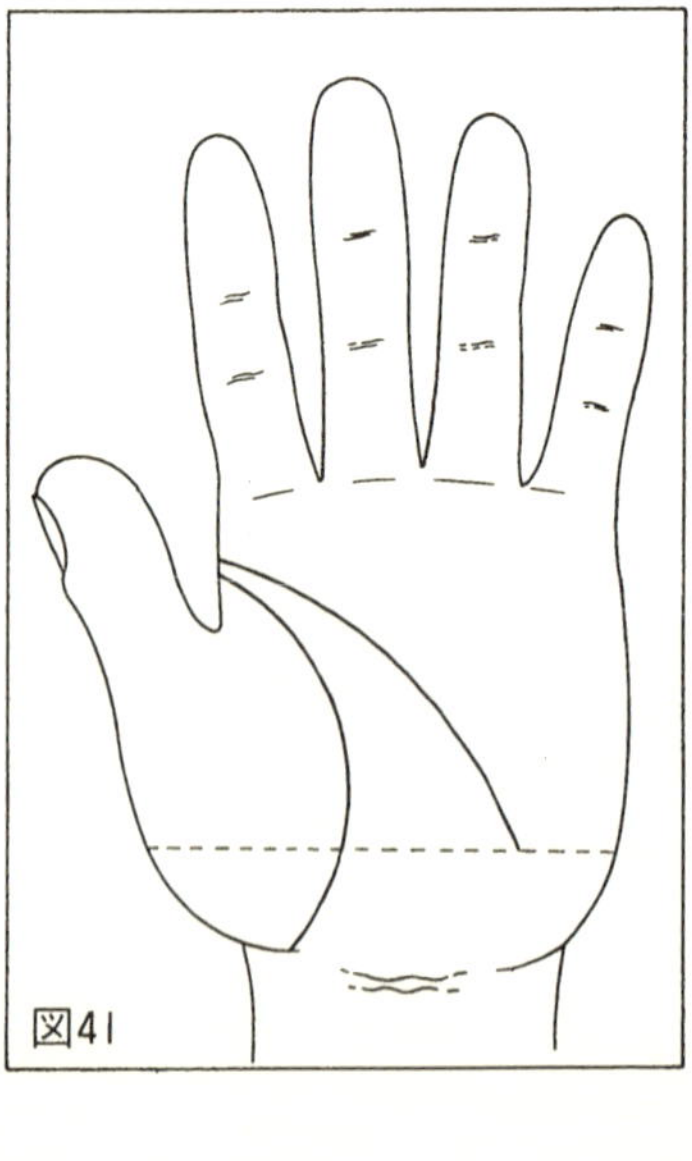
図41

頭脳線は理知線ともいうように、知能系統をあらわします。頭脳線が薄いのは、神経または脳の障害を示し、薄い箇所に相当する年齢で障害が起こります。

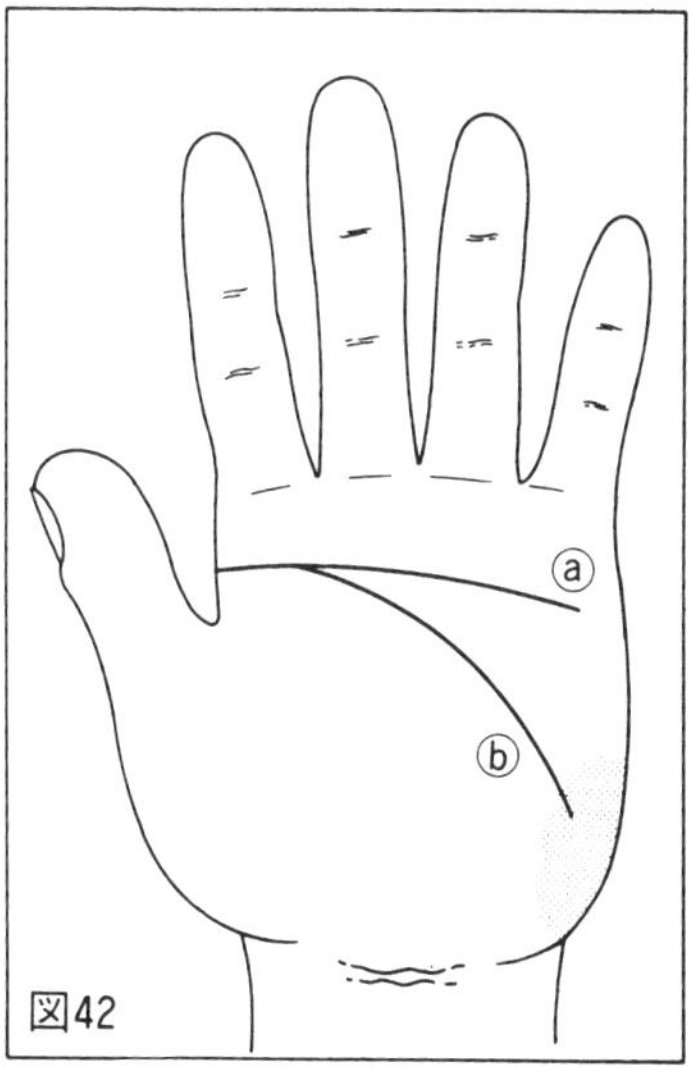

図42

頭脳線の流年法は、起点を0歳、打撃縁を一〇〇歳とし、運命線との交差点を三五歳とします（図43）。

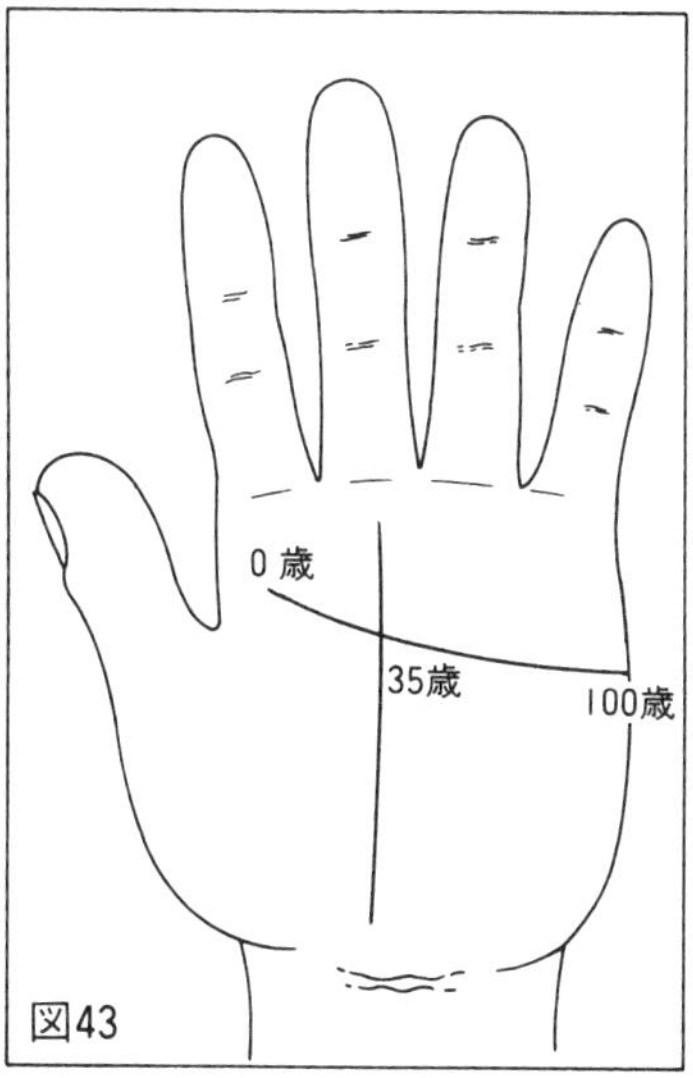

図43

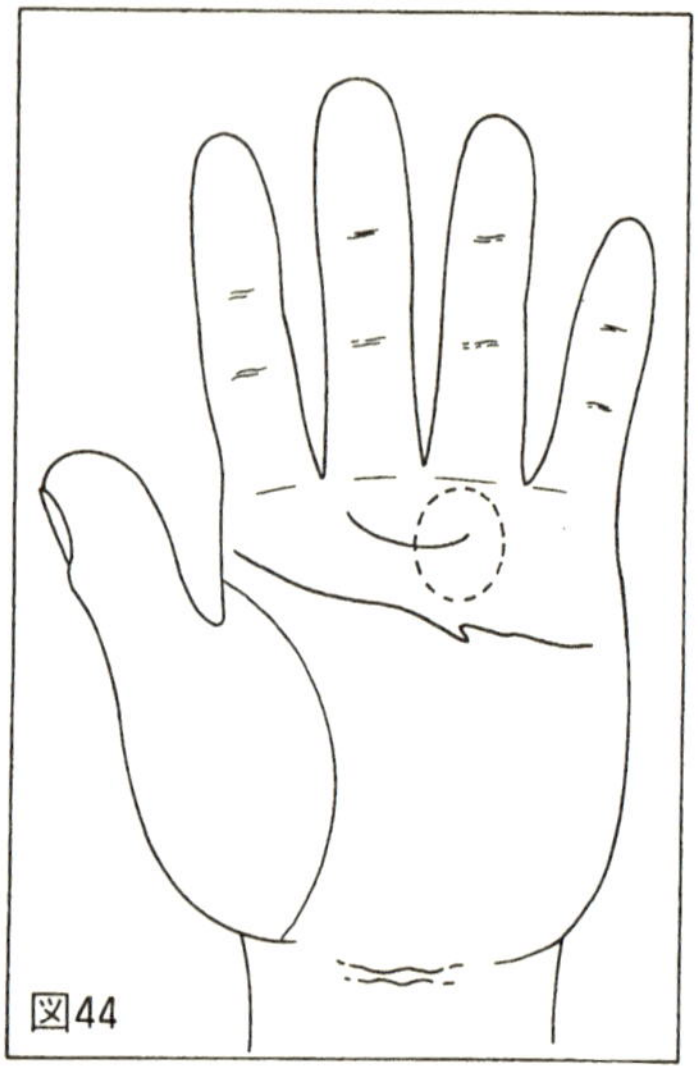
図44

図44のように、頭脳線が薄弱で、「ますかけ（感情線が頭脳線といっしょになり、手の平を一文字に貫いている）」になっているのは、脳出血に冒されやすく、薬指の付け根の太陽丘が盛り上がっている人はとくにその傾向が強いのです。

頭脳線が非常に深く刻まれているのは、神経系統がひどく疲労していることを示します。

また、頭脳線がないのは、先天的脳疾患で、知能の働きを欠いていたり、極端な便秘症です。

＊頭脳線の長さ

左右どちらかの手の頭脳線が短く、打撃縁に丸みがなくペシャンコになっているのは、右手なら右側、左手なら左側のリウマチにかかります。

＊頭脳線の始まり

図45で示されるように、頭脳線の始まる位置にも違いがあります。生命線の途中から出る場合は脳の病気に冒されている人に多く、夭逝《ようせい》する可能性大です。このような人は脳膜炎になることもあります。また、頭脳線が感情線に接近しすぎているのは、ノイローゼにかかりやすい人です。

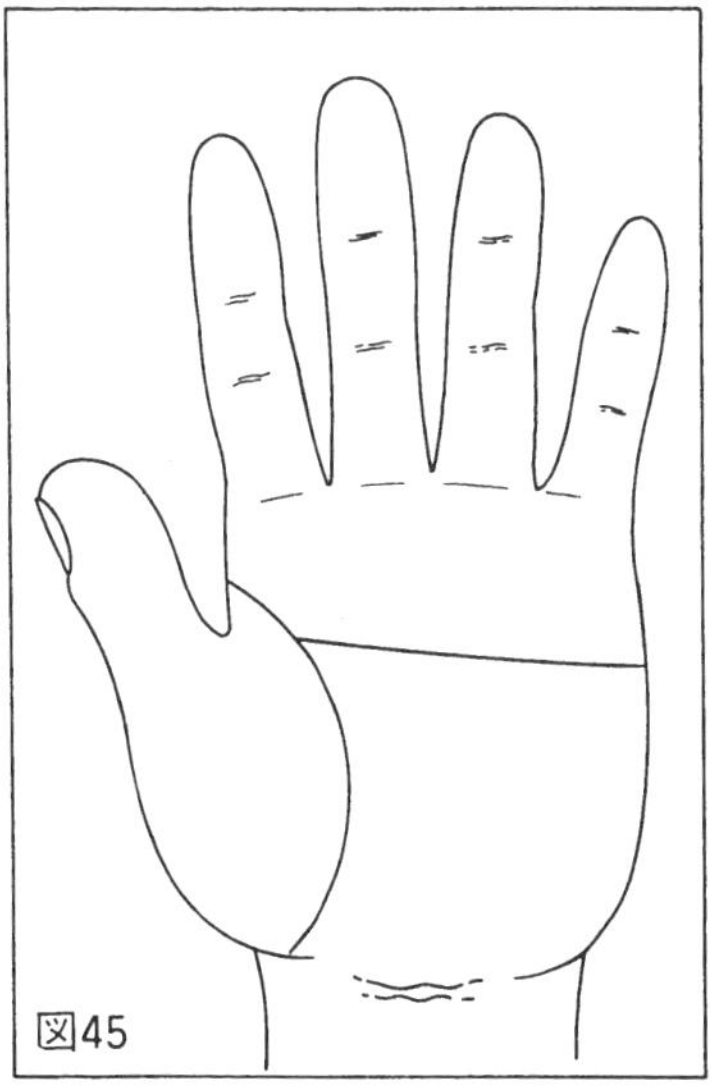
図45

＊頭脳線の終わり

図46のように、頭脳線が中途で反転して金星丘の方へ曲がるもの（同ⓐ）は、神経衰弱、精神異常のおそれがあります。

頭脳線が太陽丘の下で切れている（同ⓑ）のは、視力障害を起こしやすい人です。

頭脳線が土星丘で終わるもの（同ⓒ）は短命で、年若くして知能を失い、精神錯乱

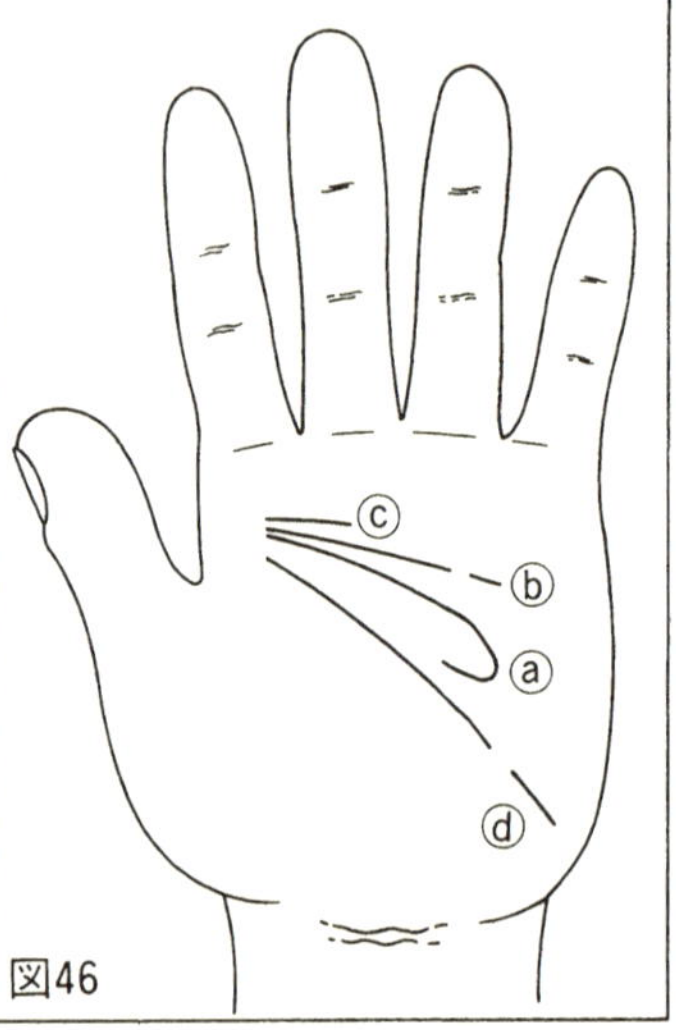

図46

で死ぬ恐れがあります。

また、頭脳線が切れて月丘の方へ下る(同ⓓ)のも精神錯乱で、折り重なっていないときはとくに危険です。この場合、腎臓結石、尿路結石の可能性もあります。

＊頭脳線の色

頭脳線が真っ赤になっているのは、ものの考え過ぎ、熱中によって脳が充血状態にあることを示しています。

頭脳線が茶褐色になっている場合は、生命線と同様、胆石、胆のう炎である可能性があります。

黒褐色になっているのは、腹水症のあらわれです。

＊頭脳線の状態

図47のように、頭脳線が破れて折れ重なっているのは、重症性の脳障害に一時かかった人が、回復したことを示します。現在たとえば二〇歳で、三〇～四〇歳の位置にそうした重なりがあるとしたら、その人は現在、その年齢で脳障害を起こすような生活状態に陥っているとみてさしつかえありません。

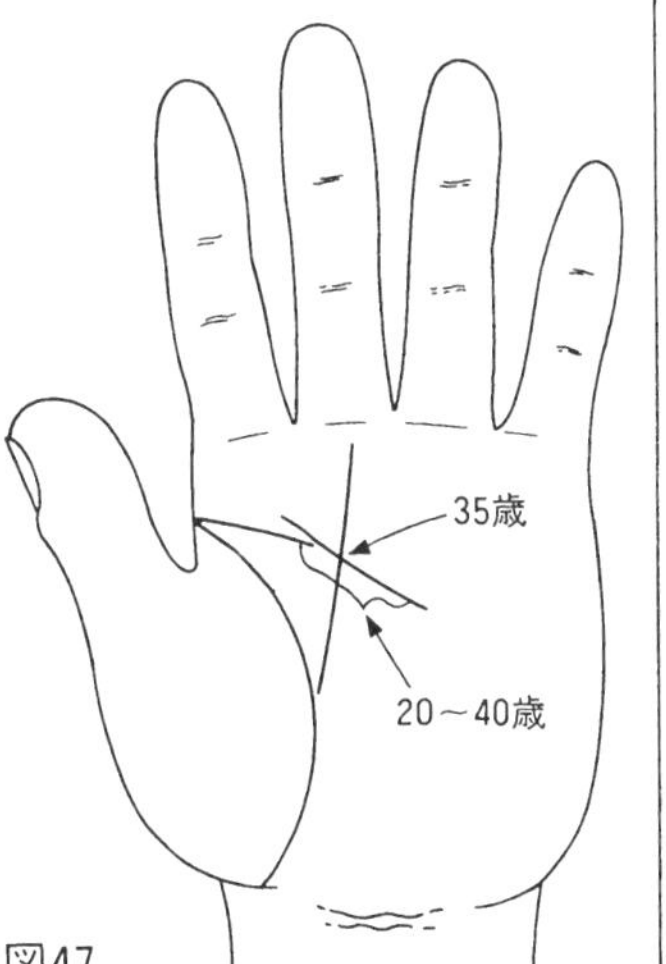

図47

こうした頭脳線の破れは、頭の障害や脳腫瘍などを示します。切れた場所に相当する腸のマヒで、多くは右腸のマヒです。古い便がたまると石炭の蒸し焼き（乾溜《かんりゅう》）のような状態になり、一酸化炭素が発生、それによって頭痛が起こるのです。

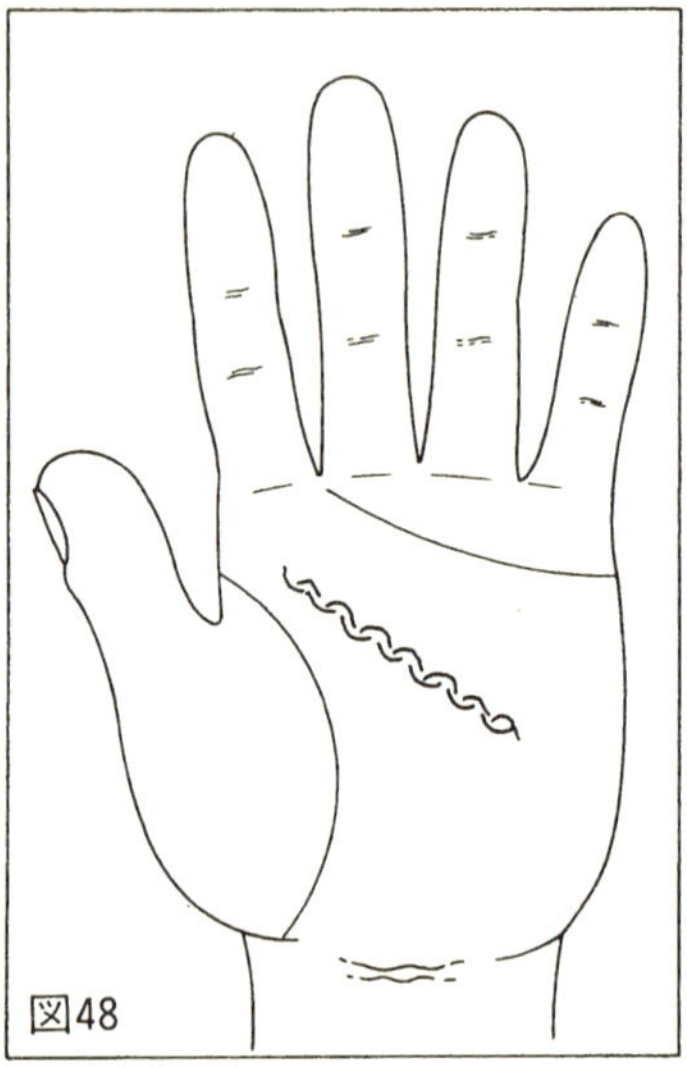

図48

図48のように、頭脳線が鎖状をしているのは、慢性頭痛持ちに多く見られます。

頭脳線がこまかく波立って不均等で、色もさまざまに変わっているのは、神経性の胆汁障害です。

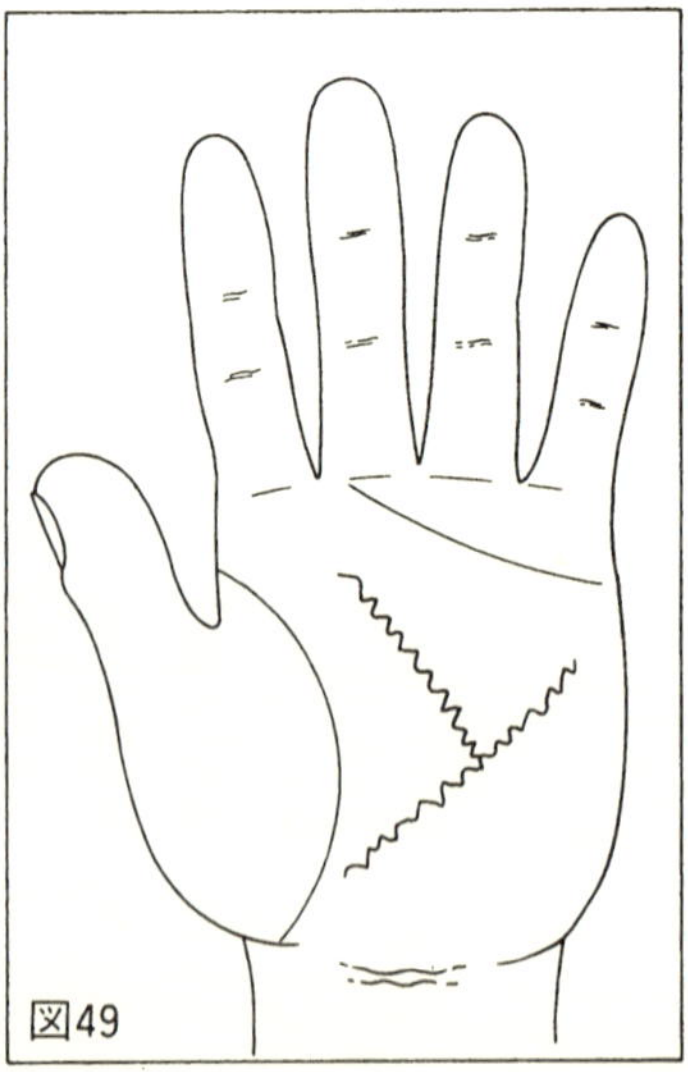

図49

図49のように、健康線も同じようになっていると、脳の疾患や躁うつ病にかかります。これも原因は便秘です。

図50のように、多数の棒が頭脳線を切るのも頭痛持ちです。発熱があれば、脳炎の可能性もあります。

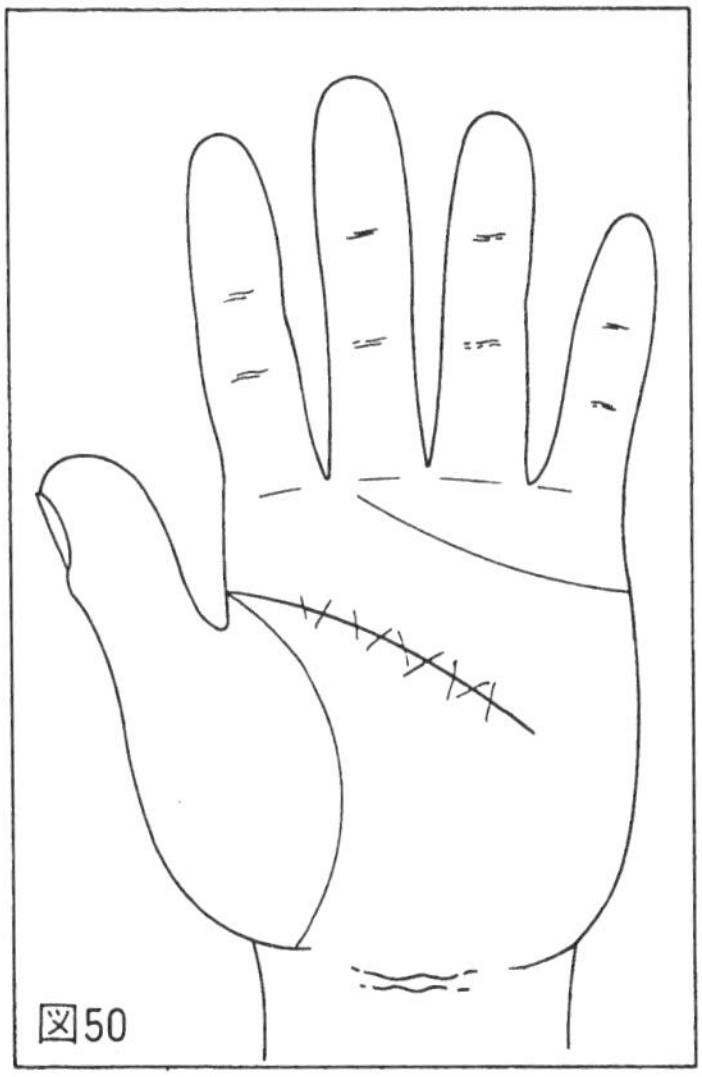

図50

図51のように、三主線の始まりがくっつき、しかも頭脳線上に十字や星があるものは頓死《とんし》する危険があります。これは早死にとは違い、予徴なしにポックリと死ぬことです。けがによる死または惨死が多く、その年齢は頭脳線、生命線に示されます。

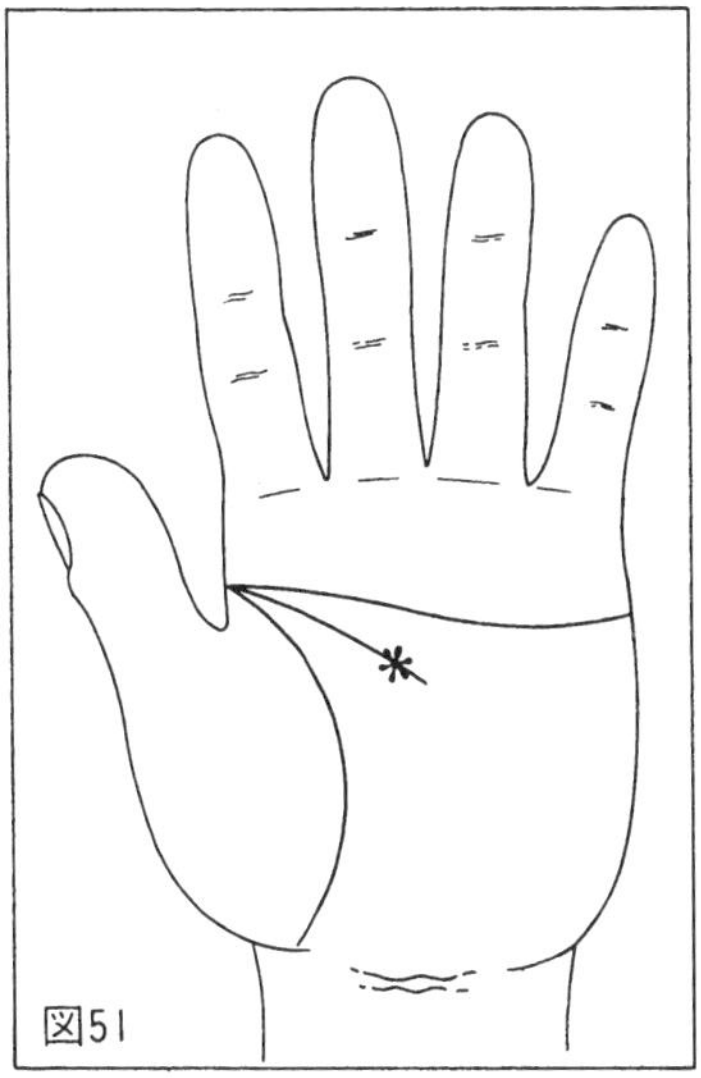

図51

図52のように、頭脳線上に白い点があって生命線および健康線が弱いものは、熱病にかかりやすいことを示します。

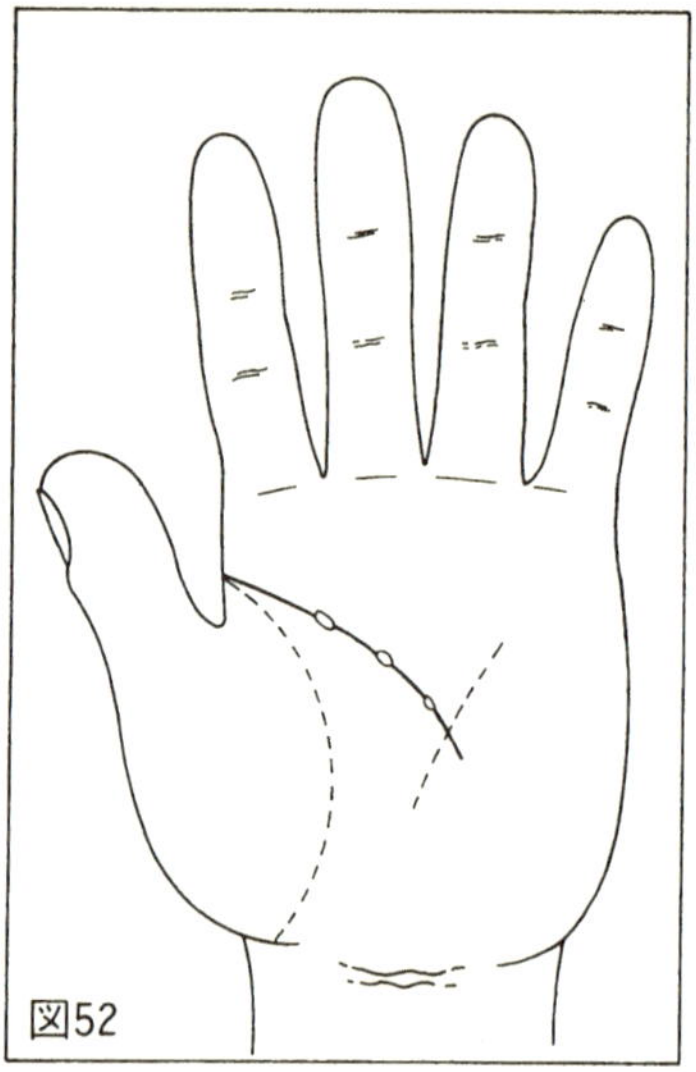

図52

図53のように、頭脳線の始まりが蒼白で、線上に黒点があり、しかも生命線の始まりに叉があるものは、重症の脳疾患あるいは脳腫瘍になります。

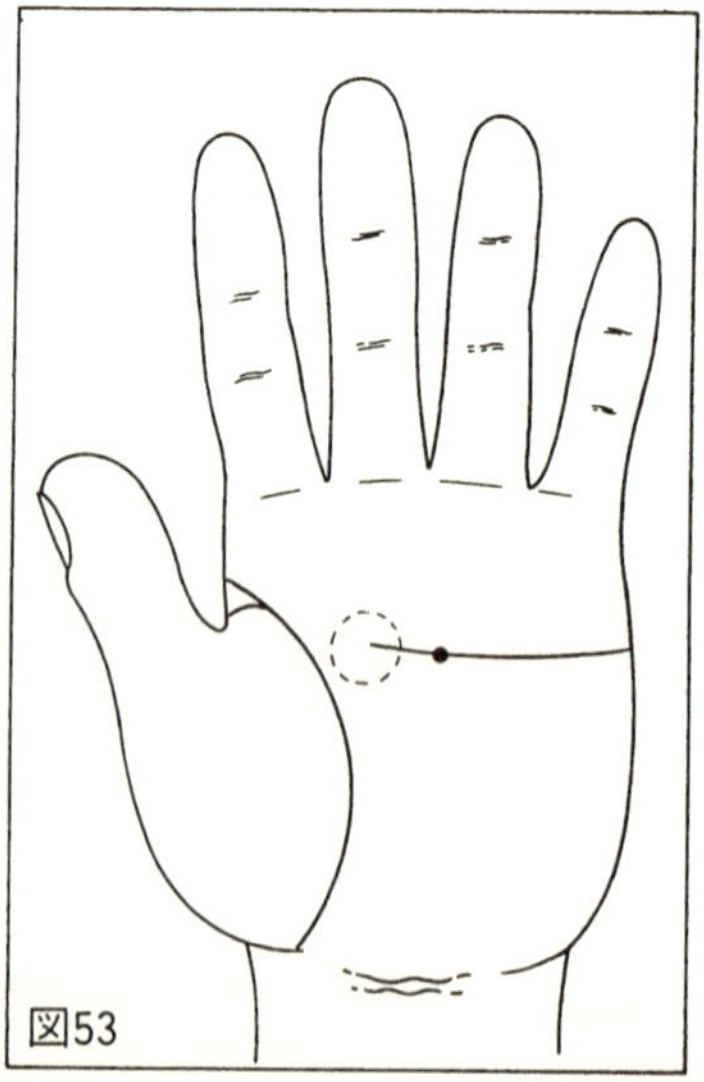

図53

頭脳線が切れぎれになっている（図54）のもその傾向にあります。頭痛、めまい、悪心、嘔吐といった症状がしょっちゅう見られますが、これも便通をよくすれば治ります。

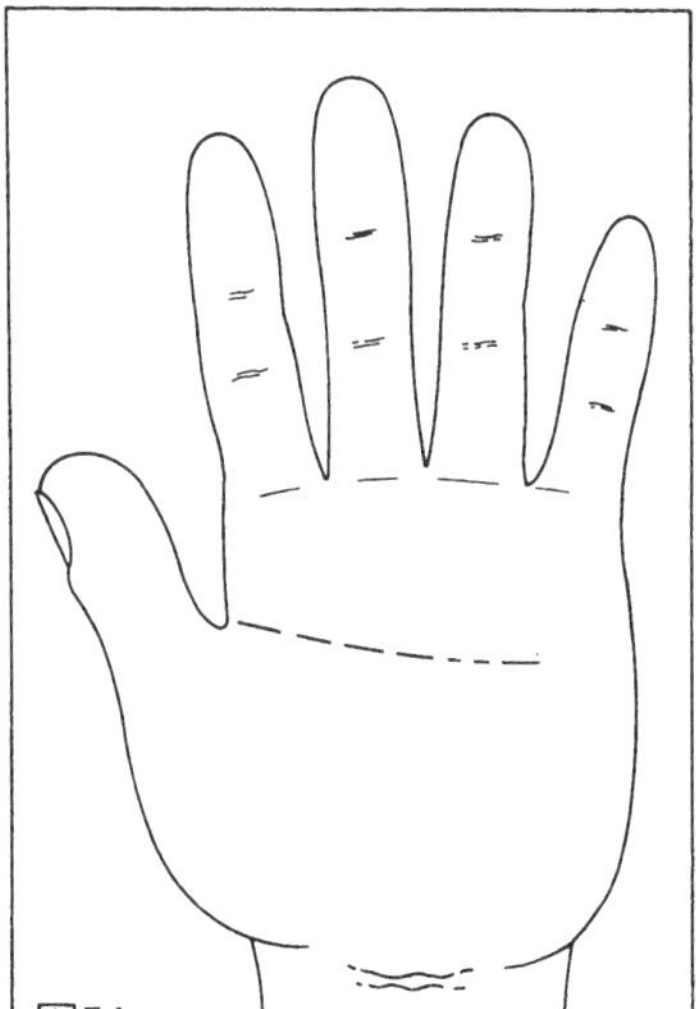
図54

頭脳線が薄くて短く、健康線が切れぎれ（図55）なのは、慢性消化不良や頭痛持ちです。

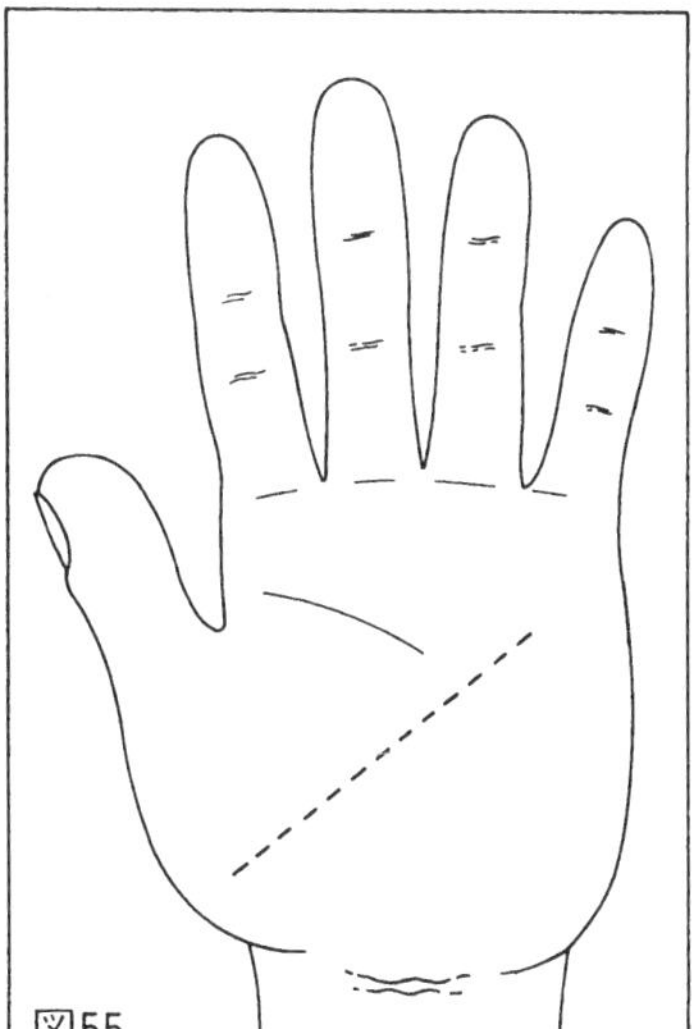
図55

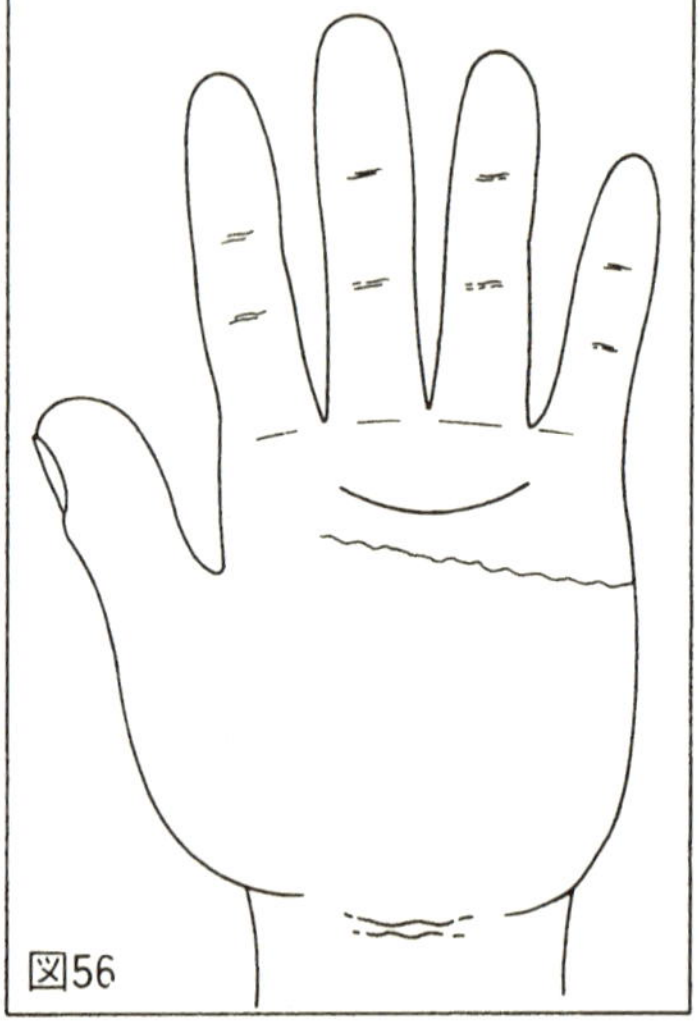

図56

図56のように、頭脳線が弱く、ますかけがあり、その上に金星帯があって「二」の字をつくっているのは気管支拡張症で、せきがなかなかとれません。

頭脳線上にたくさんの島がみられたり、終末に切れ目があるのも同様で、すぐに息切れや息苦しさにおそわれます。

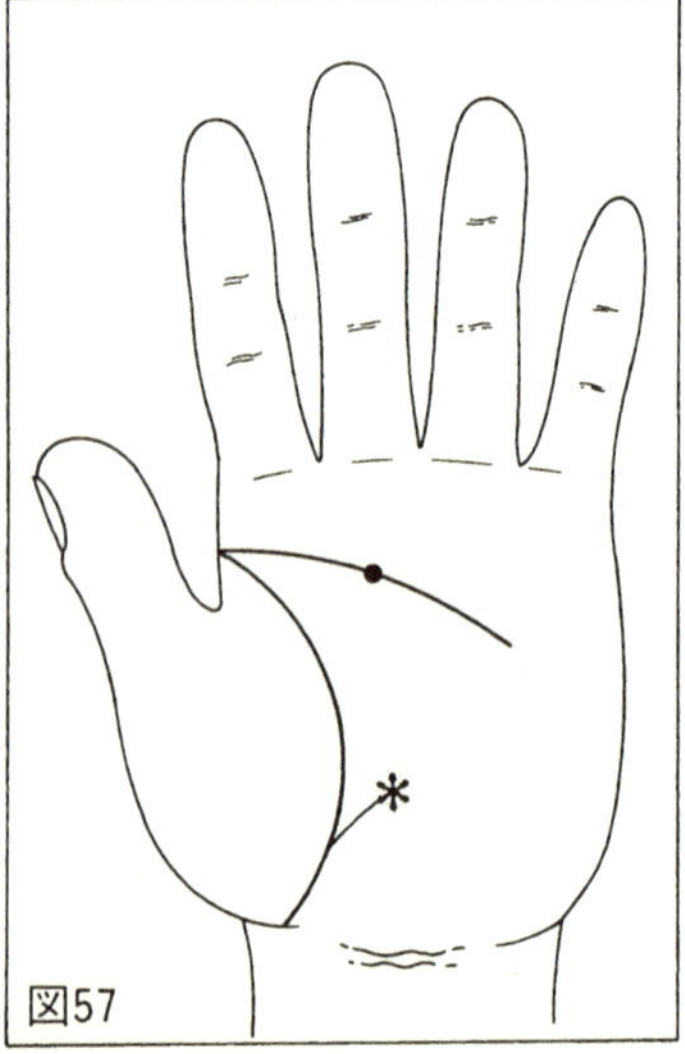

図57

図57のように、頭脳線上に黒または青黒い点があり、生命線から健康線の変形したものが出て、それが中途で終わり黒ずんだ

星ができているのは、激しい頭痛に冒されやすいことを示します。

頭脳線上に黒い点や青い点があったり、生命線から出た線が星で終わったりしているのは、静脈血が停滞している（これを静脈瘤といいます）ことを示しており、これは脚の血液の循環が悪いために生じるものです。また、アルコール中毒の場合にも見られます。

静脈瘤は痔、頭痛、リウマチ、心臓病などいろいろな原因となります。それを治すのが、次にご紹介する「脚絆《きゃはん》療法」です。

*万病のもとになる静脈瘤

下肢の静脈瘤を治すには脚絆療法というのがあります。サラシか木綿の布一反を縦に半分に切り、さらに半分に折って二本の包帯を作ります。就寝二時間ほど前に、まず毛管運動（30ページ参照）をやり、この包帯を足の先から大腿の半分まで、足先ほど強く、また皮膚が見えないようにグルグル巻きつけ、イスの上に両足を載せたまま二時間寝ています。

二時間たったら包帯を取り去り、さらに毛管運動をして就寝するようにするのです。

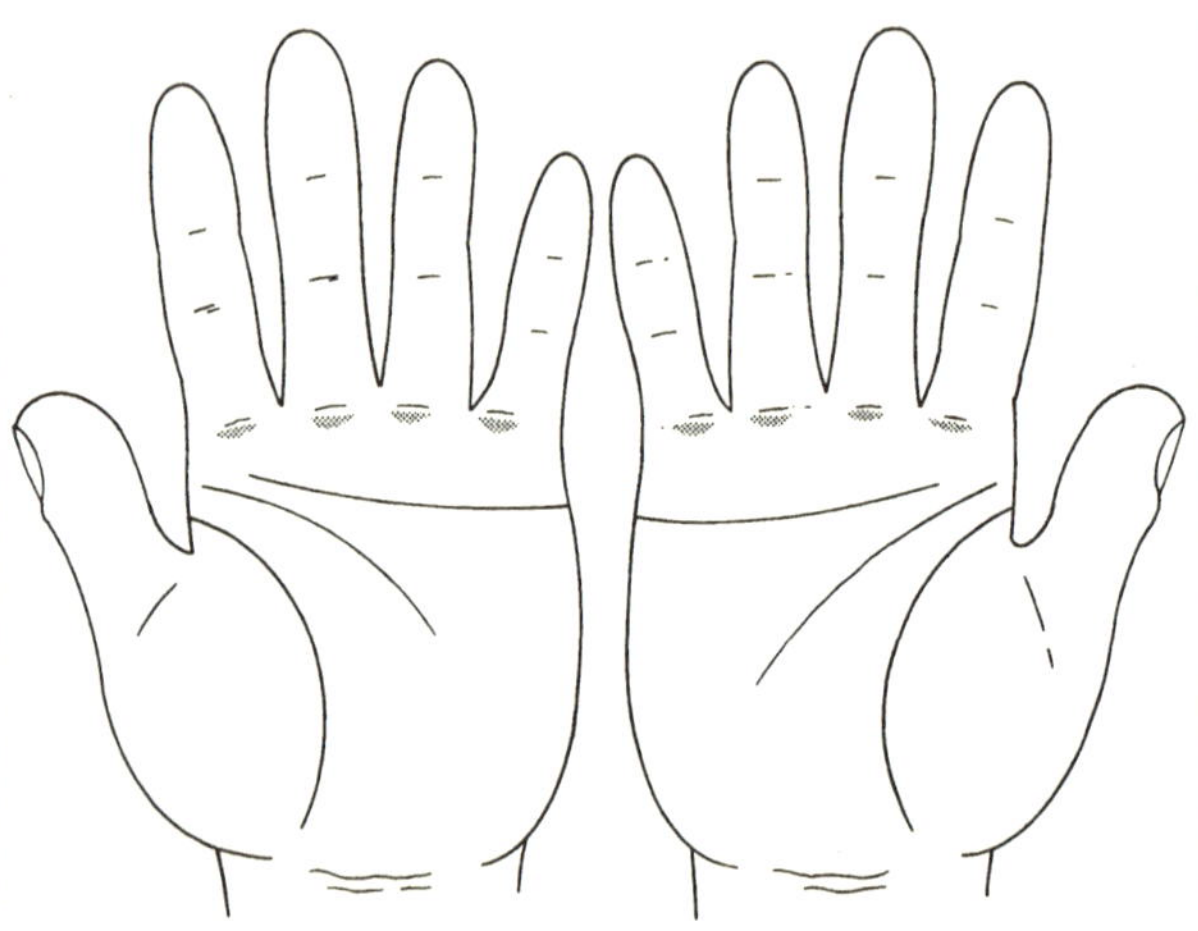

図58

途中で苦しくなれば、包帯を取り、だんだん二時間に近づけていきます。これを毎日続けるのです。脚絆療法は痔はもちろん、頭痛、心臓病、月経不順など、ほとんど万病に効果があります。

静脈瘤の一現象が痔で、この場合、図58のように、四指の付け根が黒ずみます。

肛門のどの部分が悪いかは、両手を合わせて丸め、円形をつくります。指先を下に向けて上からのぞいたときに一致します。右手の人差指が時計の一時、中指が二時、小指が五時、左手の小指が七時、人差指が十一時の位置に相当しています。

痔を治すには、脚絆療法もさることなが

ら、片足で立つのも効果的です。「片足に痔なし」という言葉がありますが、図59のように、片足で立ち、もう一方の足のヒザを直角に曲げ、太腿を水平にしてそのまま静止します。片足で立ったほうの足の筋肉は非常に緊張し、その足の静脈にポンプ作

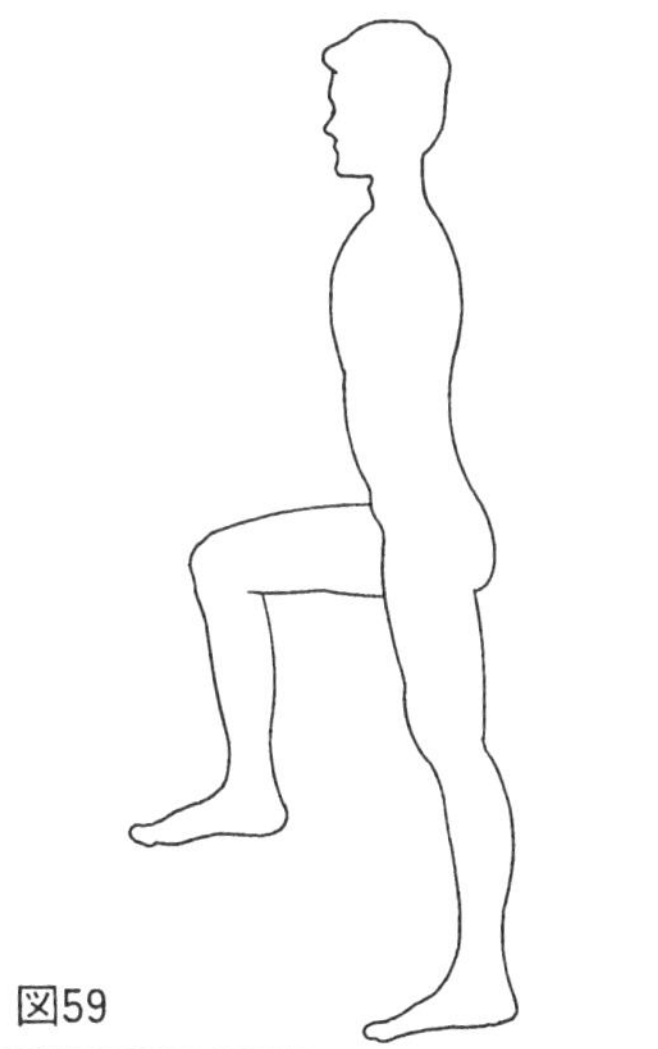

図59

用が起こって、たまっている血液を循環させるのです。

真に健康な男子なら四十分、女子なら二十五分くらいは平気で立っていられるはずです。これは、電車やバスに乗っていても手軽にできる健康法ですので、ぜひ試してみてください。

静脈を流れる血液は、二酸化炭素や老廃物を含んでいて、こういう血液が入ってくると静脈管はポンプ作用を起こします。静脈管は壁が薄く、収縮して、心臓への還流を図るわけです。

静脈がふくらんだ人は手の色が汚いのですぐにわかります。

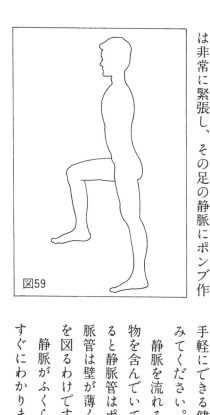

＊他の線・丘との関係

図60のように、頭脳線が月丘に進んでいて、波立った垂直線か曲がった線で横切られ、そのうえ感情線が不完全なのは、頭痛はもちろんですが精神錯乱の危険があります。

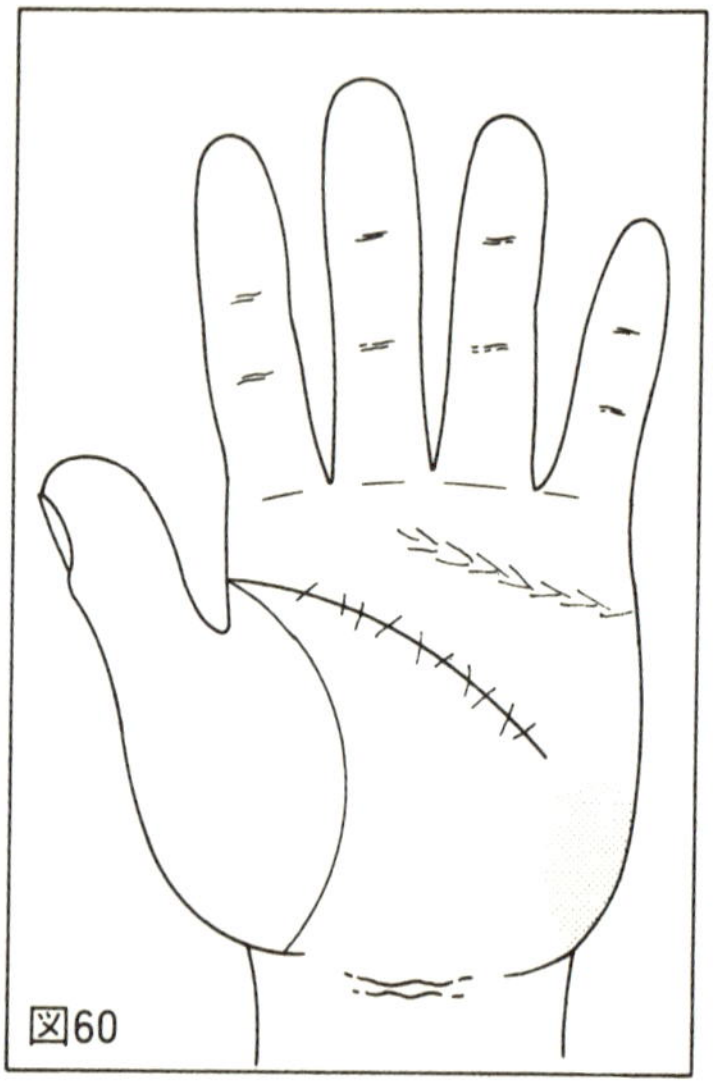

図60

頭脳線が貧弱で、感情線を欠き、健康線が波立っている（図61）のは、心臓病にかかりやすいことを示しています。

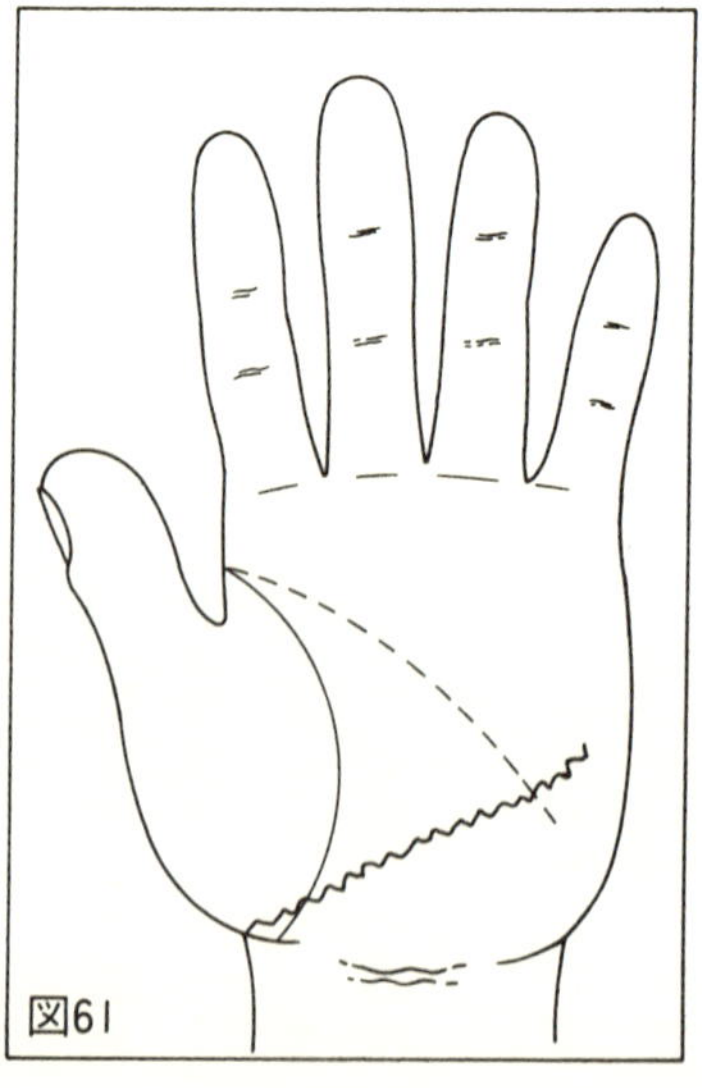

図61

図62のように、頭脳線がいくつもの小さな部分に分かれ、感情線もそうなっているのは、重症の頭痛です。そのうえさらに三角庭に十字があればテンカンとみてまちがいありません。

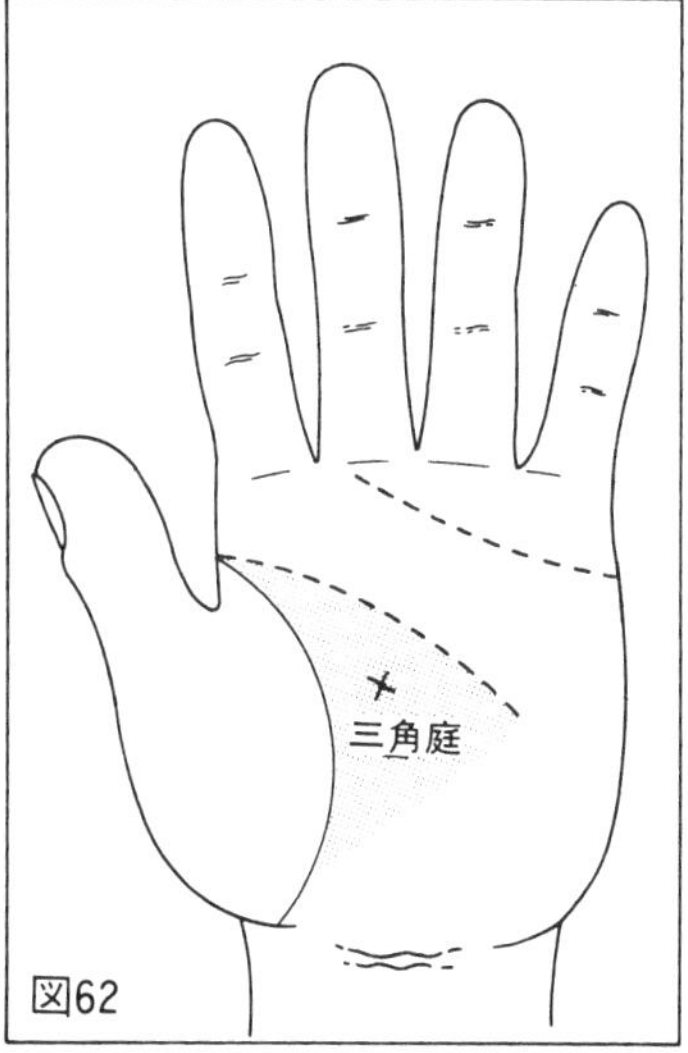

図62

完全なテンカンは爪が短く、図63のように、二重の金星帯が土星丘にあり、長い頭脳線が断続しながら月丘に下がります。長期のテンカンは手首横線上に十字がありま す。

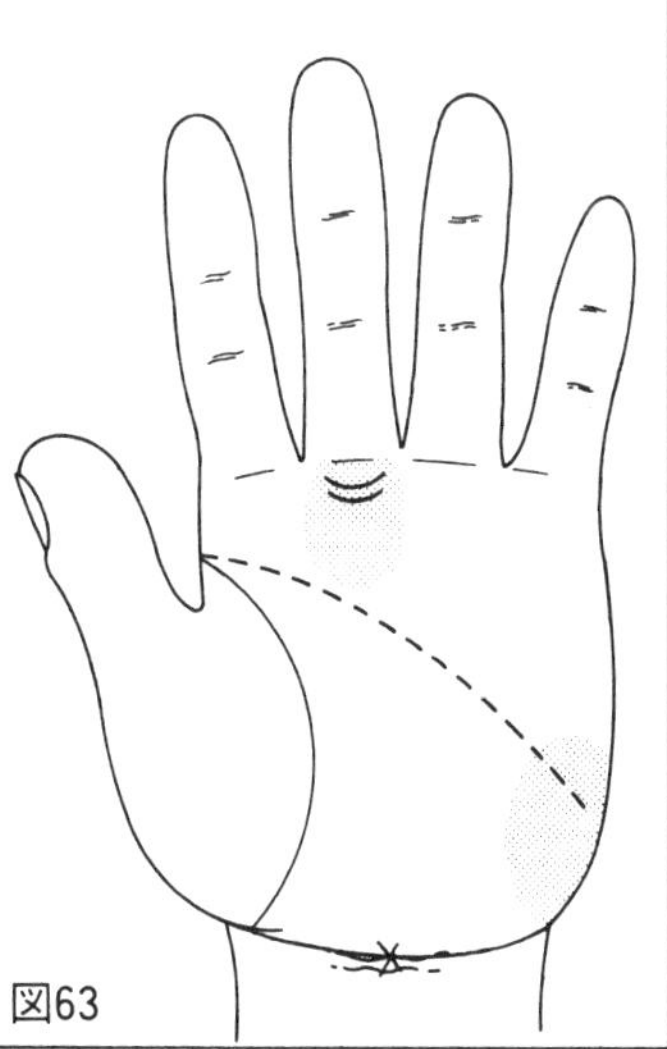
図63

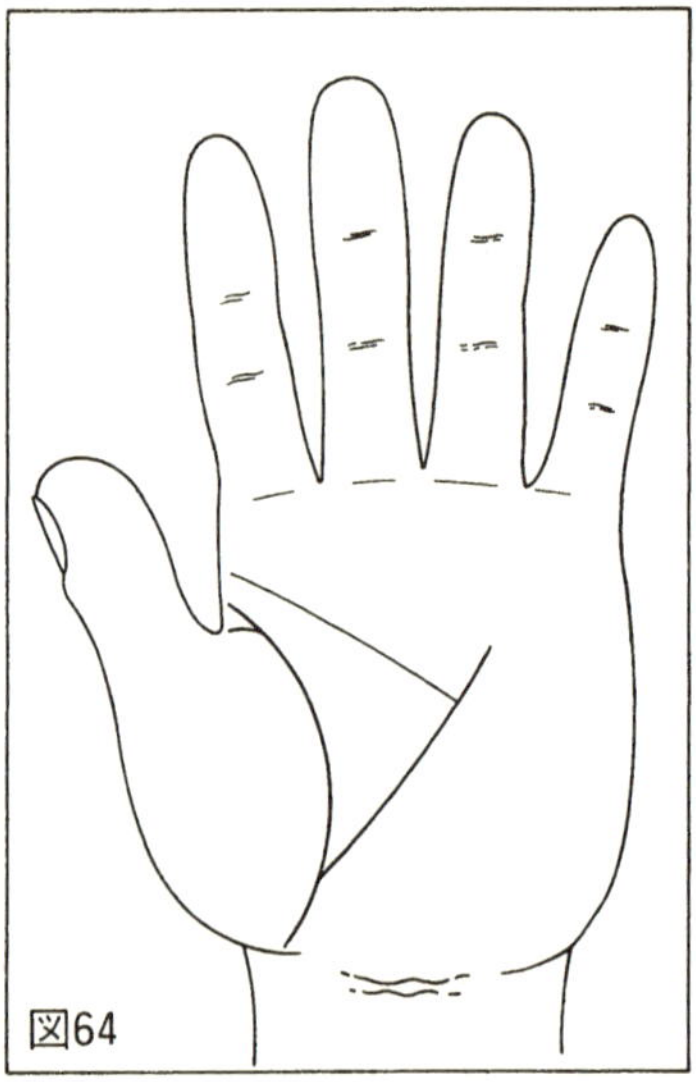

図64

図64のように、頭脳線が健康線と結合し、生命線が始まりで叉を作っているものは、脳疾患、躁うつ病です。

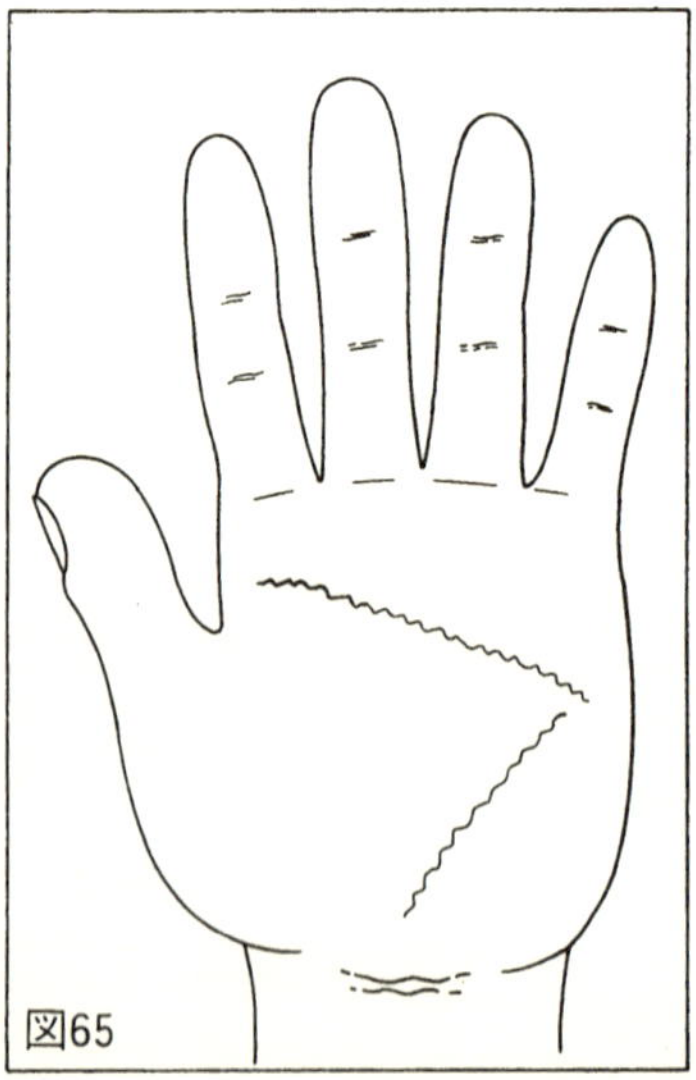

図65

また、図65のように、頭脳線と健康線がともに波立っているのは、脳炎、髄膜炎であることを示しています。

図66のように、頭脳線が太陽丘または水星丘の下で感情線に対して異常にわん曲し、隆起し波立っているものは、怒りっぽさが高じて精神錯乱を起こしやすい傾向があります。

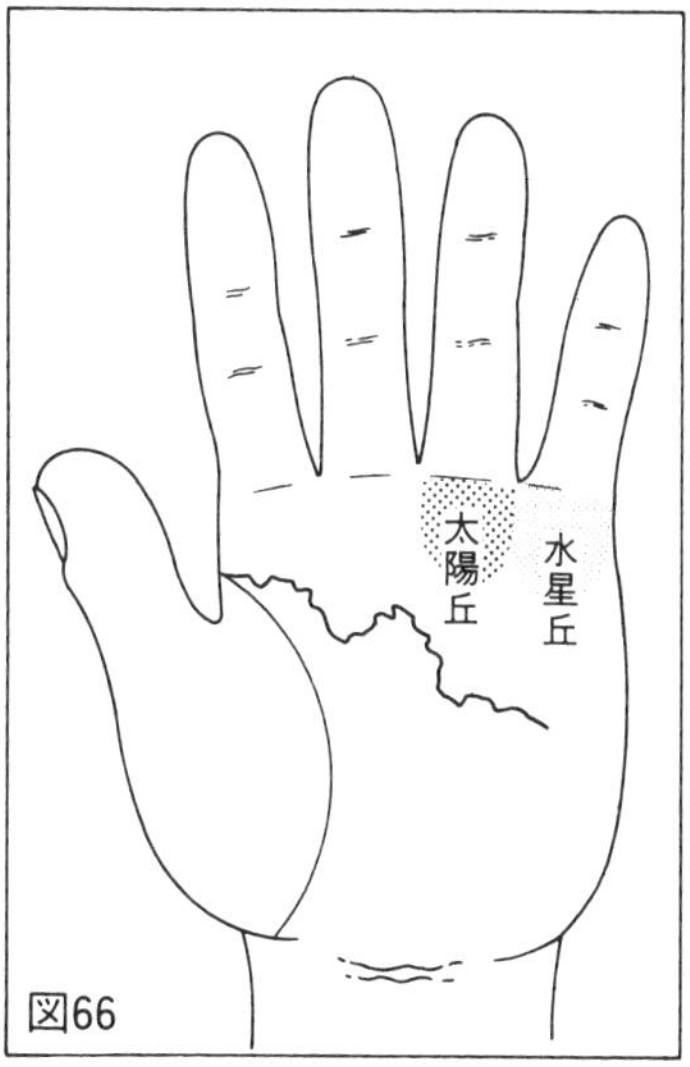

図66

図67のように、頭脳線が月丘へ深く斜めに下がっていて、水星丘に縦線がたくさんあるのは、膀胱障害に悩む人です。

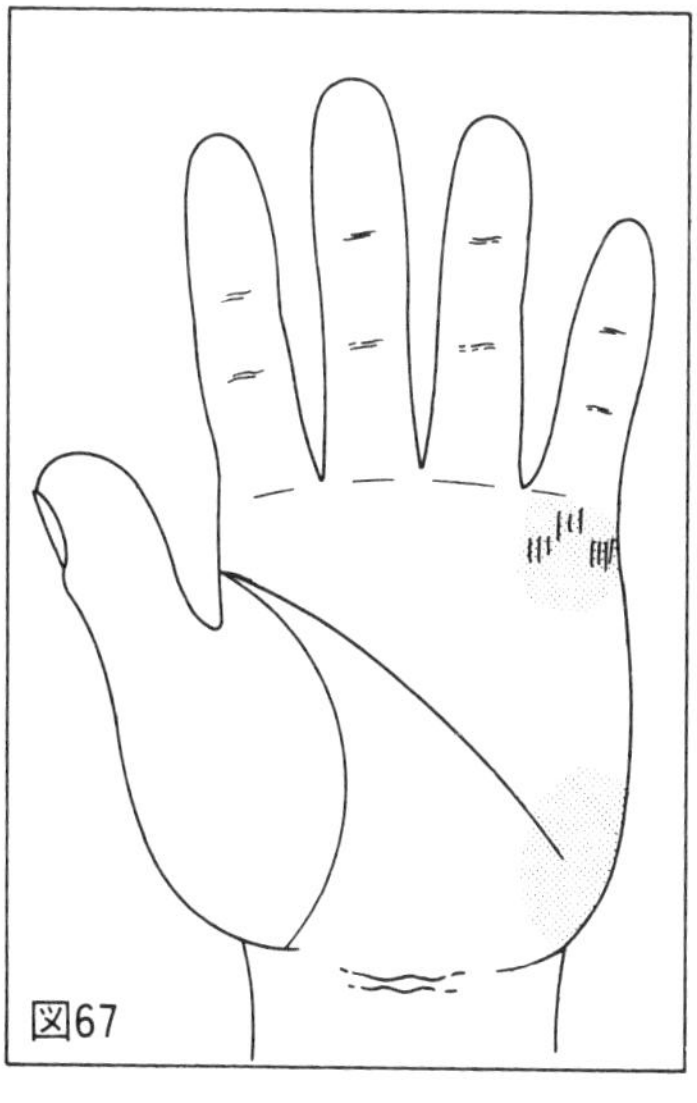
図67

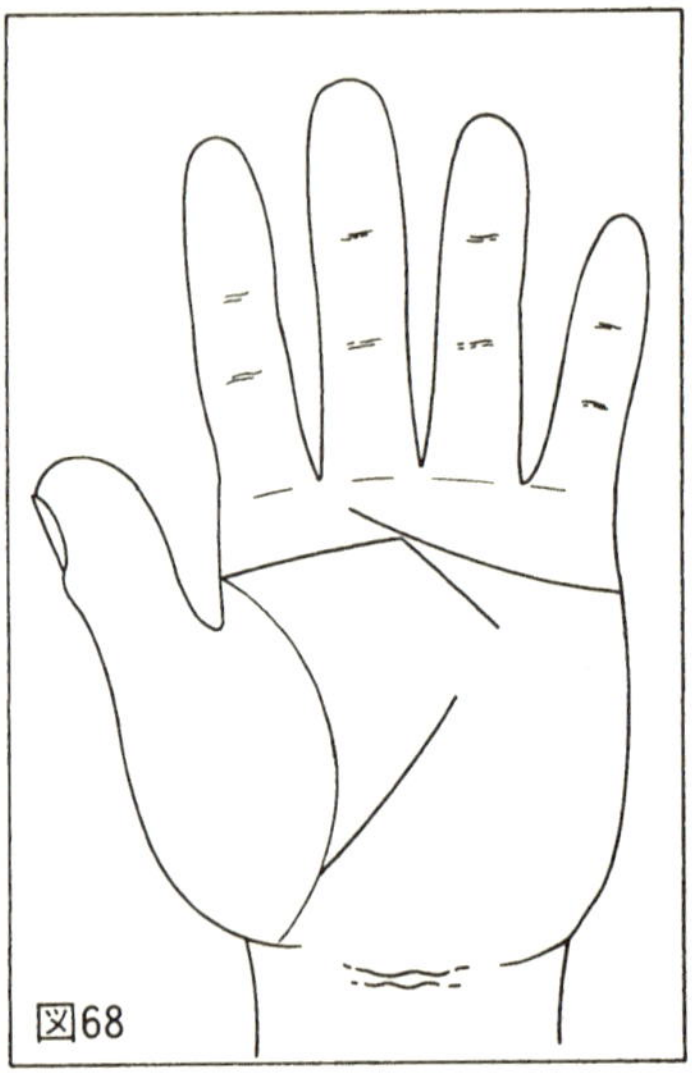
図68

図68のように、頭脳線が感情線に向かって走り、健康線が生命線の終末から起こっているものは、体液中のアルカリ分が少なく、またそういう線がみえるときには脳出血を起こす可能性があります。

頭脳線がはっきり手の平を横切って健康線を貫き、しかも健康線がはっきりしているのは、心身ともに健康な人です。

頭脳線が生命線と結合し、鋭角を作るのも理想的です。先にも述べたように、これは生命線のふくらみが大きいほど栄養がよく、ものごとに慎重に対処するからです。

頭脳線が生命線と若干の間くっつくのは、優柔不断気味のところがあります。

頭脳線がはっきり手の平を横切り、健康線を貫き、しかも健康線がはっきりしているもの——そのような頭脳線、健康線を保つには、温冷浴をおこない、固い敷布団に寝るようにします。というのも、マットレスを用いていると、背中がめりこんで脊柱の副脱臼を起こし、小児マヒや半身不随になるからです。これによって、皮膚を丈夫にして、明徹な脳と完全な肝臓をつくることができます。

尿をつくる腎臓内部

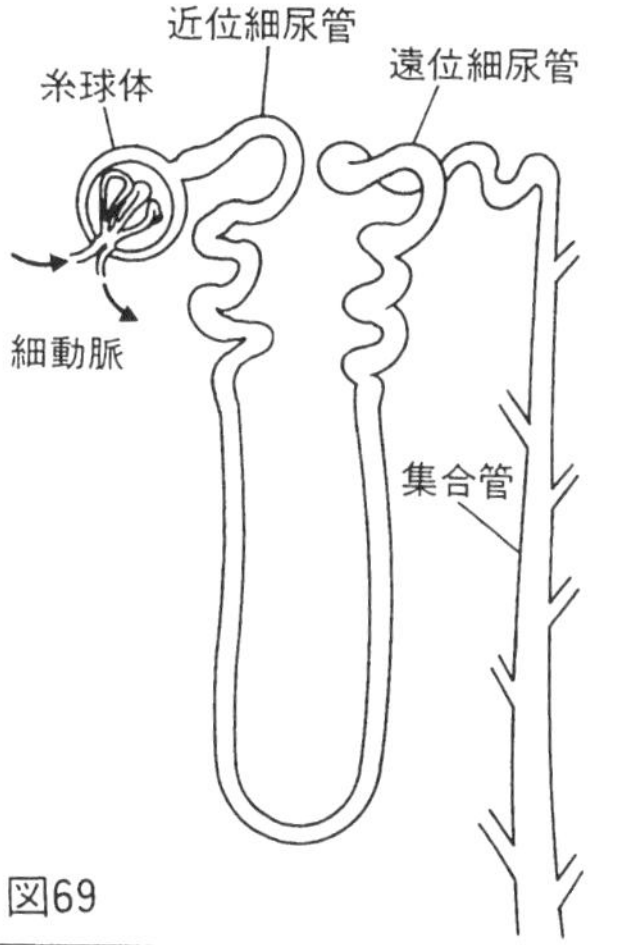

図69

朝食を廃止し、午前中はよく水を飲むようにすれば、腎臓の機能が活発になり、便通は整い、胃下垂も治って、頭脳も明晳《めいせき》となり、手相もよくなります。「賢者は生きるために食い、愚者は食うために生きる」というのはソクラテスの言葉です。

ひと口に腎臓病といっても、血液から老廃物を漉《こ》しとる糸球体（図69）の疾患は腎炎または糸球体腎炎、身体に必要な水分やタンパク質を再吸収する細尿管上皮の病気はネフローゼ、血管の病変（細動脈の硬化）は腎硬化症とよんでいます。

腎炎の場合は、扁桃腺炎、皮膚のおでき

や発疹、猩紅熱などが原因となるのですが、足の故障、過食、便秘なども誘因となります。

細尿管は、血管のかたまりである糸球体につづくうねった長い管です。ここでは尿の濃縮や再吸収がおこなわれています。

体がだるいとか腰が痛いとか、食欲がないとか、漠然とした症状があり、尿を検査してはじめて、腎臓の悪いことに気がつくことが少なくありません。

ほおのこけ落ちた人は胃病で、顔が下ぶくれの人は腎臓病です。前者は食塩不足、後者は食塩過剰です。五指をそろえてくっつけ、透かしてみて、すき間のあいている人はやせすぎていることを示しています。逆に、ぴったりとくっついているのはいいのですが、指や手の平がむくんでいるのはいけません。入浴後、手にしわのできる人はむくんでいる証拠です。

また、うつぶせになって寝る人は腎臓に故障があるおそれがあります。起立している間は、腎臓は背面の肋骨にくっつく傾向があります。寝るときは硬い平らな寝床を用い、腎臓が肋骨に食い込むのを防がないと、腎臓が収縮して機能が悪くなります。軟らかい寝床と高い枕を用いると、姿勢が崩れ、手にゆく神経もマヒして、手の線も乱れるのです。

腎臓病では、毛管運動で足の故障を治すこと、温冷浴で皮膚の働きを盛んにすること、生野菜を食べることによって、腎臓にたまったオリを掃除することが大切です。

胃病や心臓病の人は、体を動かさないといけませんが、腎臓病、結核、熱病のときは安静が必要です。

健康に関しては、皮膚、食物、手足（肉体）、精神の四つがあいまって、完全な健康を維持しています。保健治病にも、この四要素を合理化する必要があります。

動物は裸で、生の物を食べ、四つ足で這い、心配も恐怖もありません。ですから、まず病気になることはありません。逆に言うなら、人間も自然の生活に還るのが健康の最大の秘訣なのです。

最近、あちこちで公害が問題になっていますが、文明とはたくさん物を生産し、たくさん物を捨てることです。今までは生産にばかり一生懸命になっていて、廃棄処理をおろそかにしていたのです。上水は送りますが下水は後まわしになります。工場は誘致するが廃棄物の始末は考えなかったのです。

人間の公害処理器官は腎臓にほかなりません。人工腎臓では食塩水で血液が薄められるので、だんだん貧血を起こし、衰弱していきます。それよりも、断食や生野菜食によって、有害な廃棄物を出さないようにすることが根本的な対策です。腎臓病の患者に水を飲ませることを制限するのは、川の流れを止めて、河川や海湾をよけいに汚すのと同じです。

ゴルフをやる人は、上半身を一方向ばかりにひねるために、胸椎十番の椎骨がくびれ、腎臓の主神経を圧迫することになり、腎臓の故障を招きがちです。それを防ぐには、反対側にも身体をひねったり、金魚運動によって脊柱のゆがみを矯正することが必要です。

また、運動すると、血液は酸性に傾くので、ゴルフで疲れたからといって肉を食べたり、酒やビールを飲んだりしては、酸性がますます強くなり、腎臓病、高血圧、リウマチなどにかかります。

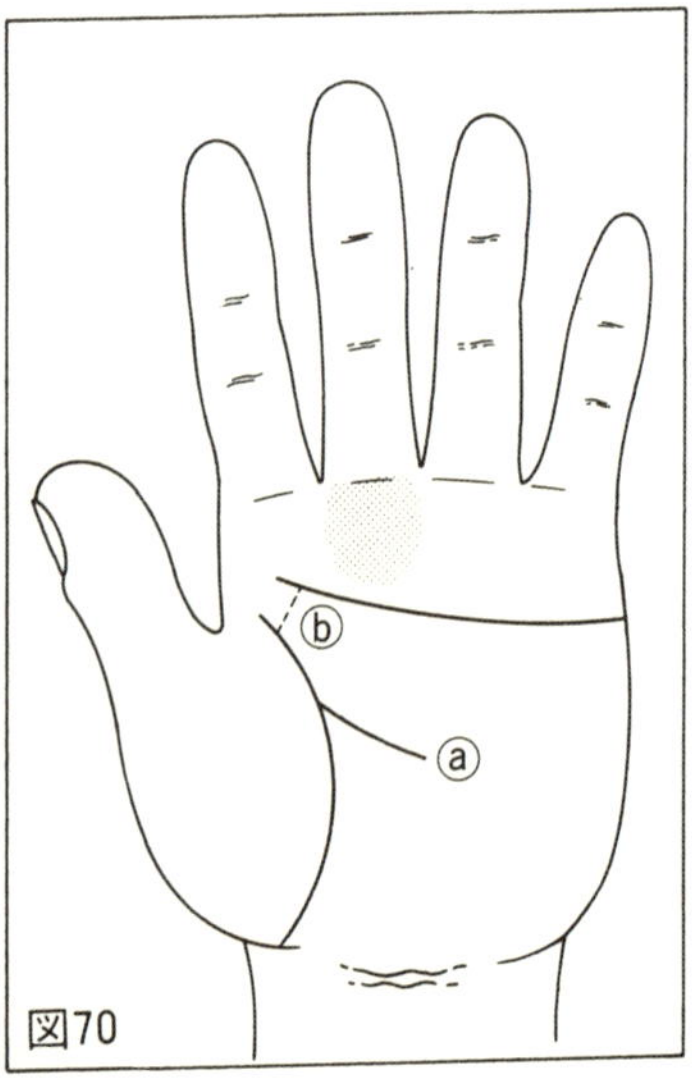

図70

図70ⓐのように、頭脳線が土星丘の下で生命線から起こるものは、脳の発育が遅れ

ていることを示します。さらに生命線と感情線とが線で結ばれるもの（同ⓑ）は、むこうみずで急死の危険があります。

図71のように、頭脳線が無数の島から成り立っているのは肺が悪い人です。このような人は生命線の始まりがこまかい縦線で切られ、感情線の終わりが房のようになっているのが普通です。とくに爪に縦溝のある人、爪の幅がせまい人は肺病です。ただし、左手がそうでも、右手にこのような頭脳線がなければ、肺病をわずらっても治る傾向があります。

肺病は、仰臥したまま手足を垂直に挙げて微振動する毛管運動をやるとだいたいよくなります。一回に一分以上、一日に何回もおこなうと、肺のうっ血が取れ、レントゲン写真のくもりも取れます。肺の手術をすると、肺活量が減り残りの肺が悪くなる場合もあります。

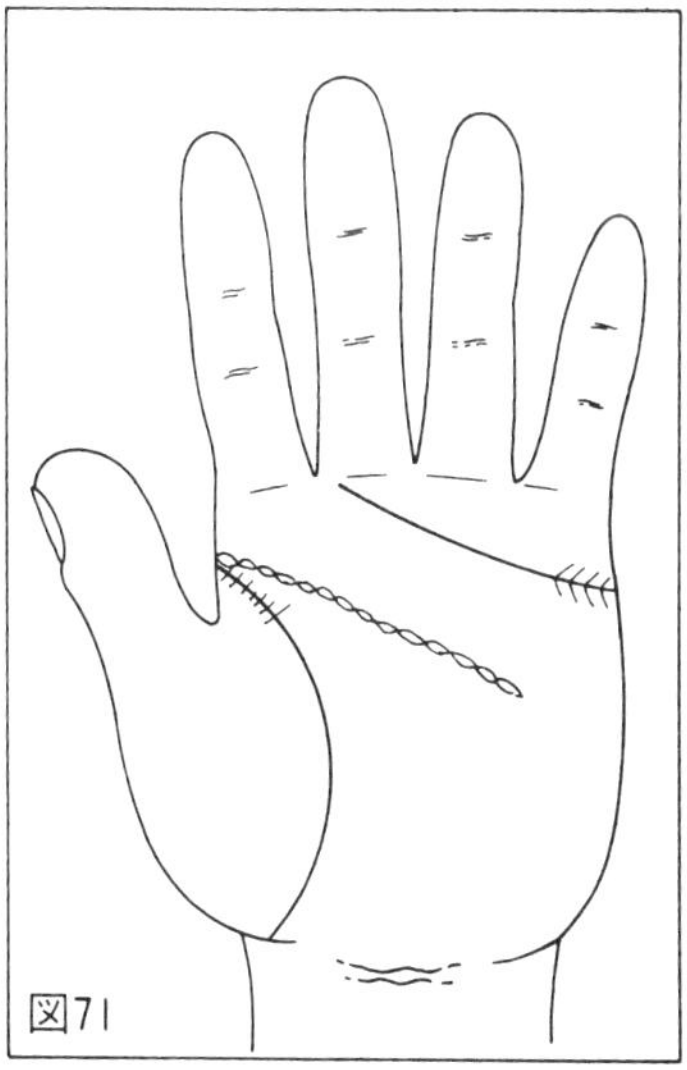
図71

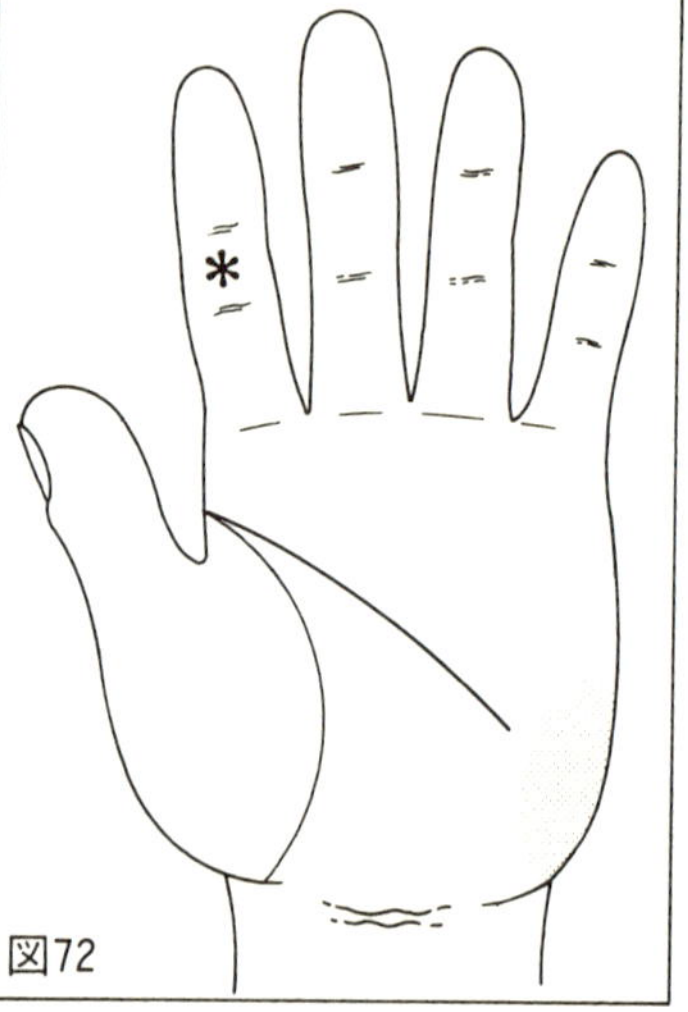

図72

図72のように、頭脳線が月丘へ向かって進み、人差指の第二指骨（中節）に星があるものは、精神錯乱を起こします。精神分裂症の人の毛細血管は正常な人と違ってねじ曲がっていると言われますが、それが星となってあらわれるのです。

原因は便秘による毒素の吸収で、精密機械としての神経系統がまっ先に冒されるからです。精神病というのは実は脳神経系の病気であり、これもやはり腸からくると言っていいのです。

図73のように頭脳線が健康線と明確な十字形を描くものは、ものごとを気に病みすぎるところがあり、みずから想像して病気にかかったりします。

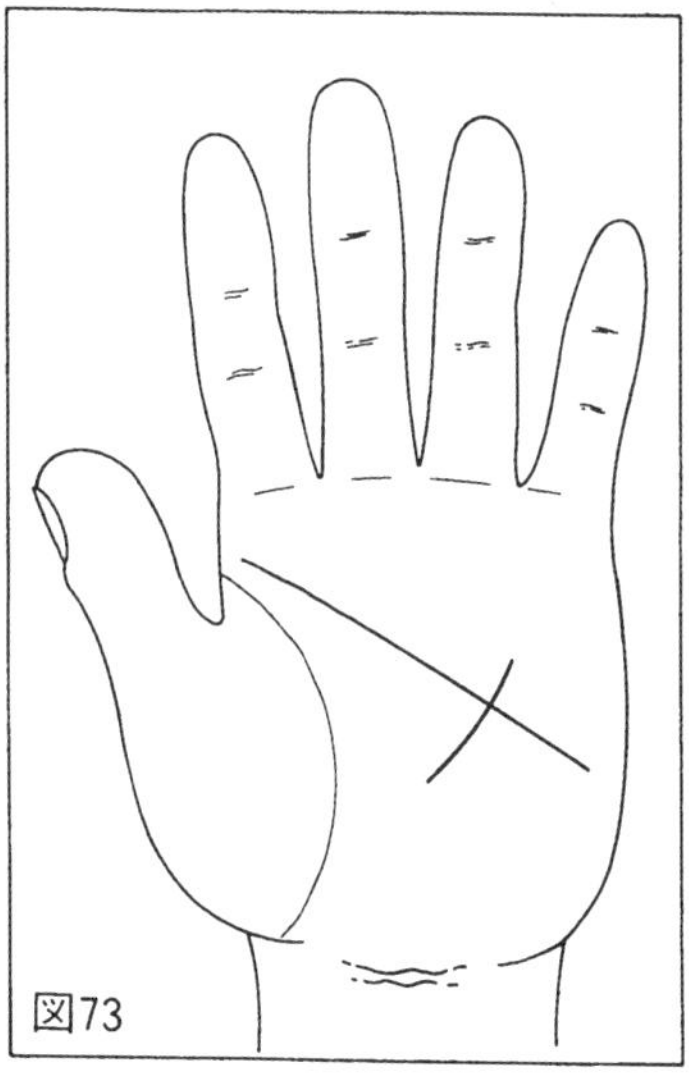
図73

図74のように、頭脳線上に白い点があって、生命線、健康線が弱いのは、熱病にかかりやすいことを示しています。

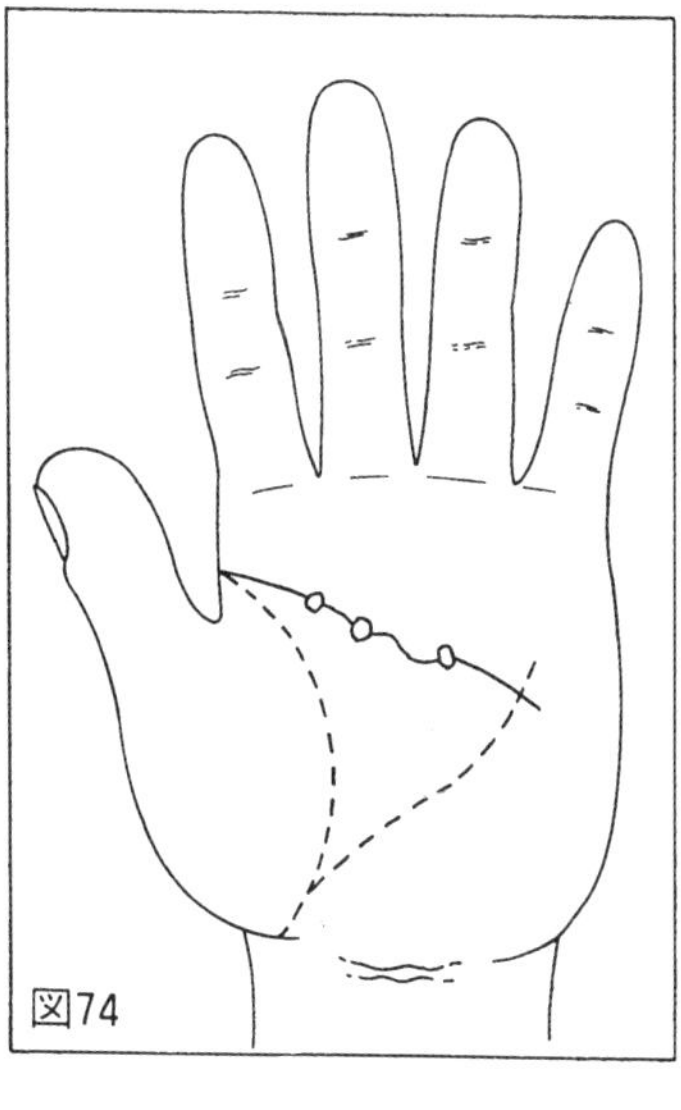
図74

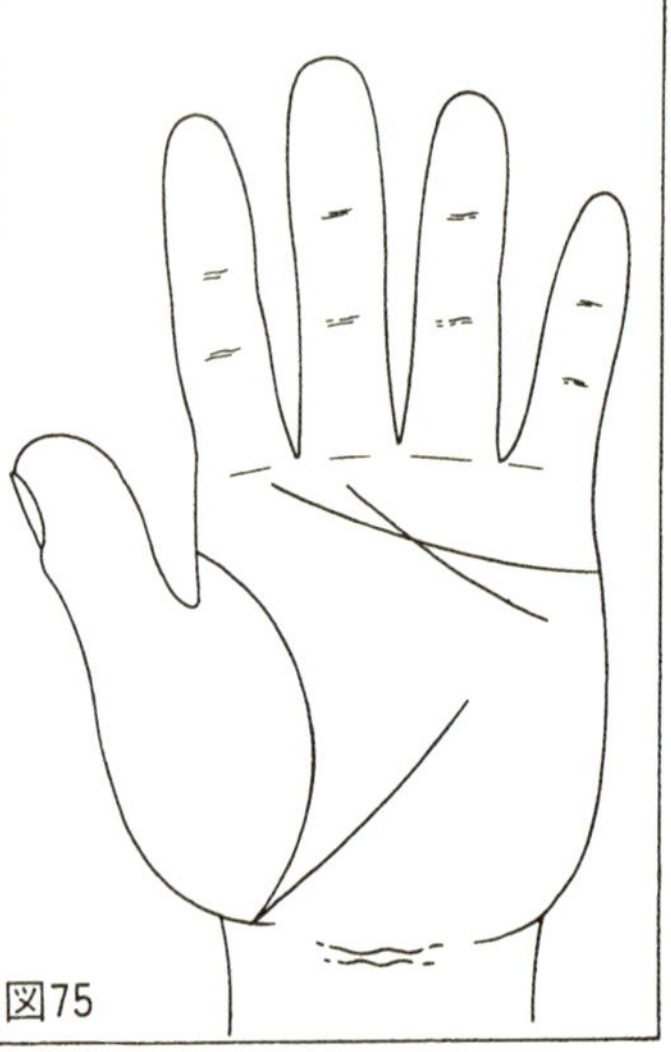
図75

図75のように、頭脳線が感情線に向かって走り、健康線が生命線の終末から起こっているものは気絶しやすく、テンカンにかかりやすいことを示しています。

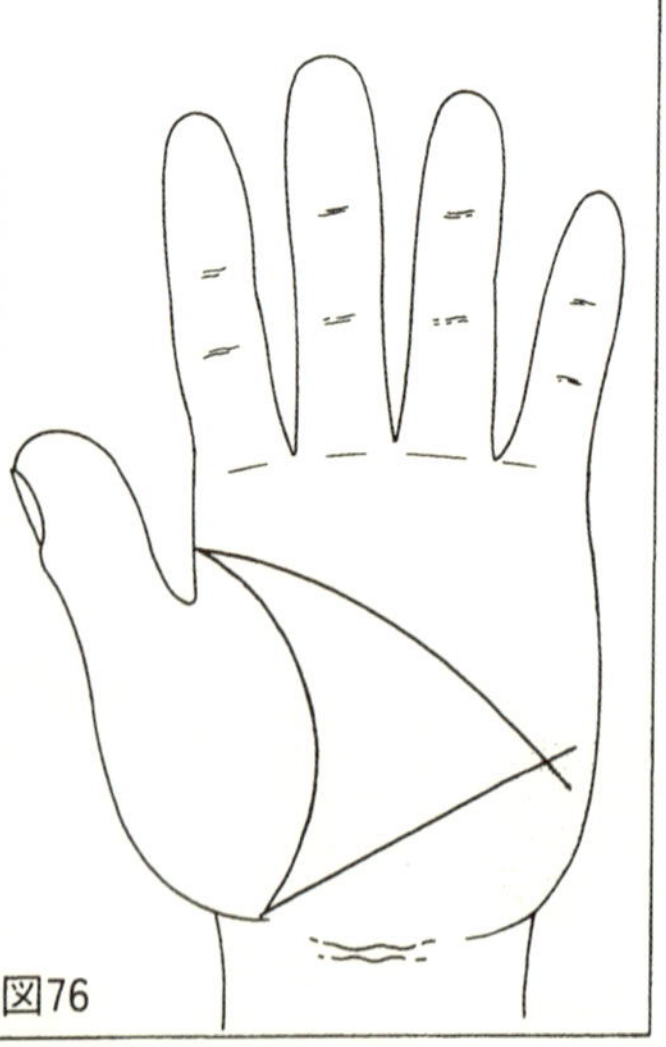
図76

頭脳線と健康線が月丘の上で交わっている（図76）人は、咽頭炎に悩みます。

3章

感情線が教えるあなたの「健康」

＊感情線が意味するもの

感情線は手の平の上部、人差指の付け根から起こり、手の平の小指側（打撃縁）で終わる線で、異性間の愛情や親子間の情愛や思いやりなどを示しています。

この線は食物中のマンガンと同一の意味を持っています。「マンガンなくして愛情なし」という言葉があり、マンガンの欠乏した食物を動物に与えていると、子どもを可愛がらないばかりか、自分の子を食べてしまうことさえあります。

ですから、奥さんを大事にしないご主人には、麦の胚芽《はいが》、糠《ぬか》、ニンジン、キャベツ、ホウレン草（生）など、マンガンの多い物を食べさせてあげると、感情線がはっきりして、愛情も豊かになります。

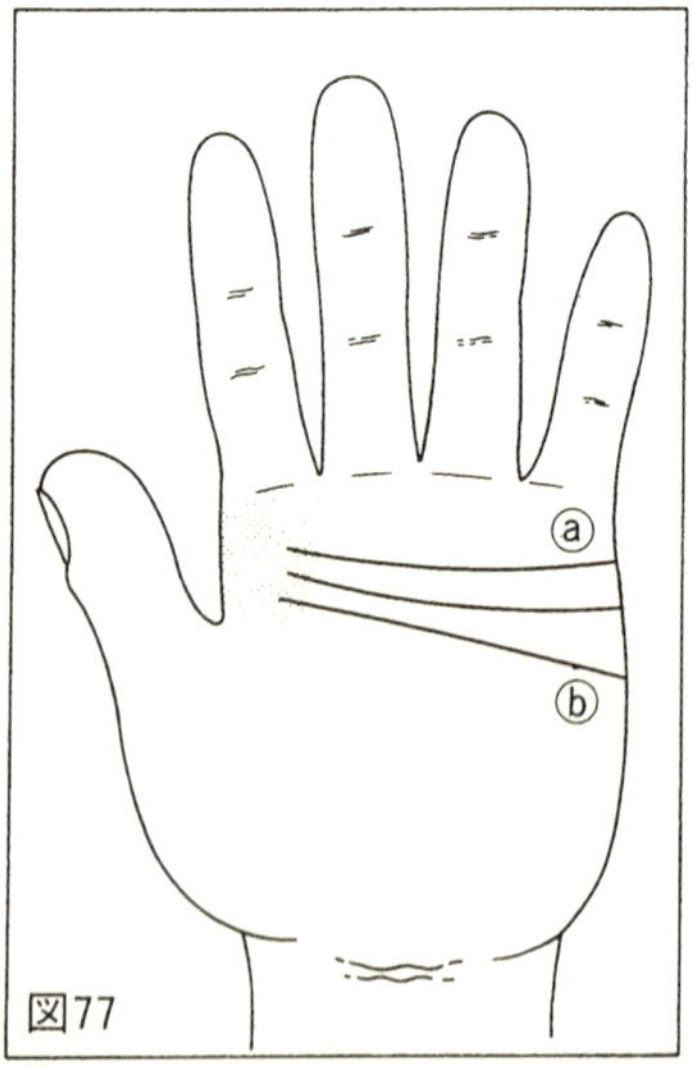

図77

正常な感情線は、人差指の付け根の木星丘から起こって、かならず打撃縁で終わります（図77―ⓐ）。上に寄り過ぎている人は、情熱的で嫉妬深く何かにつけてケチをつけます。また反対（同ⓑ）に下（手の平の中心）へ寄り過ぎた人は冷酷で、肉体的魅力を受けつけず、貪欲で、冷淡で、利己主義のところがあります。

感情線は、生命線や頭脳線に比べて幅が広いのがふつうです。が、あまりに濃く太いのは、酸性過剰体質であることを意味します。

両手の感情線が中指の付け根の土星丘の下で破れている（図78）人は、動脈瘤、循環不全、肺炎でポックリと死にます。

感情線が片手だけ土星丘の下で切れているのは、旅行などをしたとき、風邪を引いたり呼吸困難を起こして死ぬことを暗示しています。

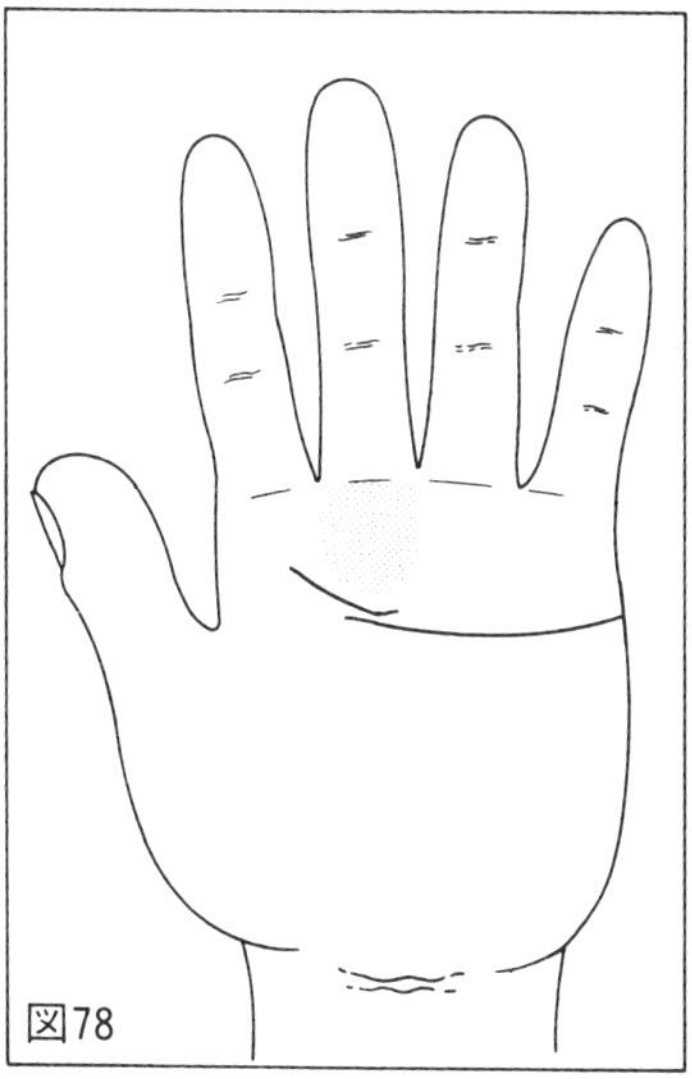
図78

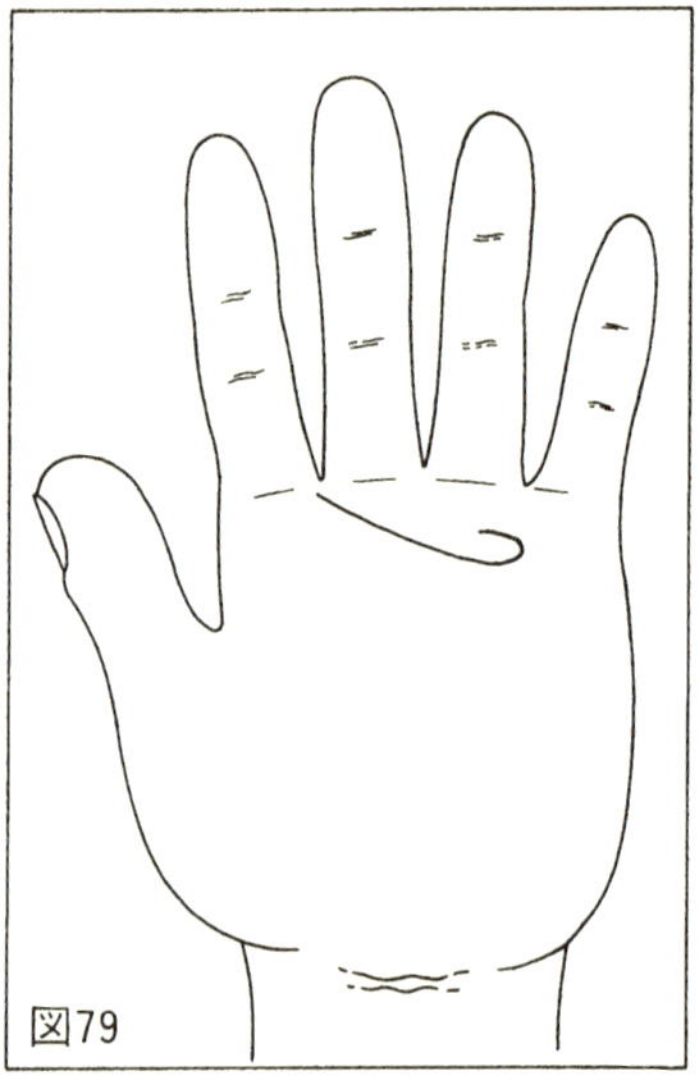
図79

図79のように、感情線の終末が上に巻き上がっていると、片足を病むおそれがあります。

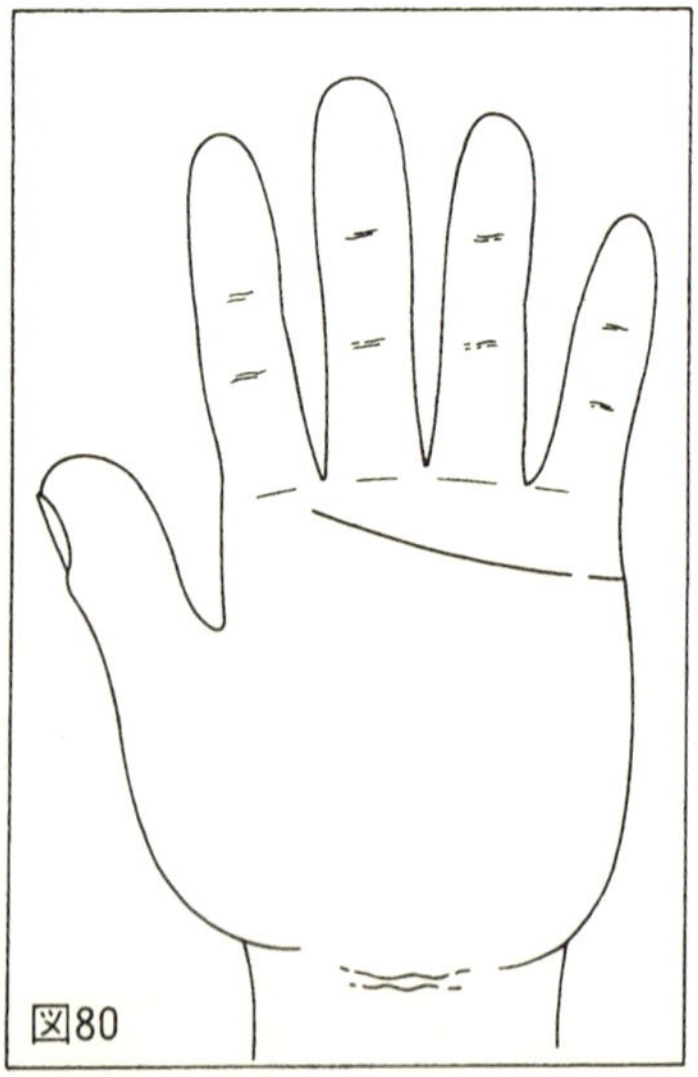
図80

また、小指の下で感情線が切れるもの（図80）は、肝臓障害により心臓が冒される傾向があります。

また、図81のように、中指のところで切れている場合は、肺炎をわずらっている疑いがあります。

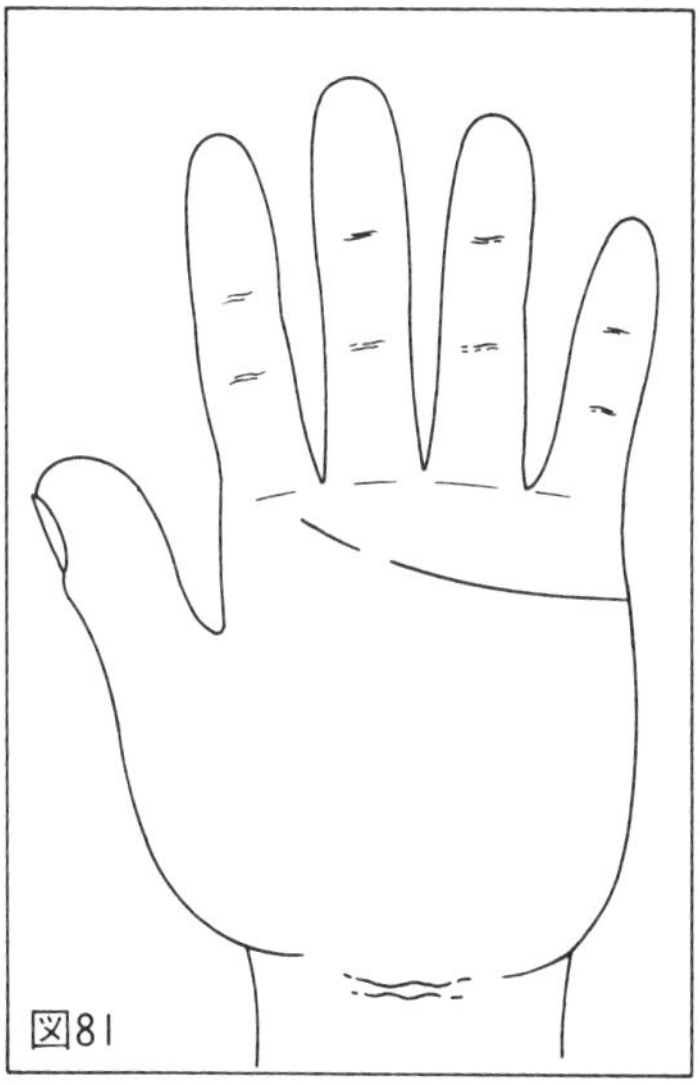
図81

図82のように、両手の感情線が中指の付け根の土星丘の下で破れているときは動脈瘤を持っています。

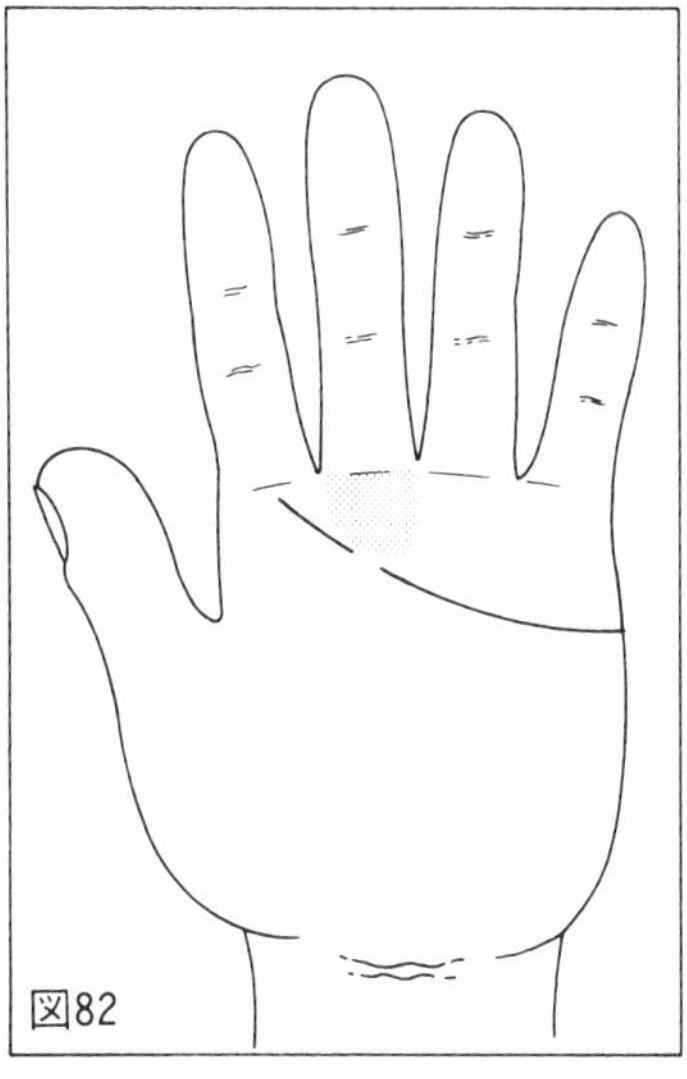
図82

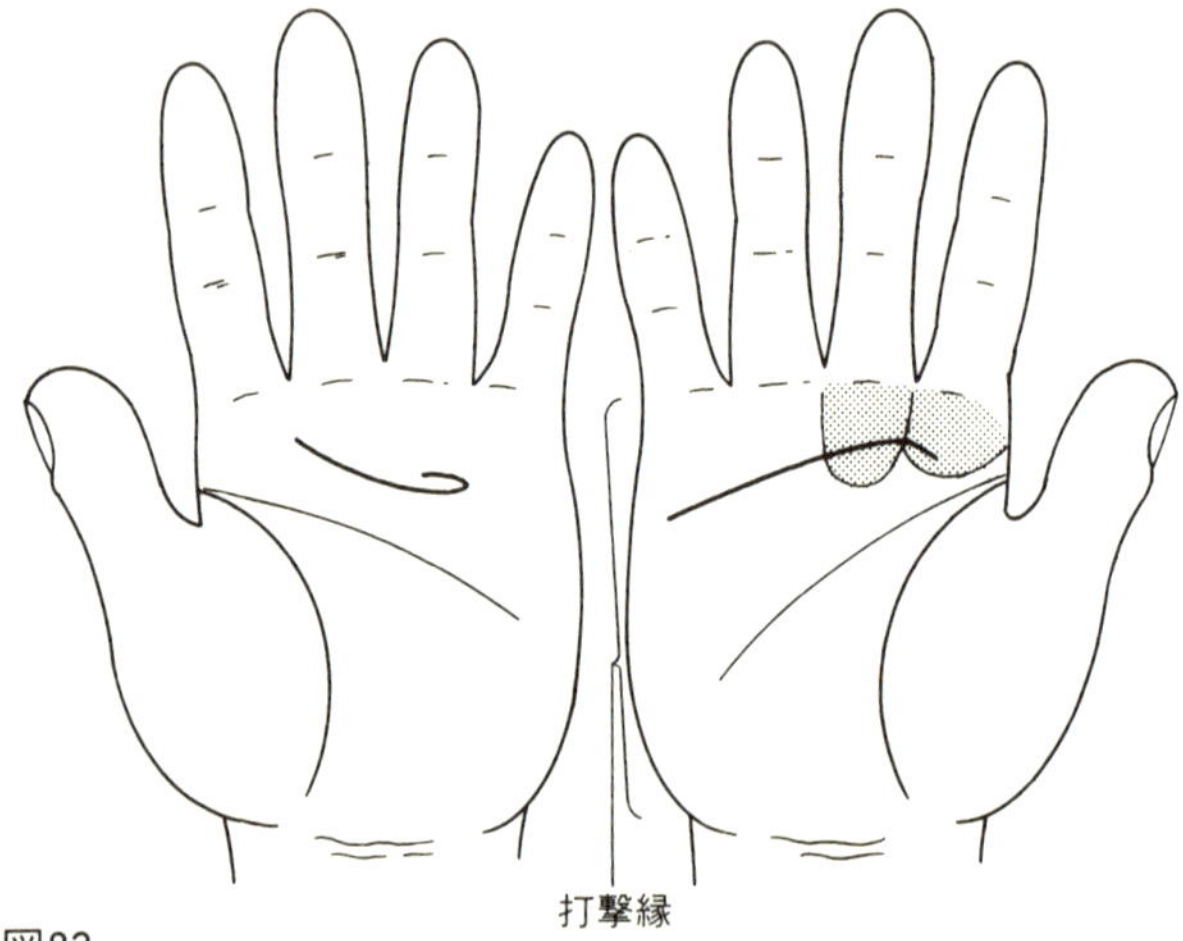

図83

図83のように、両方の手をみて、右手の感情線が木星丘と土星丘の中間で急に曲がり、打撃縁までゆかず、左手の感情線が終末までゆかずに逆もどりするものは、かなり重い肺疾患です。

＊感情線の色

感情線が鉛色または黄色なのは肝臓障害による黄疸です。

並外れて深い感情線が途中で濃くなっているのは、脳出血を起こしやすい人です。

青白く幅が広いのは、心臓病、血液循環

不全、性病ですが、さらに生命線の下が紫色になっていると梅毒のおそれ大です。

感情線が茶褐色になっているのは、胆石や胆のう炎の可能性があります。

＊感情線の状態

図84のように、感情線が鎖や波のように乱れているのは、心臓病、腎臓結石、尿路結石に冒されやすい人です。指先まで血液が循環していないため、指先がしびれがちになり、感情線がきちんとしないのです。かなりの幅で波立っているのは、前立腺肥大症のあらわれでもあります。

また、こういう人は、膝関節の水分が欠乏しているため、歩くとポキポキ鳴ります。人差指、中指、薬指、小指に力を入れようと思っても入らなかったりします。指のマヒは便の停滞を示していることを知っておいてください。

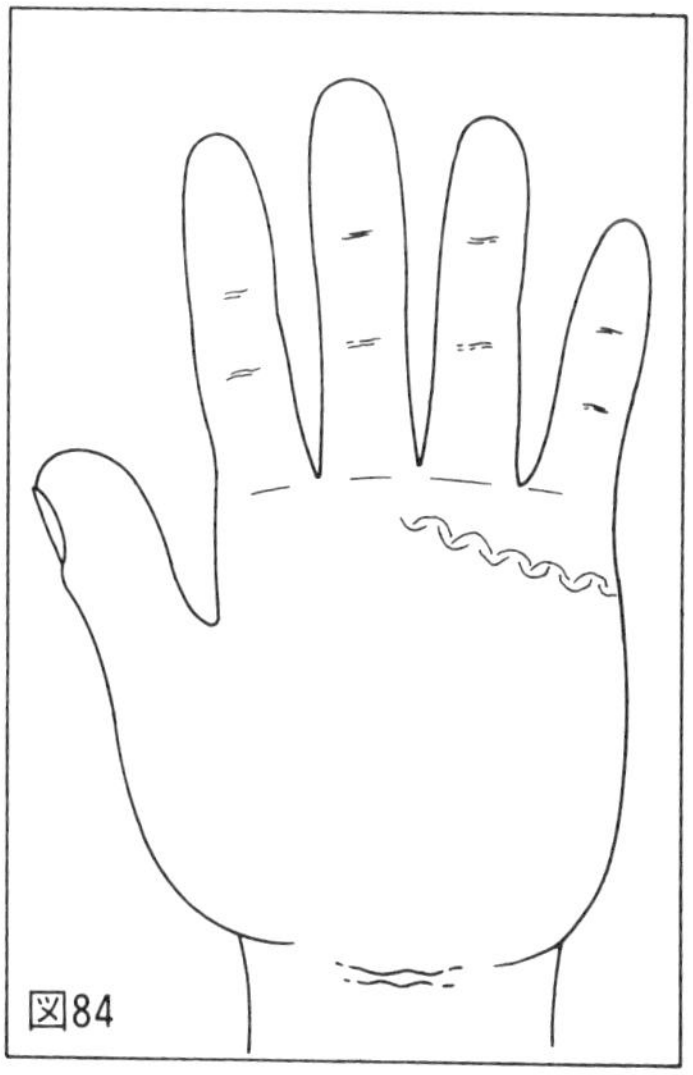
図84

感情線の下一面に縦線がある（図85―ⓐ）のは、心臓が悪いことを示しています。とくに、終末から枝が巻き上がっているもの（同ⓑ）は、右心肥大症です。

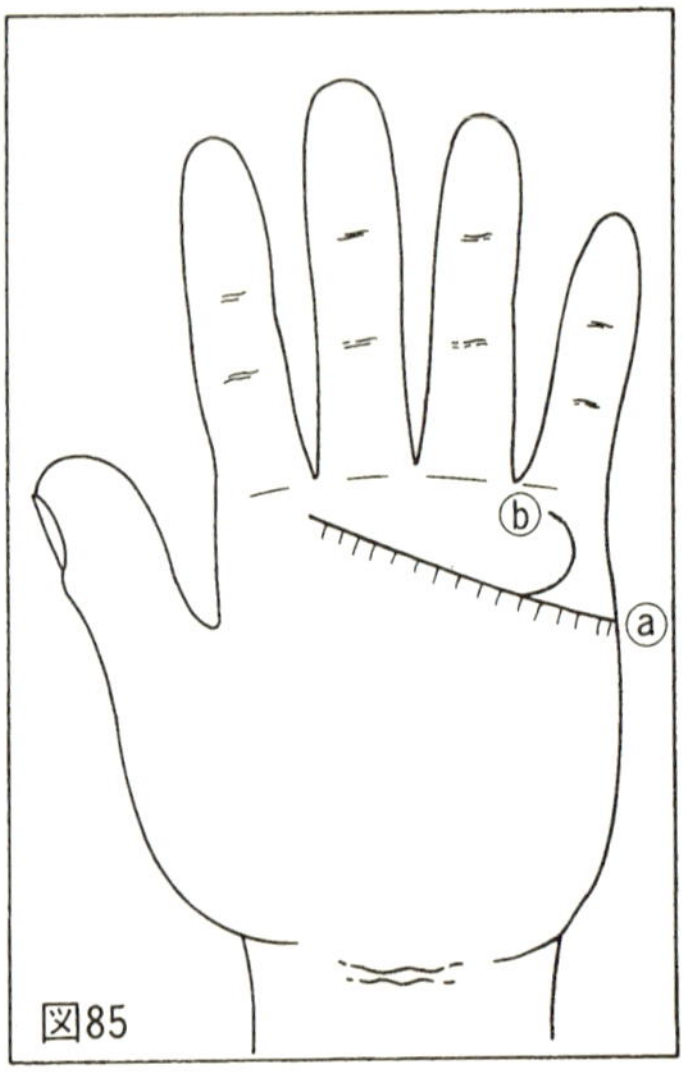

図85

また、肋膜炎の場合、悪い方の小指がわん曲し、図86のように終末が乱れているのが特徴です。終末が房になっているのは、肺結核の徴候でもあります。

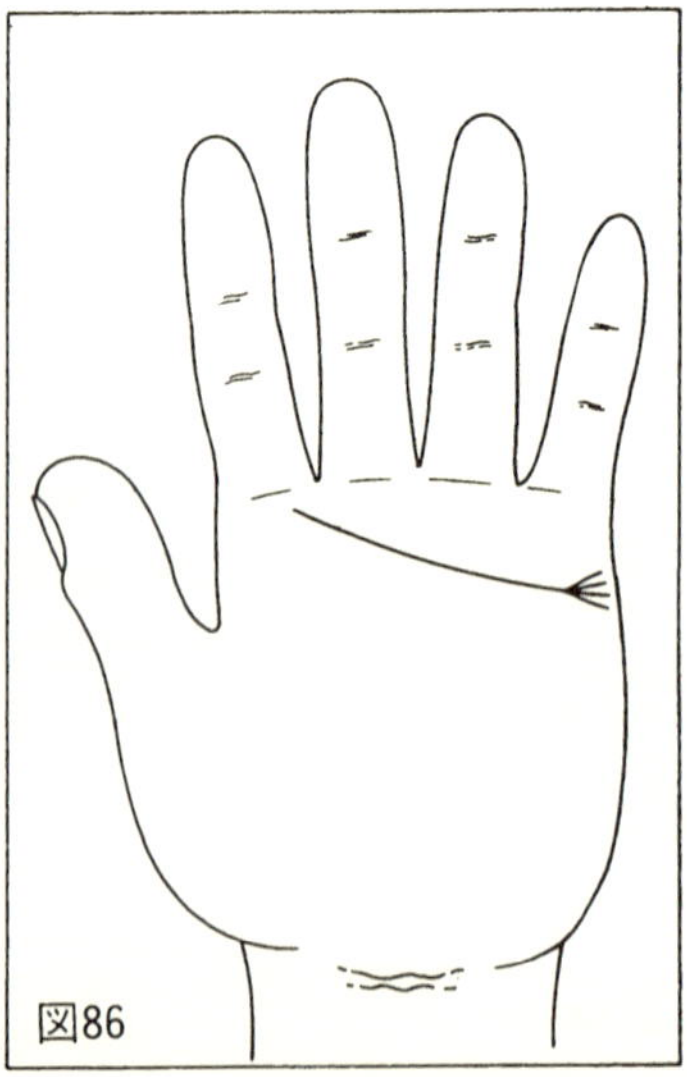
図86

図87のように、感情線の終末近くから不規則な線が出て上に向かうのは、足を傷めやすい人です。

感情線上、薬指の根もとから二本の線が下へ向かうもの（図88）は、脳卒中や循環不全です。

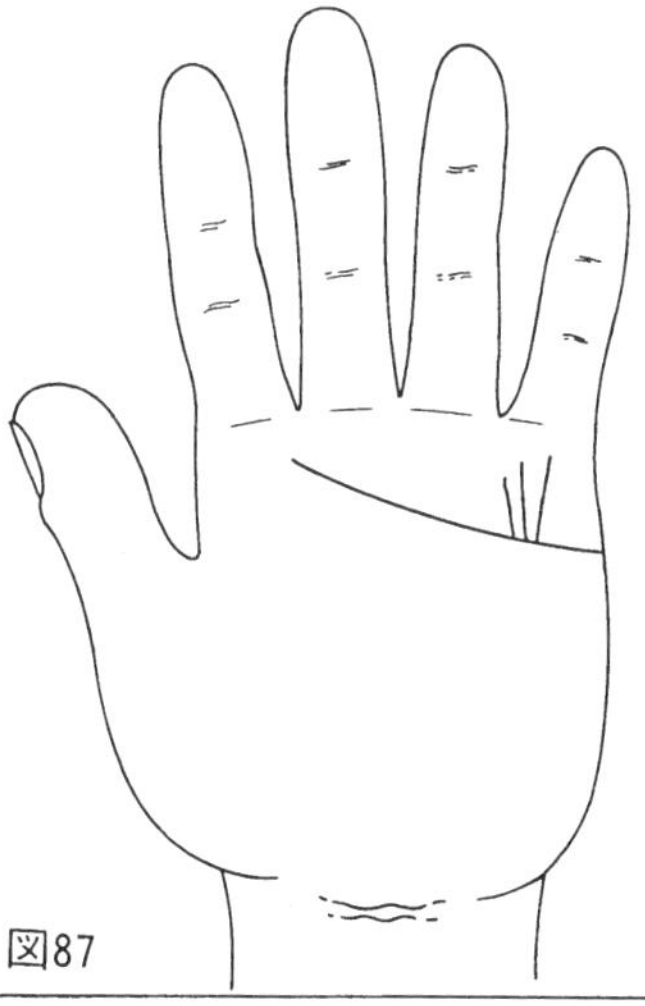
図87

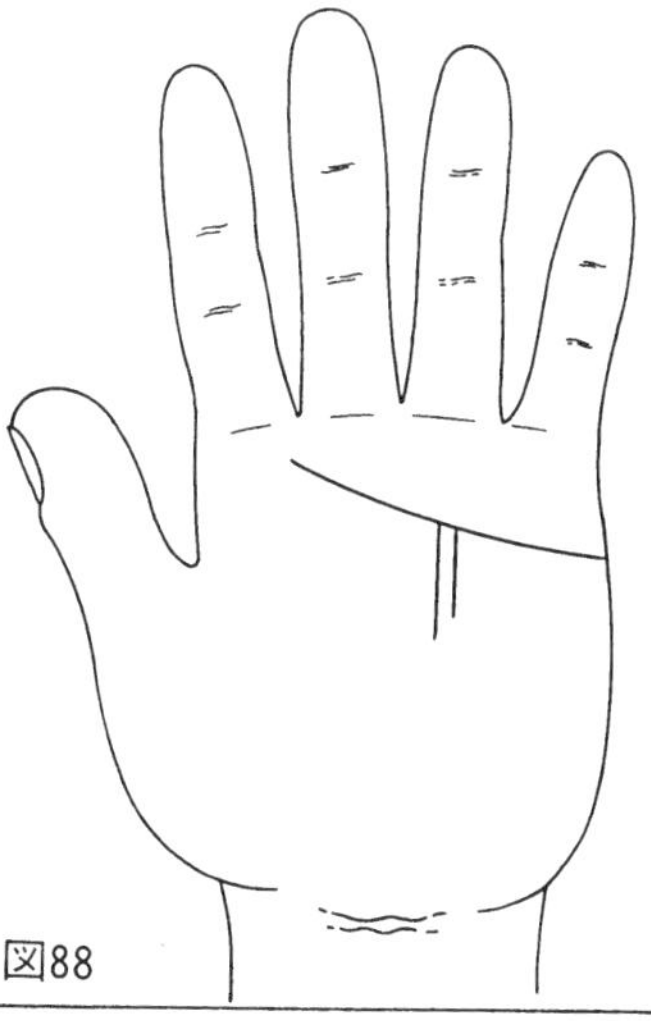
図88

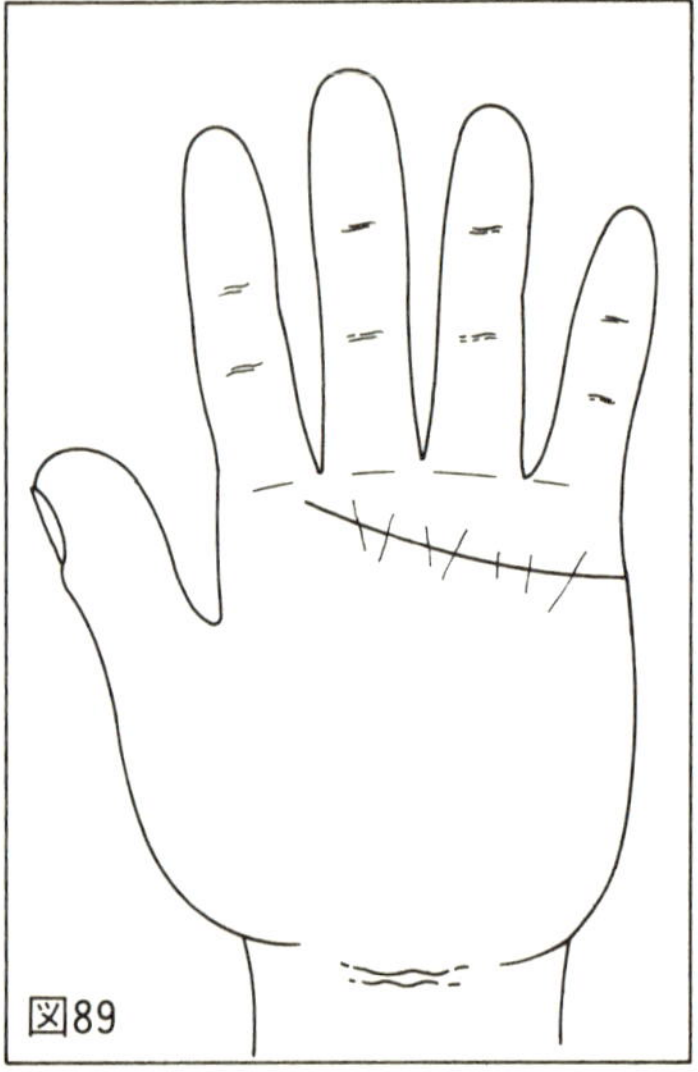

図89

図89のように、多数の棒が感情線を横切るのは、心臓、肝臓の障害が起こりやすい人です。とくに、重症性の肝臓障害によるほかにも、心臓の圧迫を示す場合が多く、狭心症や心筋梗塞の可能性があります。

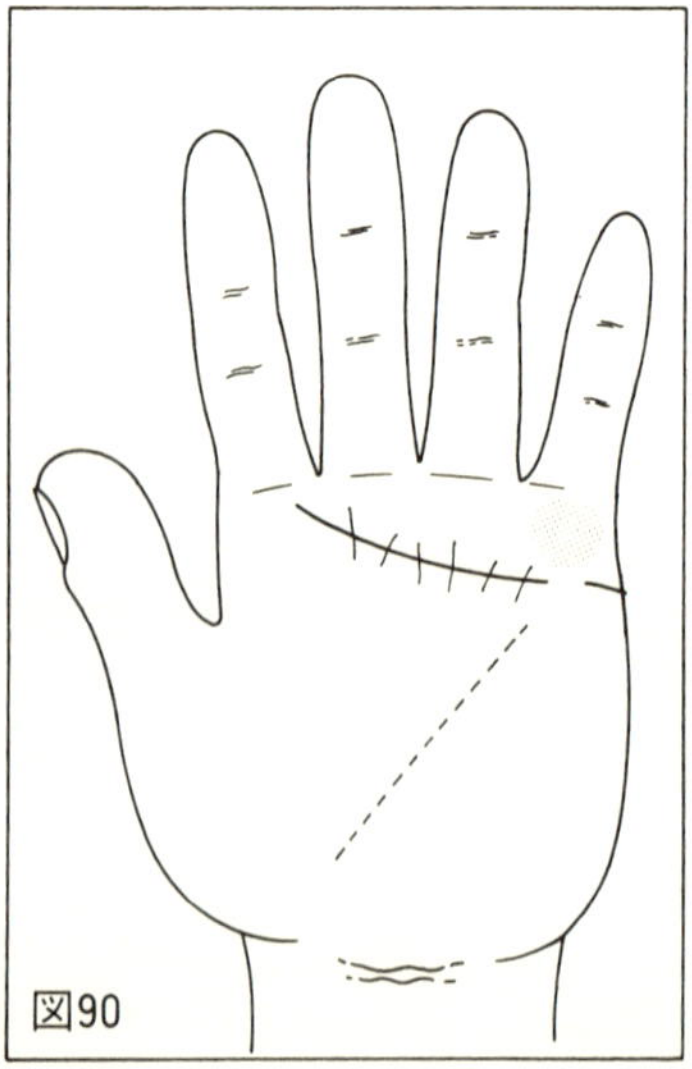

図90

図90のように、小指の下で感情線が切れ、多数の棒が感情線と交差し、小指の根もとの水星丘が隆起して顔色が黄色っぽく、爪が碁石のように丸くつやがあり、健康線がないか不明瞭なのは、肝臓の故障をあらわしています。

感情線上で、中指の下の土星丘に島が一つある（図91）のは、静脈瘤です。

そのうえに感情線が黒褐色をしていて、むくみが出ているようですと、腹水症のおそれがあります。

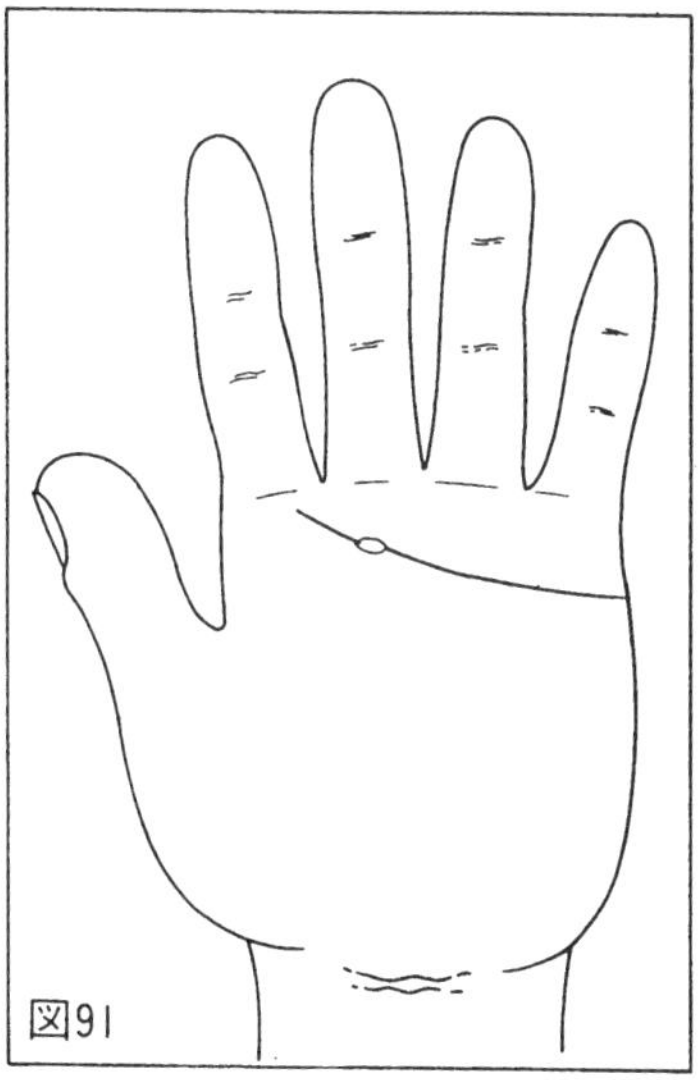

図91

図92のように、感情線上に円形があるものは心臓虚弱症ですが、特に薬指の下方の太陽丘のところにあるのは視力障害です。後で述べるように、薬指は神経系統をつかさどっていますから、太陽丘は視力と関係があるのです。

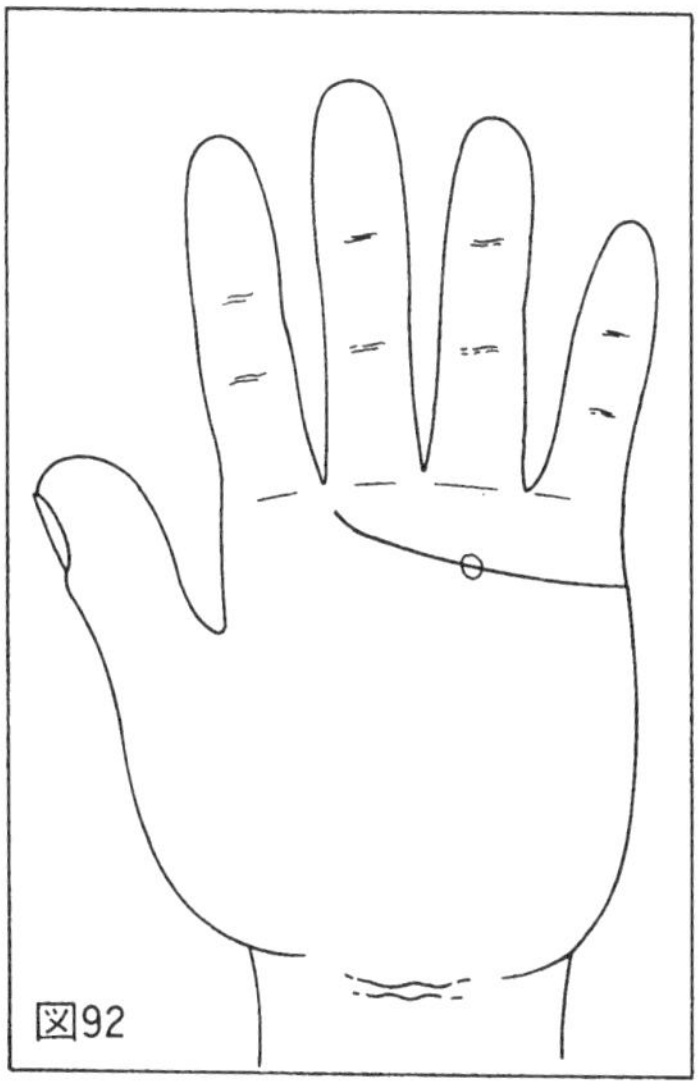

図92

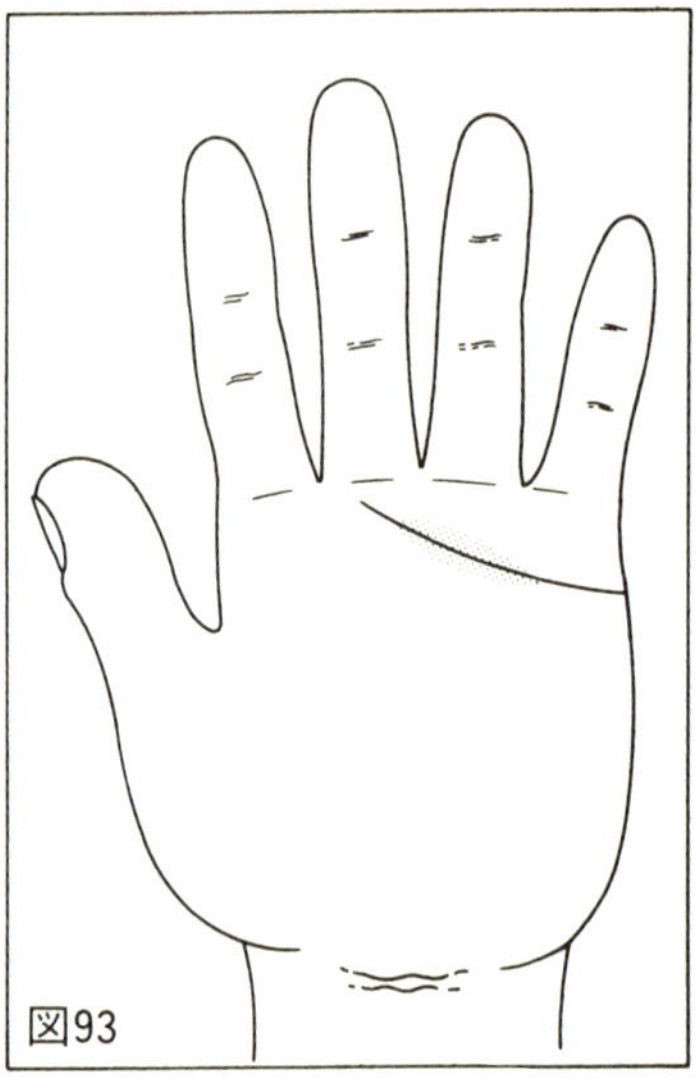
図93

図93のように感情線上に長くて赤い瘢痕《はんこん》があるのは、脳卒中の起こる危険を示します。

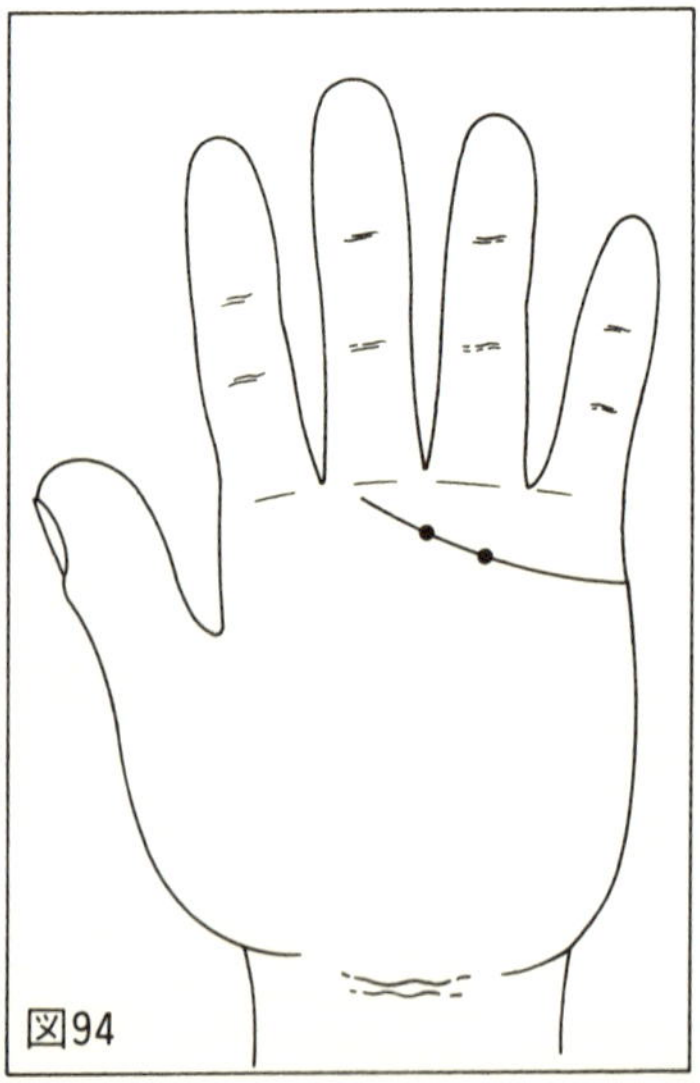
図94

図94のように、感情線上に玉が二つあるものは、過去に二度脳出血をやったことを示しています。

感情線に節ができているのは、中耳炎をともなう脳出血です。

喫煙過多が原因の心臓病は、図95のように、手の平一面にうす黒いかたがあり、感情線はかならず鎖状をなしていますが、感情線の内側の副線である金星帯も多く見られます。

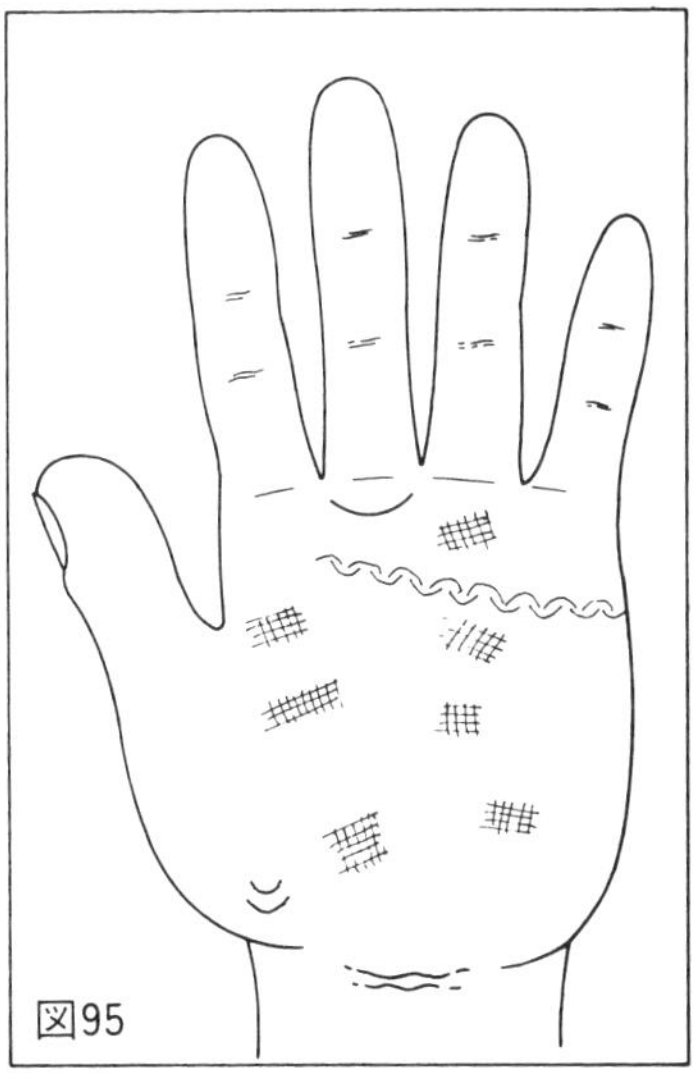
図95

＊他の線・丘との関係

感情線が鎖状や波状をなしているのは心臓病で、さらに金星丘から出た勢威線が感情線で終わっている（図96）のは、全身の毛細血管が働いていないことを示しています。

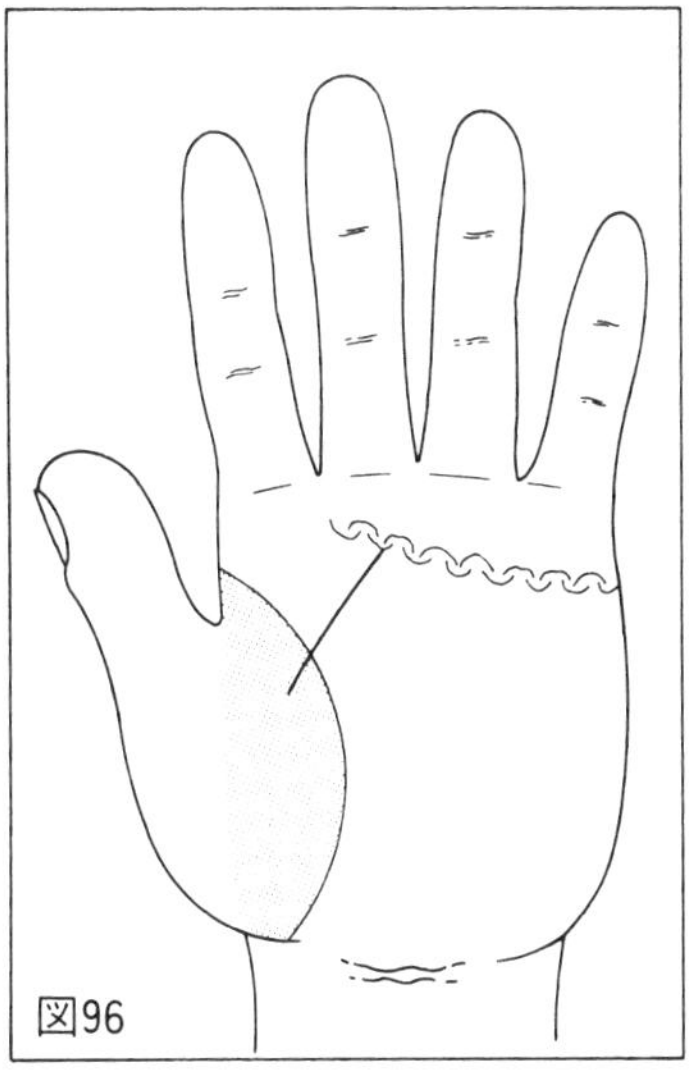
図96

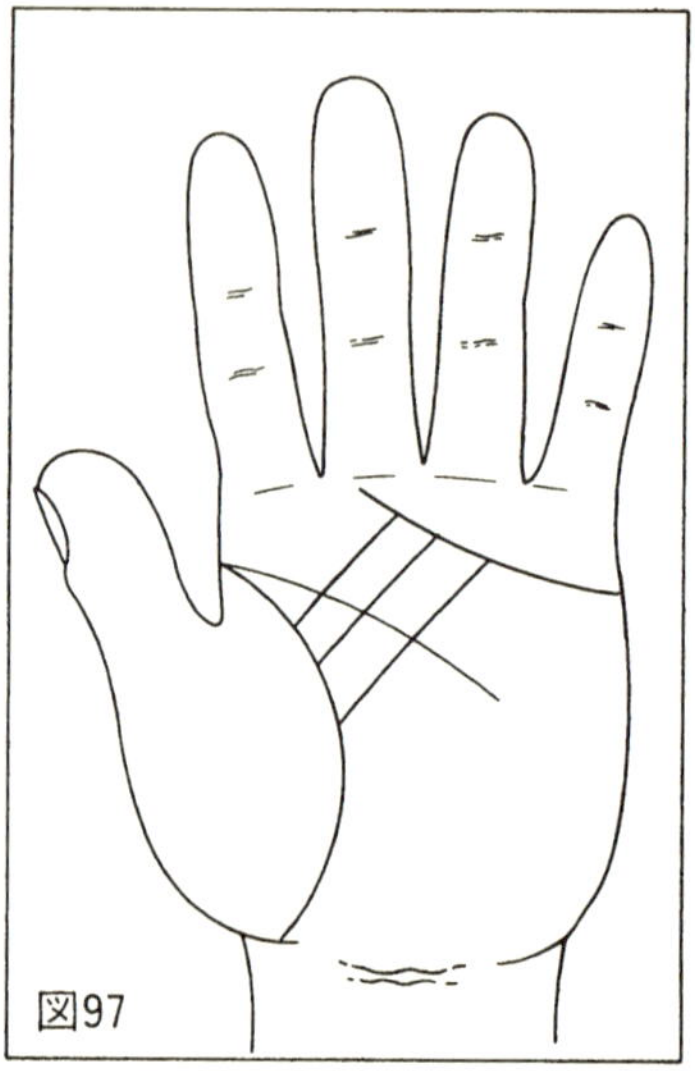

図97

図97のように、感情線と生命線との間にいくつかの接合線があるのは、心臓の機能不全により疾病を起こしやすいことを示しています。

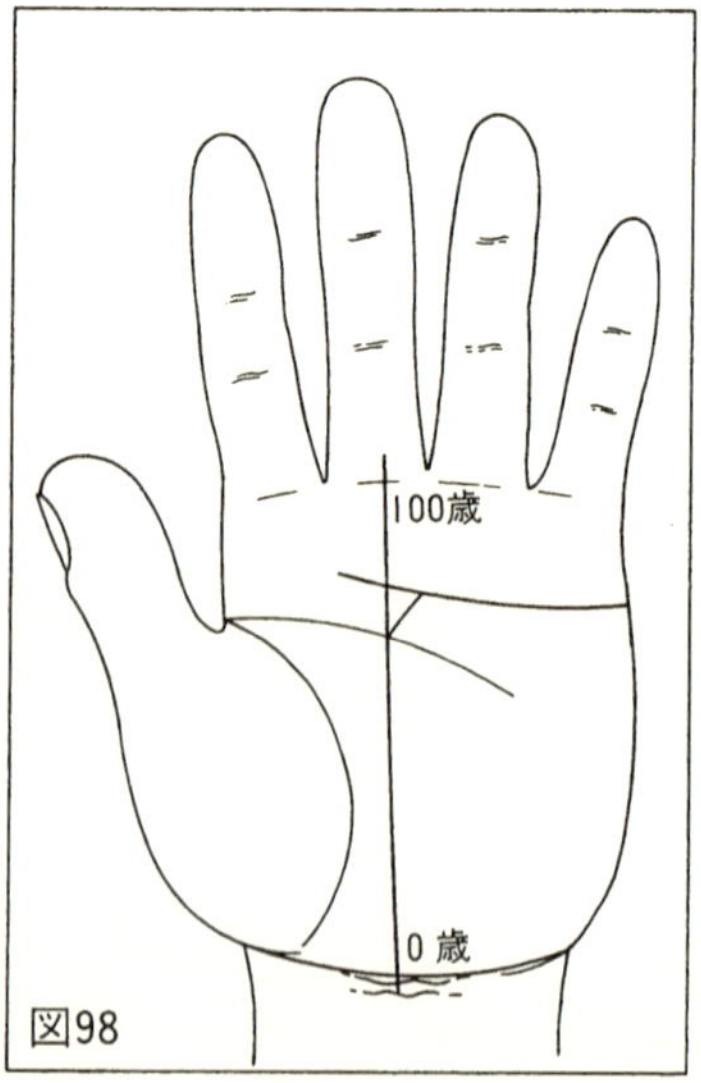

図98

図98のように、感情線から起こった一つの線が運命線に達し、運命線が破れているものは、愛する人の死亡、配偶者の死亡を示します。

　なお、運命線の流年法ですが、手首横線の起点が0歳、中指の付け根が一〇〇歳とみます。

感情線が運命線と交わるところが鎖状に乱れている（図99）のは、心臓病です。

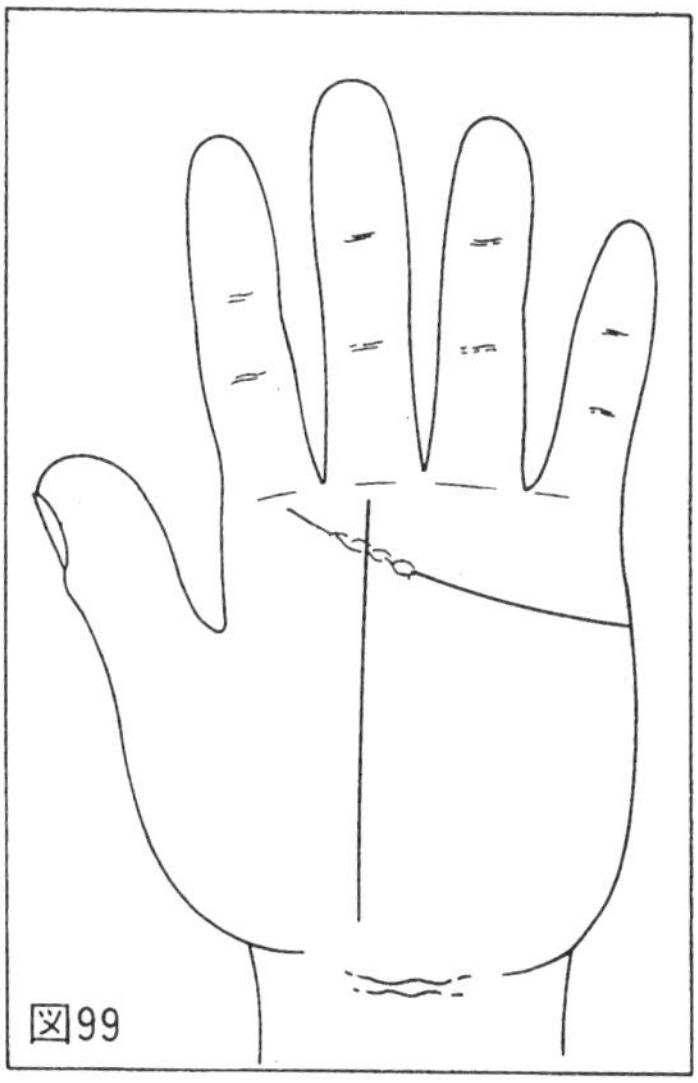

図99

図100のように、頭脳線が打撃縁まで達し、感情線の終末が小指の下で頭脳線に降りるものは、多くは短命です。終末を横に延長し、健康線を作るよう努力します。

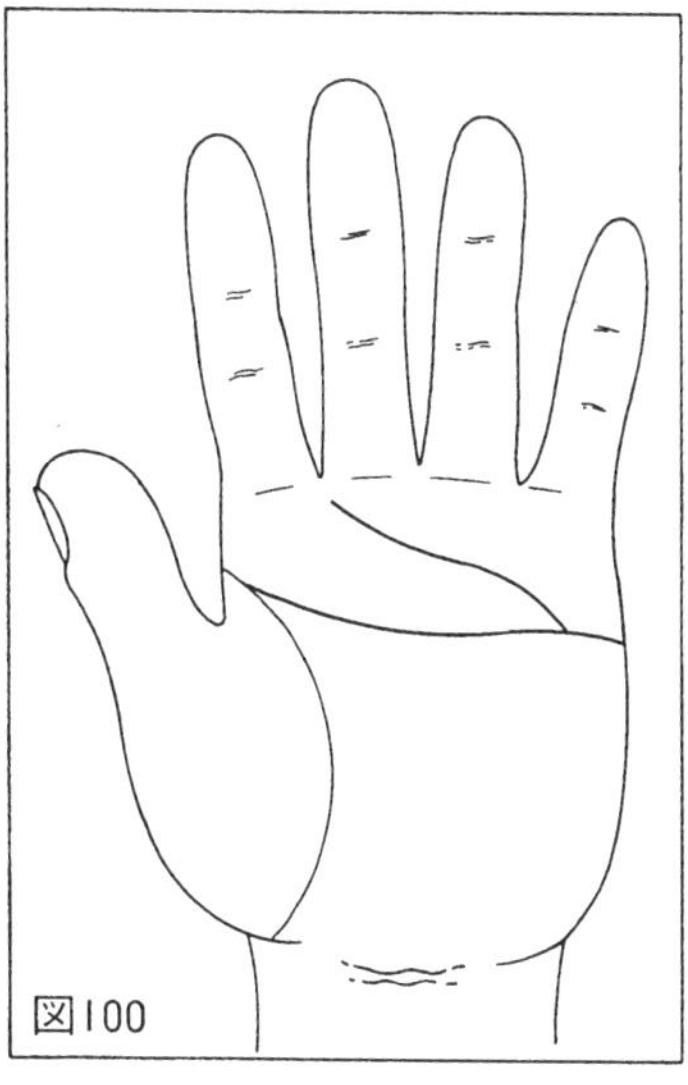

図100

図101のように、感情線が短くて土星丘から起こり、頭脳線に星があるものは、早死にします。

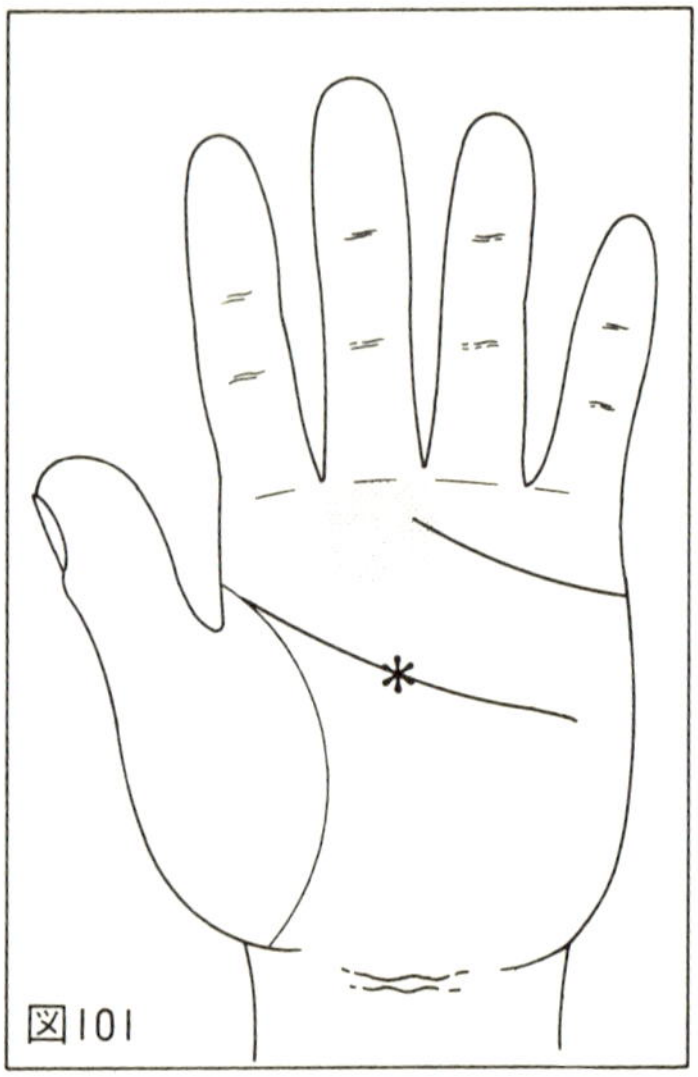
図101

図102のように、一般に感情線の内側に同心円的な副線である金星帯があり、それもかなり長い人は神経質で、とくに自分の健康について神経過敏です。腸が悪く、便秘や下痢に悩みます。

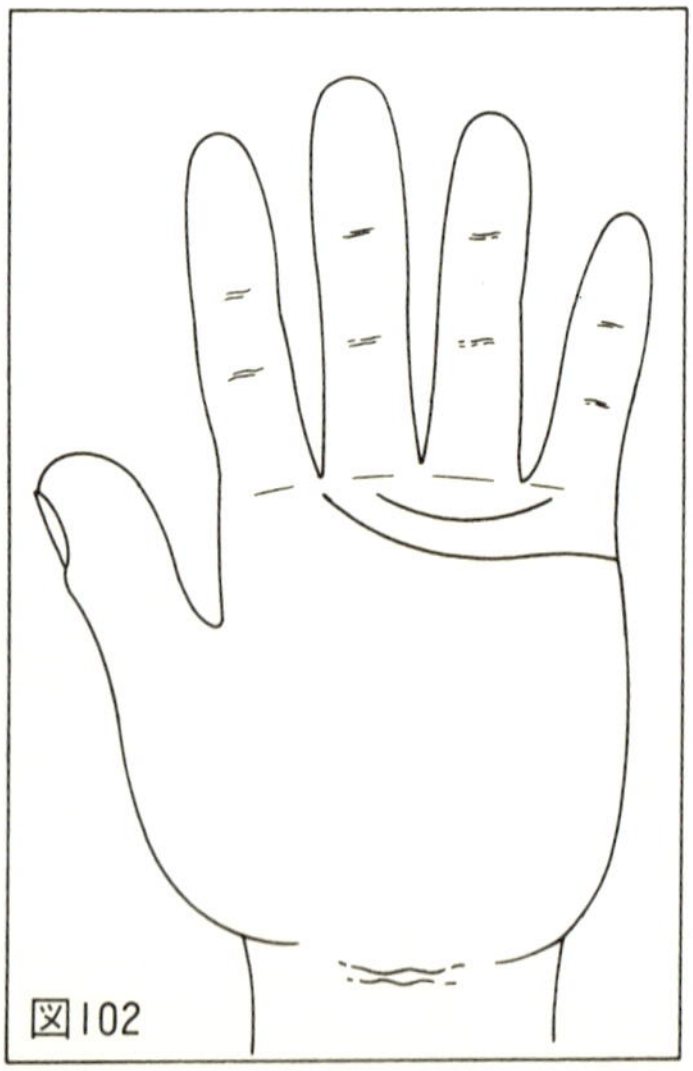
図102

また図103のように、金星帯が感情線と交差している人は慢性の肺結核と考えてよく、金星帯を消さないかぎり治りません。

こういう人は、たいてい小指および薬指の関節のところに紫色の細い静脈が浮き出しています。この静脈の色の濃い人は肺が悪いとみてさしつかえありません。

これは静脈が拡張していて、肺にもくもりがあることをあらわしているのです。毛管運動とビタミンCの補給で、青い筋は消えます。

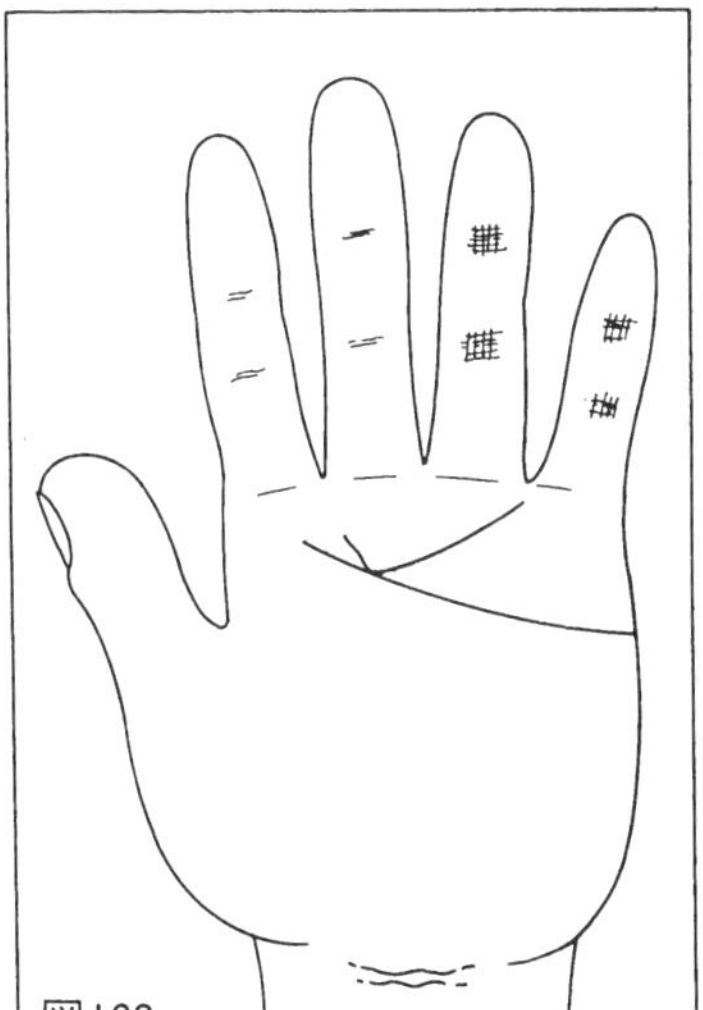
図103

4章

運命線が教えるあなたの「健康」

＊運命線が意味するもの

生命線、頭脳線、感情線の三主線はどんな人にもありますが、これとは別に運命線線といって、中指の延長線上にある線があります（図104）。これは、見通しをつける能力をあらわすもので、その人の生涯に起こるできごとを示しています。

大脳の前半は人差指の付け根の木星丘に、後半は薬指の付け根の太陽丘に相当します。前半は知覚神経の中枢です。この二つの丘が運命線を境にして縦に二つに折れれば、見通しがつくことを示しています。

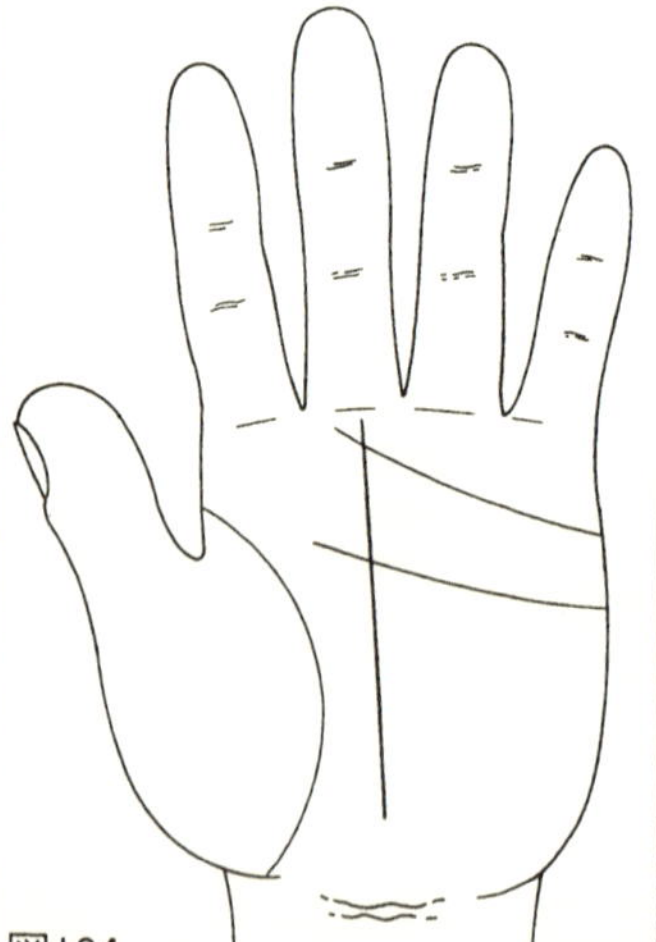
図104

手首は八つの骨が組み合わさって（170ページ図172参照）よく動くようになっていますが、これが癒着《ゆちゃく》すると脳の判断力が弱まってしまうのです。

運命線が並外れて深く刻まれているのは、本人の好まない仕事に従事していることを示し、そのストレスが高じて神経症や心身症にかかりやすくなります。

正常な形をなし、かつ正しい線を持つ手では、運命線は三五歳のところで頭脳線と交わります。

親指と小指の先端を合わせれば、初年と中年の部分ができ、小指と人差指の先端を合わせると、晩年の部分ができます。美食すると、人差指が肥大して固くなり、そういうわけにはいきません。

図105のように、運命線が深く刻まれ赤くなっていて、中指の第三指骨（基節）を貫くものは、心臓がガンにかかっているおそれがあります。これに加えて、中指の先に星があるのはすますます不吉です。

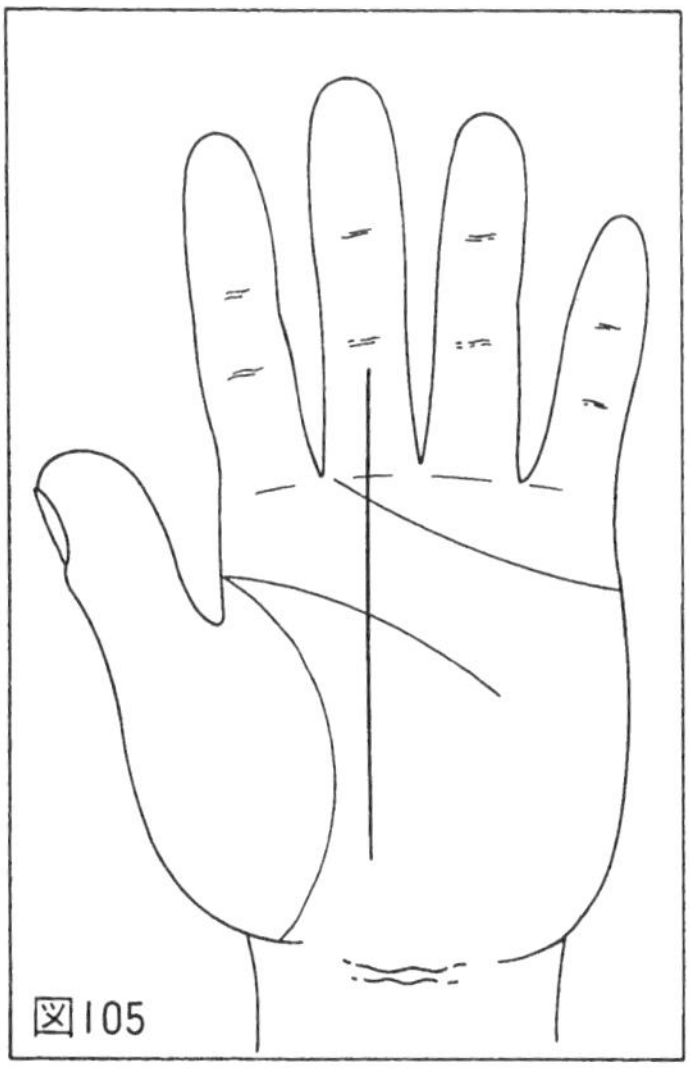
図105

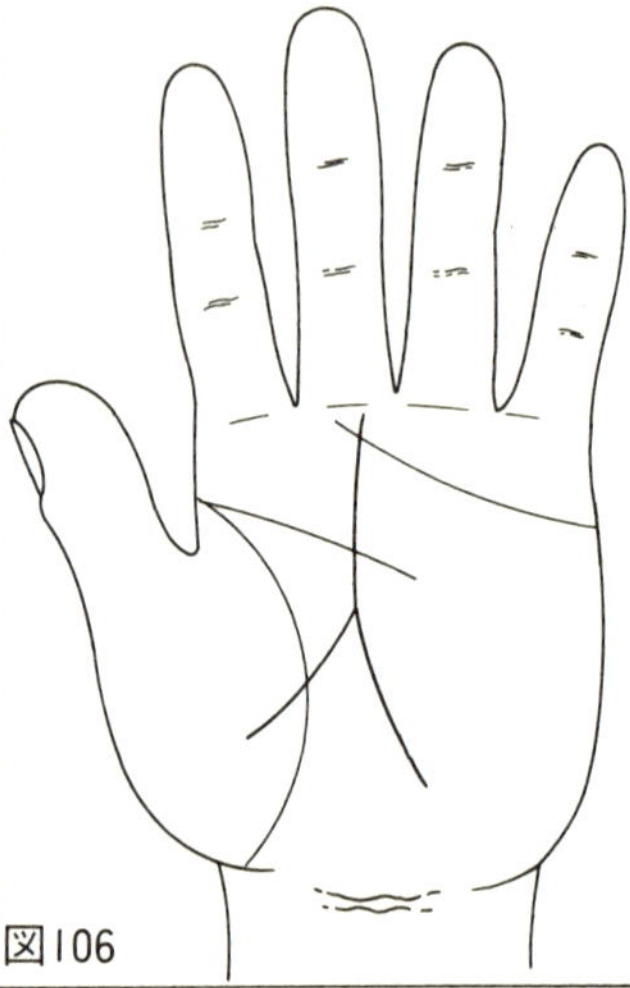

図106

＊運命線の始まり・終わり

図106のように、運命線が二つの方向から出るのは吉相です。真ん中から起こるのは体液が中性で健康です。

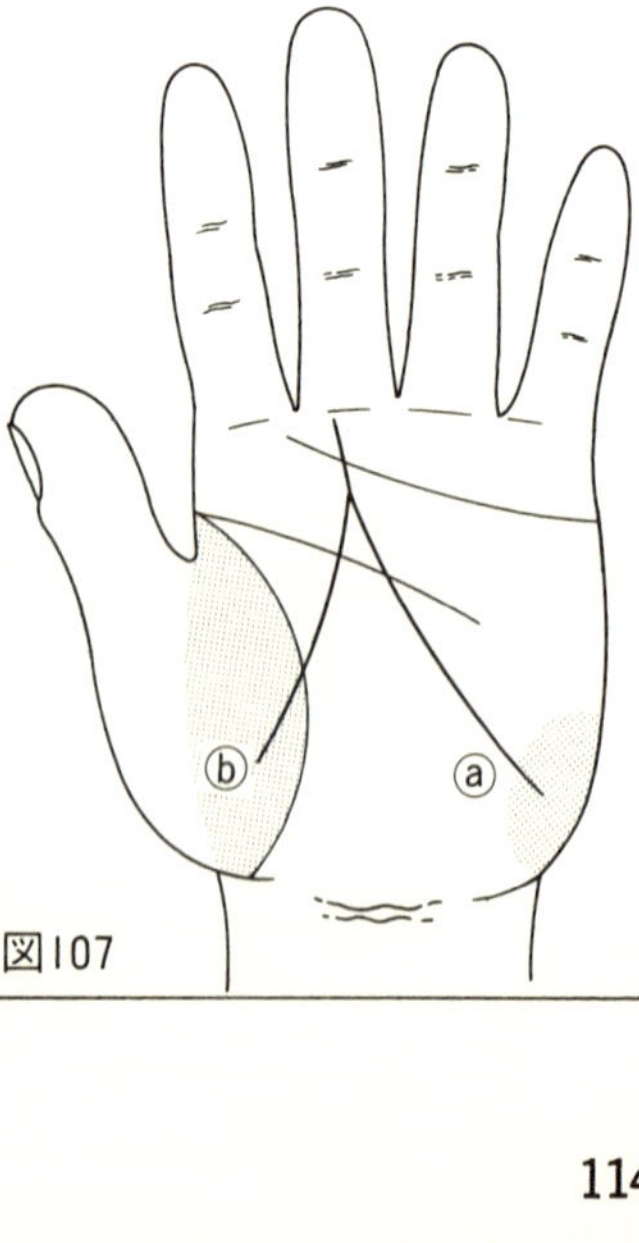

図107

運命線が月丘から起こるのは（図107—ⓐ）アルカリ性体質です。これに対し、金星丘から起こる（同ⓑ）のは酸性体質です。

図108のように、運命線が月丘から起こって感情線のところで終わるものは、高血圧や心臓病で倒れるおそれがあります。

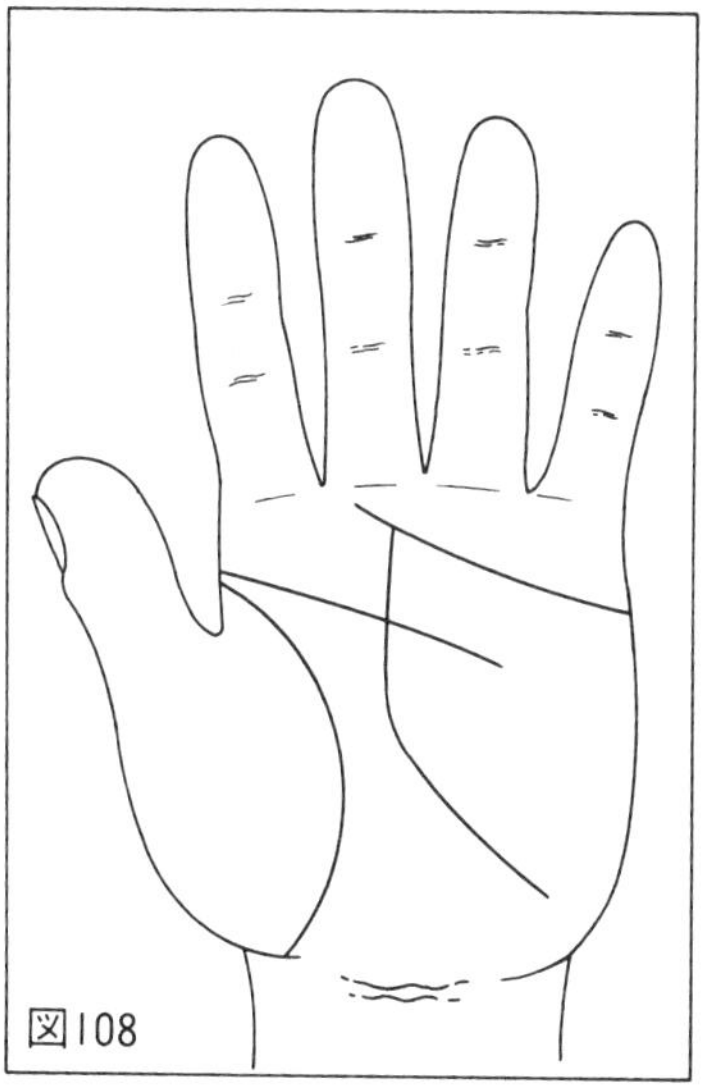
図108

図109のように、運命線が感情線のところで終わり、土星丘が非常に隆起するか、たくさんの放線があらわれるものは、神経衰弱が高じて精神異常をきたすおそれがあります。

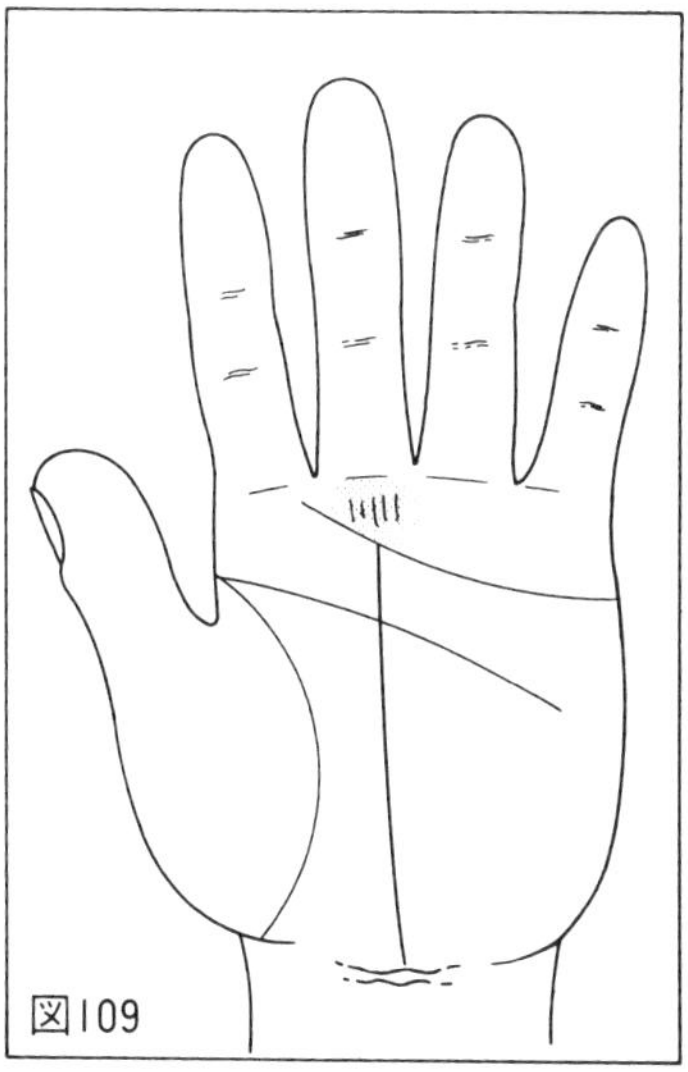
図109

運命線が手首横線の第一環から起こり、感情線で終わっているのは、心臓病です。この場合とくに、手の平を横切るものが、線というよりはむしろ折れ目に近い感じを与え、親指も短いようですと、その可能性がさらに高まります。

図110のように、運命線が貧弱で、頭脳線のところで終わり、生命線も貧弱なものは、脳の故障のために人の厄介になるおそれがあります。

脳の故障の多くは宿便（腸壁にへばりついた古い便）が原因ですから、白米より玄米や半つき米や麦飯、白パンより黒パン、調理食より生野菜食を食べるように食生活を改める必要があります。

便通は本来、食事の回数だけあるのが本当です。人間の体温は真夏の気温と同じですから、胃腸に長く停滞した食物は腐り、それが吸収されて血液を汚すのです。

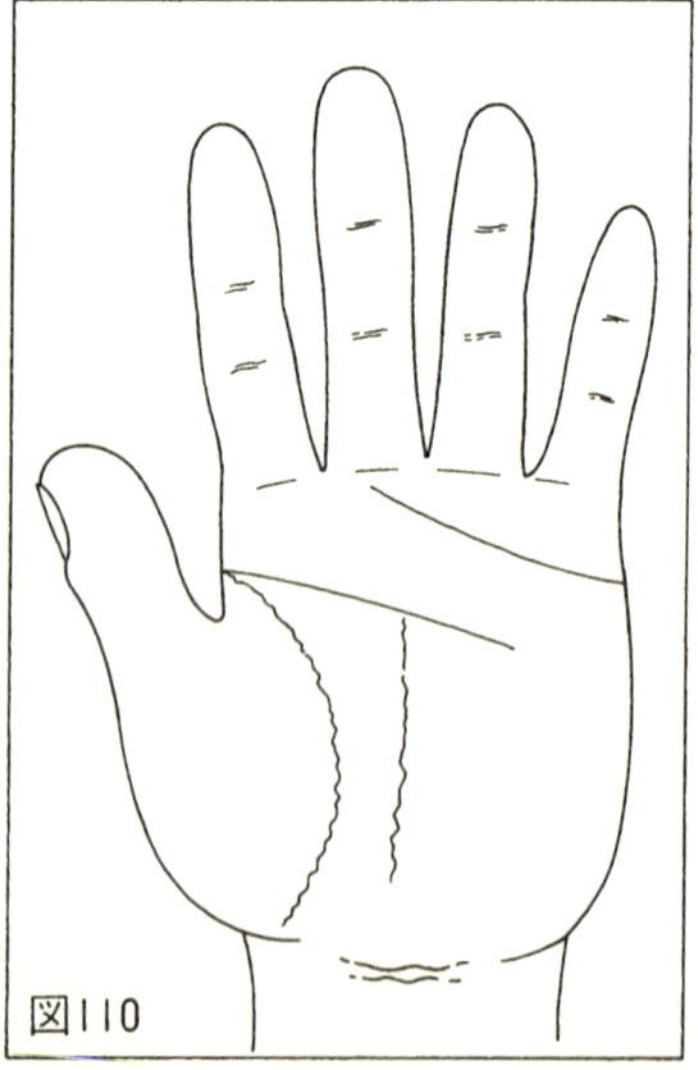
図110

心臓病はビルの階段を八階まで一息に昇って、動悸や息切れがしないように、だんだん練習すれば治ります。安静にばかりしていると、心臓に血液がたまって肥大し、心臓病は悪化します。

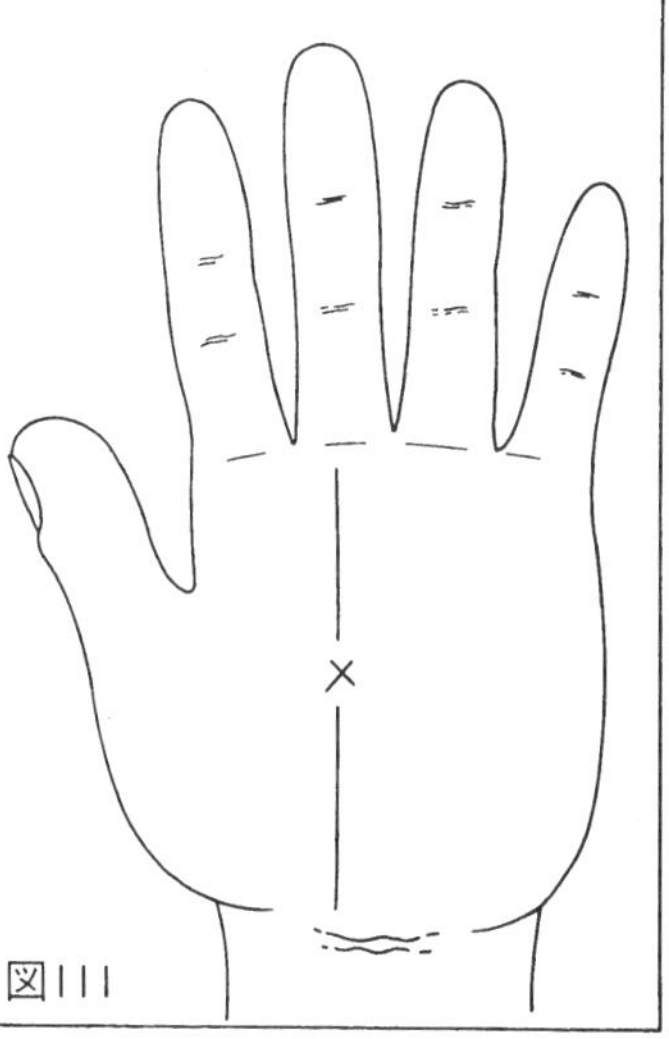
図111

図111のように、運命線が破れているところに十字があると、この年齢のときにもっとも危険な変化が起こります。

運命線に破れがなく、十字があるのは、何か重大な変化が起こることを暗示しています。手の平の中央部は神経の重要な中枢ですが、たやすく冒されやすく、この部分に十字があるのは、運命線にともなっているいないに関係なく、常にはなはだ不吉な徴候なのです。

＊他の線・丘との関係

図112のように、両手の運命線の終末に星があり、月丘の下にも星がある人の多くは、神経衰弱や精神錯乱で死にます。

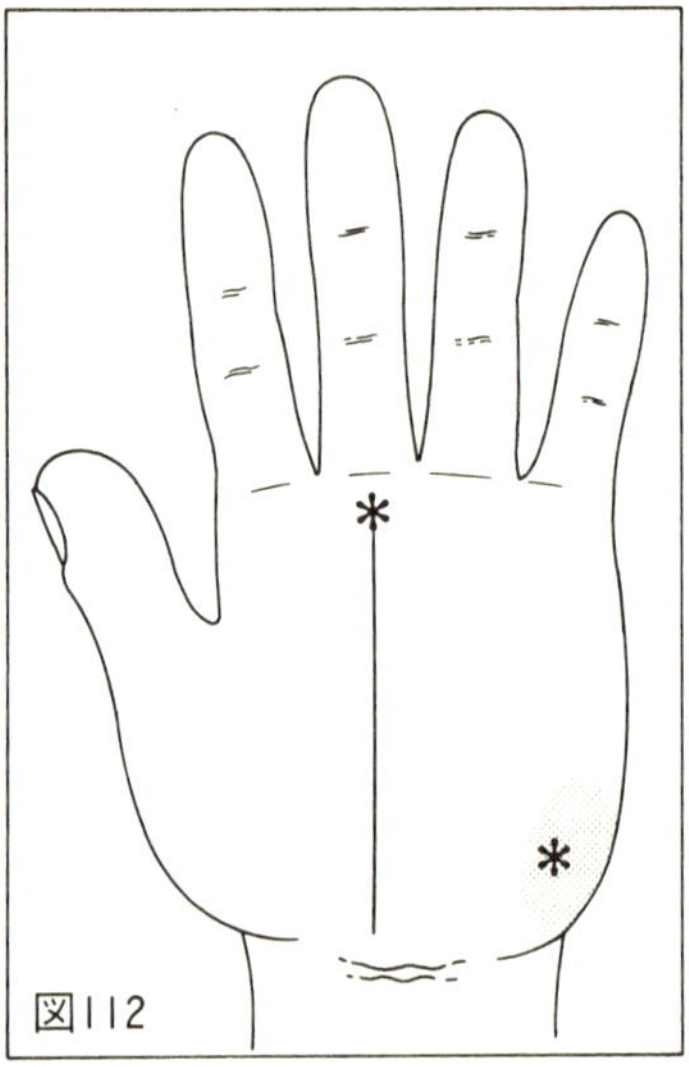
図112

図113のように、火星平原の方形の中で、運命線と太陽線の間に星があるものは、マヒが起こったり、ビタミンCが欠乏していることを物語っています。

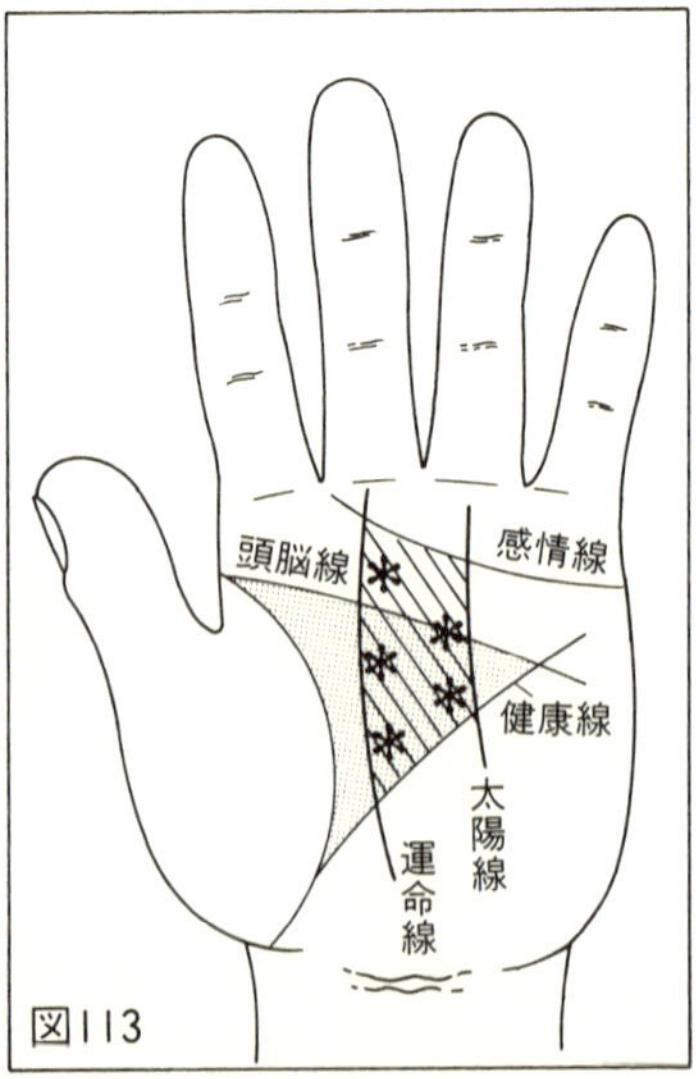

図113

図114のように、生命線の終末と運命線の終末に十字または米があるものは、ほとんど脳出血を起こします。星は十字の変形で、米の字の点がつながると星になります。

中指の根もとは、血液、広くは体液の循環状態を表わします。つまり液体に関するものです（体重の一三分の一は血液で、成人体重の六五パーセントは水分です）。脳出血や中風を起こす人は中指が動きません。

この根もとに黒点があらわれるのは疲労を示します。常に中指をひっぱって伸ばすようにすると運命線がはっきりします。

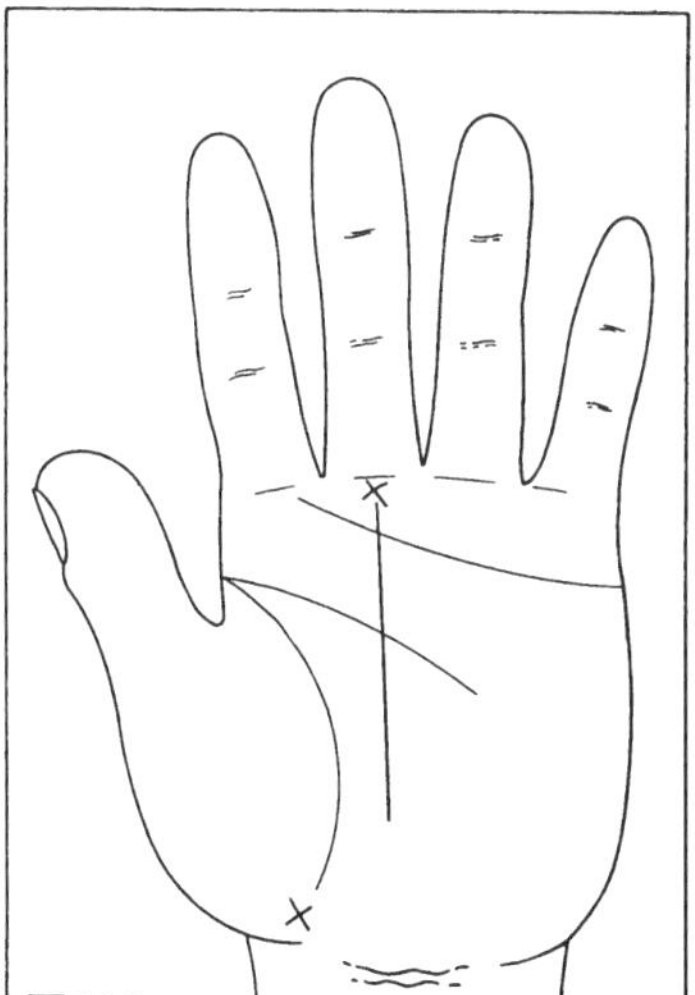

図114

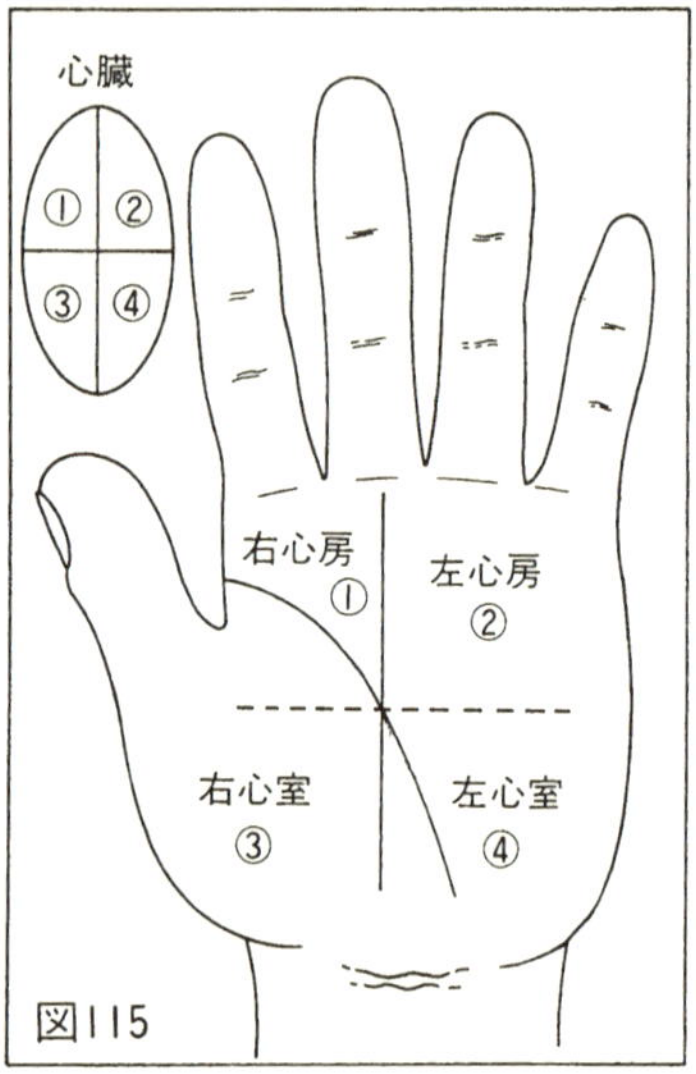

図115

図115のように、運命線と頭脳線が交差する点に大十字を描くものは、病気で悩んだりすることがまったくありません。

手の平を四つの部分に区切ったとき、それぞれが心臓の二室、二房に相当します。

全身の毛細血管が平等に働くときは健康なのですが、毛細血管にポツリポツリと動かないところができると、手の平の上に星や点ができます。

血液が循環しなければ手の平に黒いものができます。新しい変化は線よりもむしろ、色や点となってあらわれます。

土星丘の黒点は脚の硬化したことを示します。放っておくと動脈硬化症になります。

5章

太陽線などが教えるあなたの「健康」

＊太陽線が意味するもの

太陽線は個性線ともいいます。運命線の姉妹線的な性格があるので、第二の運命線ということができます。

太陽線は、本人の具有する知能的また芸術的成功、本人の達成しうる名誉または名声、財的繁栄に関する意味をもっています。腕におぼえがあるという技術者や職人、芸術家、小説家などはこの線がよく発達しています。運命線があっても、太陽線のない事業家は行き詰まります。

健康面からみた場合、手相は、感情線と頭脳線、それに運命線と太陽線が交差して菱形を作る（図116）のがベストです。この場合、太陽線の頭脳線との交点を三五歳、感情線との交点を五〇歳とみます。

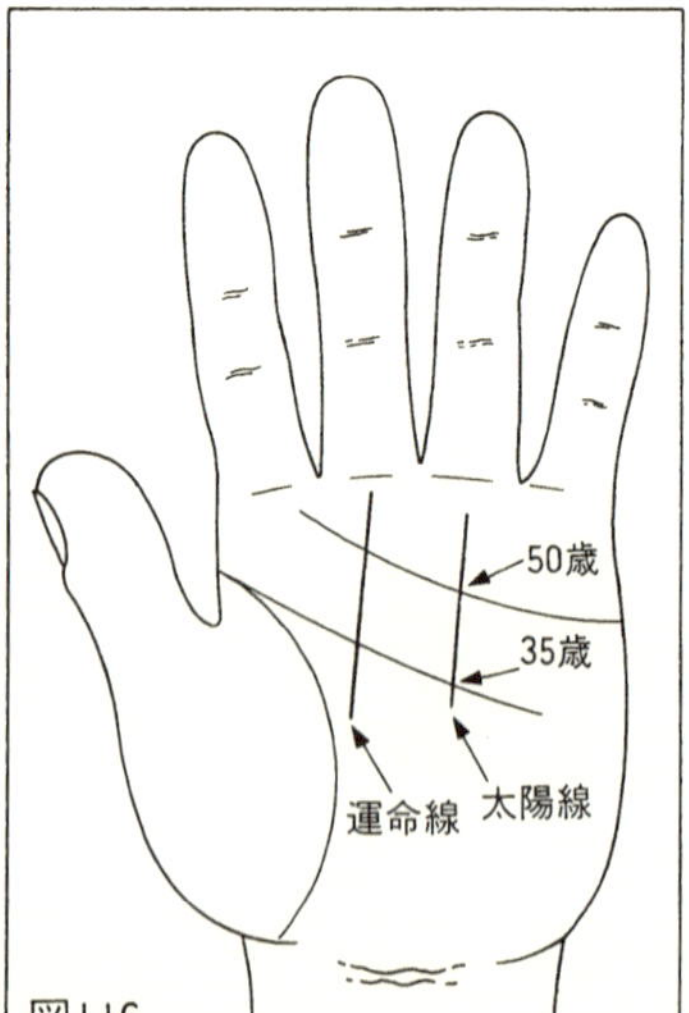

図116

太陽線が明瞭なのは、十分な酸素の供給と神経系が完全であることを示します。

反対に不明瞭な太陽線の持ち主は、肋間

神経痛で胸痛に悩まされます。薬指が曲がったまま伸びない人は神経のマヒで、神経痛、リウマチなどになります。

太陽線は全神経の代表で、神経系の中枢に麻酔剤を注射すると、まっ先に薬指と小指が利かなくなります。このことからも、中枢神経と薬指、小指との関係が分かります。

尺骨《しゃっこつ》神経のマヒでは小指と薬指が曲がって伸びなくなり、撓骨《とうこつ》神経のマヒでは手がだらりと垂れますが、いずれも太陽線が消えてゆきます。

図117のように、太陽線が波打っている人は、精神の集中力を欠くきらいがあります。

太陽線も運命線もある芸術家タイプの手で、運命線が非常に深く刻まれているのは、中風や重症の心臓マヒを招来する可能性大です。

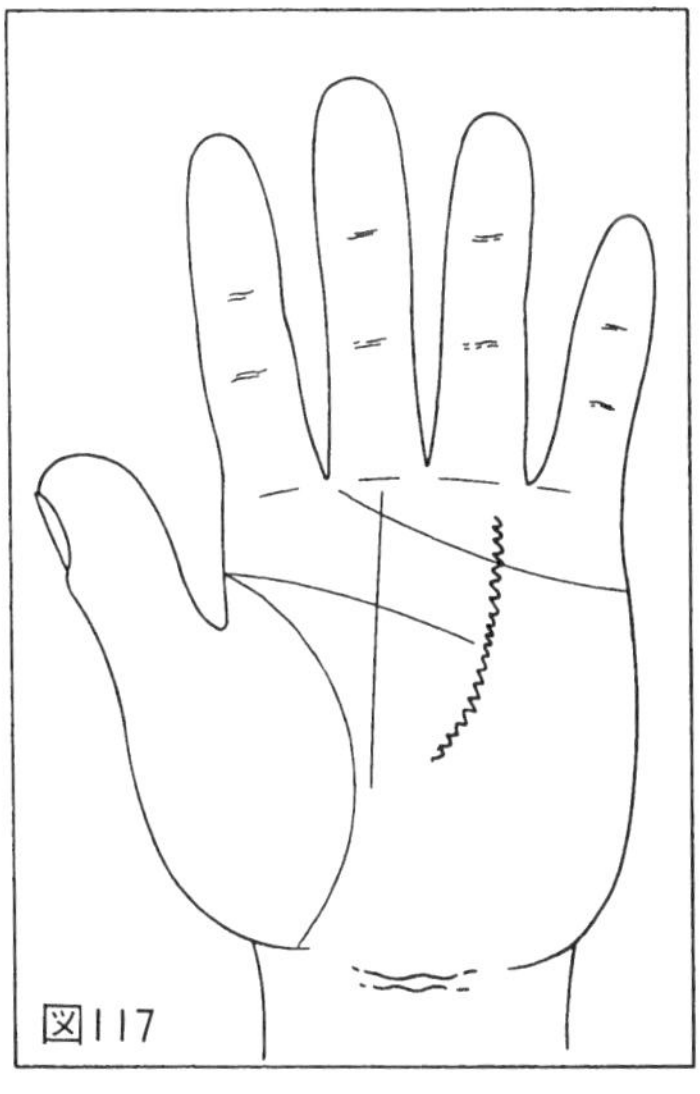
図117

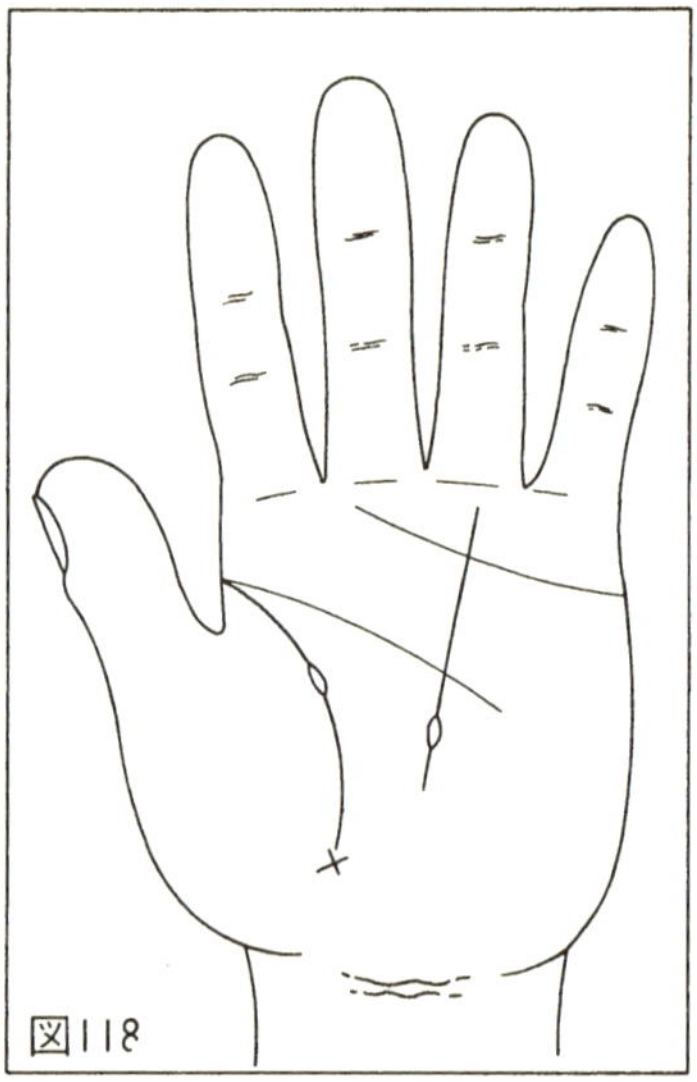
図118

図118のように、太陽線上に島があり、生命線上に疾患の示徴があると、眼病に冒されます。

＊健康線の意味するもの

月丘（小指球）の境界を斜めに走る線を健康線といいます。生命線の根もと、金星丘の下から五分の一のところで起こり、水星丘に向かうのが正常な健康線です。そして、生命線の根を切らず、また結婚線の下にあります。

健康線が生命線と交差している場合（図119―ⓐ）は健康が害されます。生命線を切る線は生命線の力を弱めるからです。健康線は運命線や生命線と交わらないで、小指寄りから起こる（同ⓑ）のがベストです。

健康線が手の平の真ん中に近づくと、火

星平原をせばめるのでよくありません。健康線のはっきりしているのは月丘の肉づきがよいことを示し、火星平原に適当な凹みを作ります。

健康線は別名を肝臓線ともいうように、肝臓、つまり皮膚の機能の如何を示しています。肝臓の機能をよくするには、冬も薄着に慣らし、寝床の敷物も薄くすることが必要です。前にも述べたように、ふとんはできるだけ固いのがよいのです。

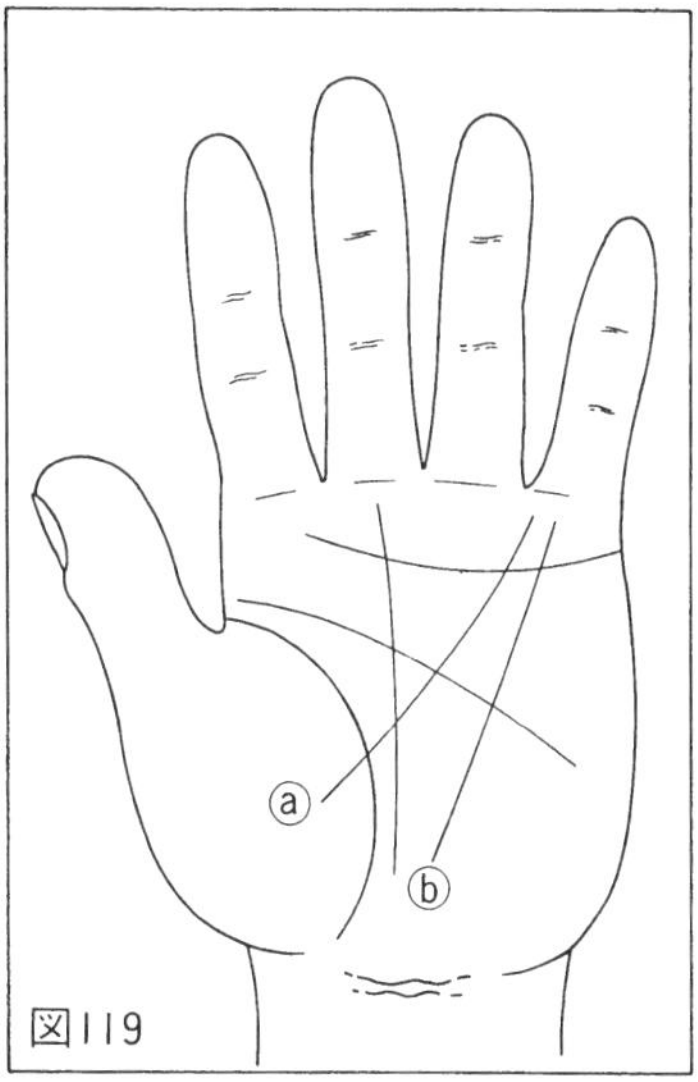

図119

健康線のない人は、病気になりがちですから、養生が肝要です。

もちろん、健康線が破線や鎖状線になっているようでしたら、まっすぐな線に変えるべきです。人差指、中指、薬指を月丘の方へ向けて折るようにし、月丘を反対の手の親指と人差指ではさんで、内側（手の平の中心）へ折るようにすると、健康線ができます。もちろん、健康線がなくても健康な人もいますが、これは生まれつき健康な場合です。

貧弱な健康線は頭脳線の障害をともないますし、肋間神経痛の兆候でもあります。また、広くて浅い健康線は胃の弱いことを示しています。

図120のように、感情線が頭脳線の方に沈下し、健康線が波立っている人は、ゼンソクや熱病の傾向があります。熱病のときは月丘がくもります。

健康線の色も重要です。蒼白なのは血液の循環が阻害されています。健康線のとくに感情線の近くが赤く、小さく偏平な爪をしている人は心臓病です。ところどころポツポツと赤いのは発熱の傾向があります。

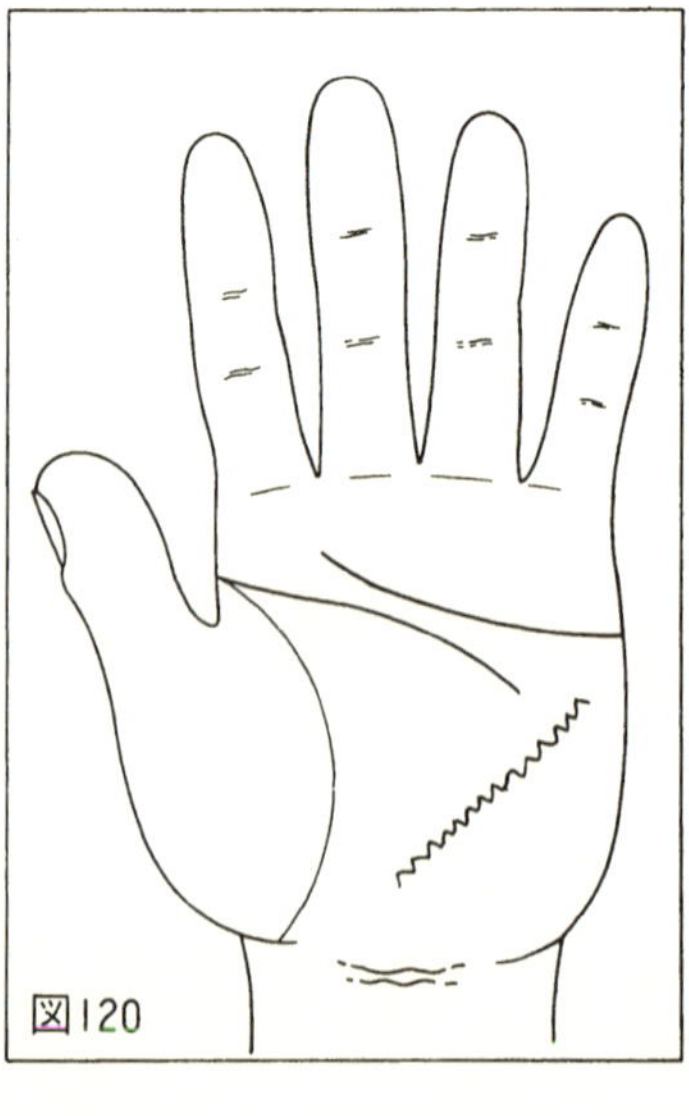
図120

健康線が手に対して垂直に走っているのは、活力に満ちていることを示します。

図121のように、健康線が貧弱で多くの小線により横切られているものは、神経痛、リウマチにかかりやすい人です。

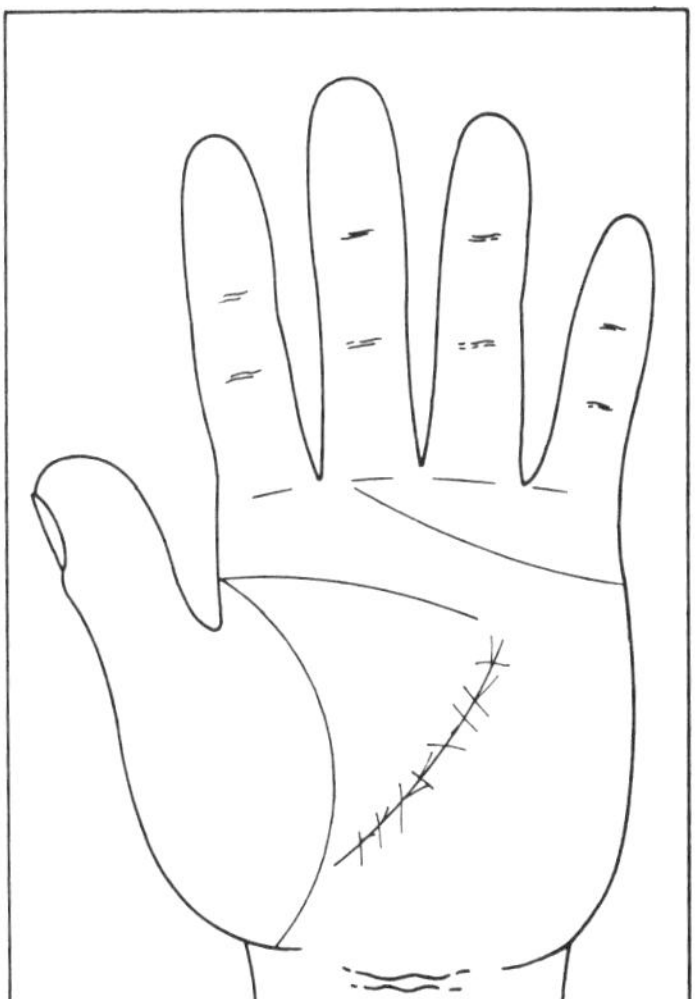

図121

図122のように、波状の健康線は、健康状態も不安定で、肝臓や腎臓が弱いことを示しています。

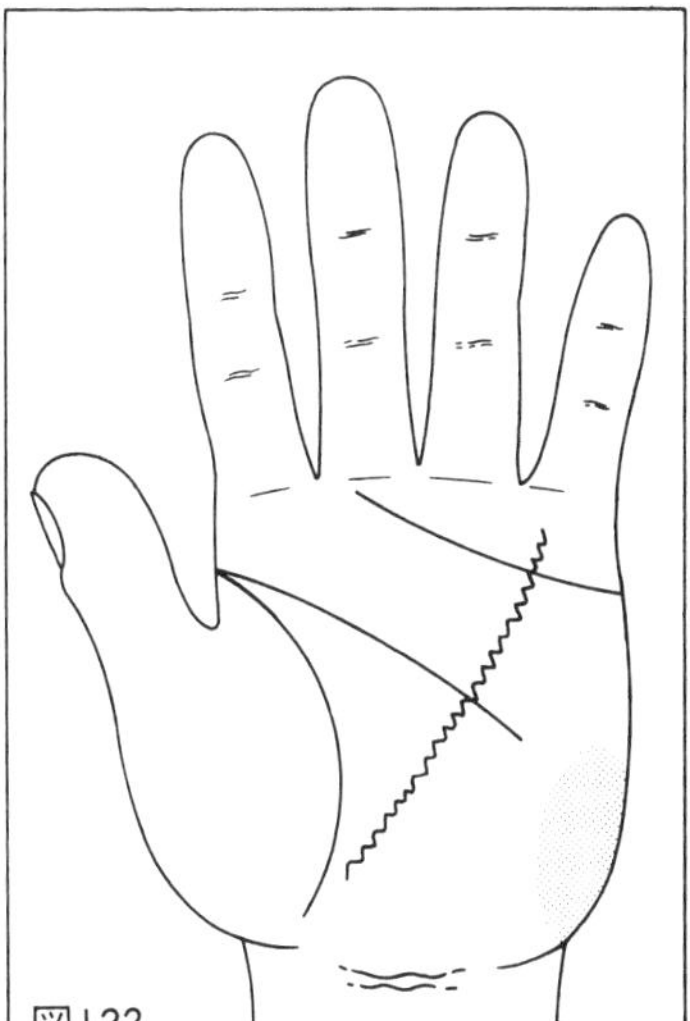

図122

また、はしご状になった健康線(図123)は消化不良、大腸炎などをあらわし、ガンの場合もあります。

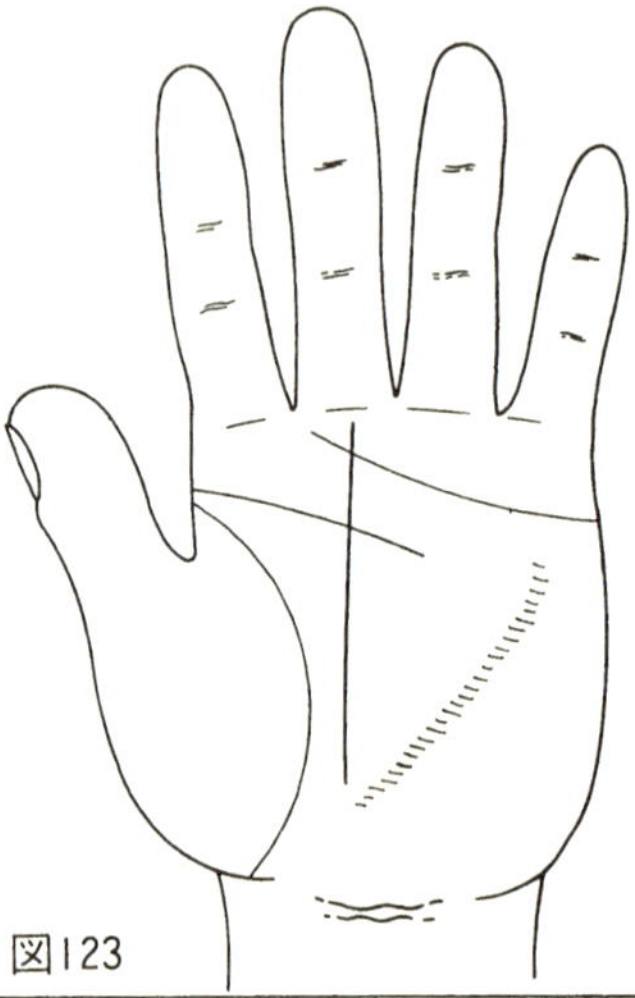

図123

健康線の全長にわたって島がある(図124)のは、のどと肺が弱い人です。

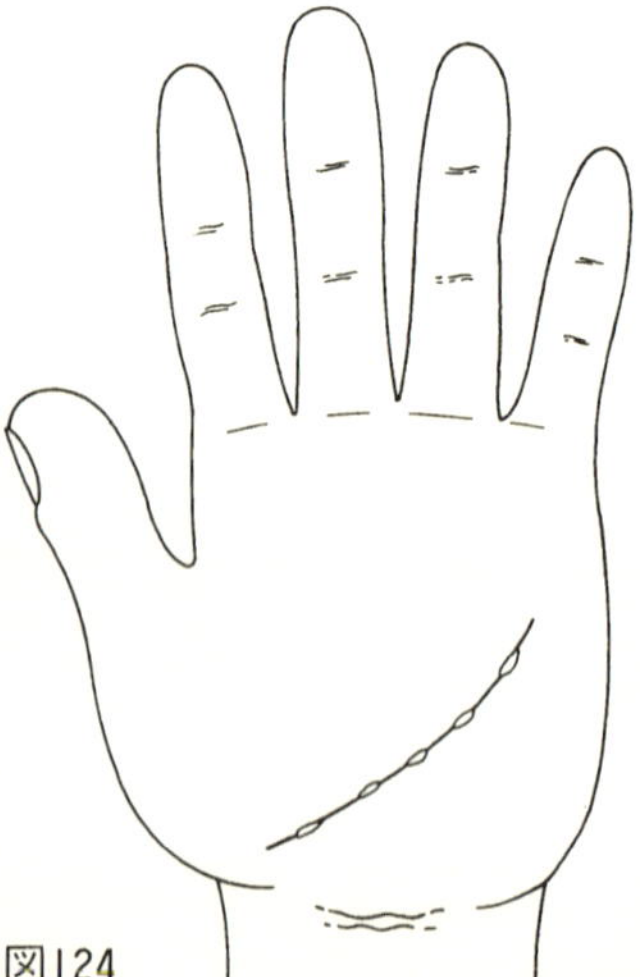

図124

＊結婚線

正常な結婚線は、感情線と小指の付け根との間で打撃線を水平に横切り、水星丘へ達します。ただし、あまり深く刻まれることはありません。

図125

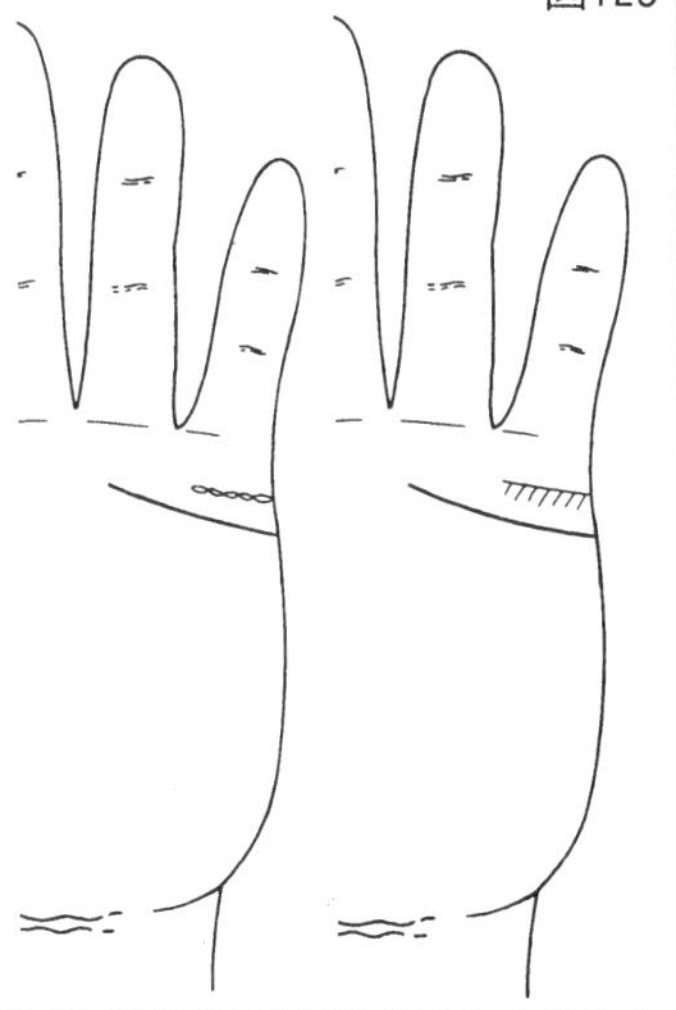

結婚線上に黒点があるのは、血液循環の停滞を意味していますが、「流水《りゅうすい》腐らず」の理屈で、手を上に挙げて毛管運動（30ページ参照）をすると消えます。

図125のように、結婚線が小さな島または下向枝に満ちたものは、はなはだしい放蕩《ほうとう》癖がたたって、性交不能となっていることを示しています。本書に述べる温冷浴、生野菜食、合掌合蹠、脚力法などによって回復すると、一直線になって下向枝は消えます。

＊放縦線

月丘上で打撃線から離れて横線または弓形の線があるのを放縦線といいますが、不節制により健康を損なうと解されていま す。

糖尿病や腎臓病のときにも見られますが、それは水分の欠乏を意味します。朝食を廃止し、生水、生野菜主義を守ると、放縦線も消えます。

6章

火星平原が教えるあなたの「健康」

＊火星平原が意味するもの

図126のように、手の平の中央部において、火星下丘の基底から三角形の二辺を作り、生命線から正常な位置を占める健康線まで及ぶ部分を火星平原または手の平の本体といいます。火星平原は、方形（大四角形）と三角庭（大三角形）とから成り立っています。

火星平原は、栄養全体をあらわしており、適当な肉があって色がよくなければなりません。あまり極端に落ち込んでいるのは死が近いことを示します。たとえば、

1、頭脳線寄りのところが中凹になっているのは、脳障害または卒中に冒されます。

2、感情線寄りのところが中凹になっているのは、心臓虚弱症に悩まされます。

3、月丘寄りのところが、中凹になって

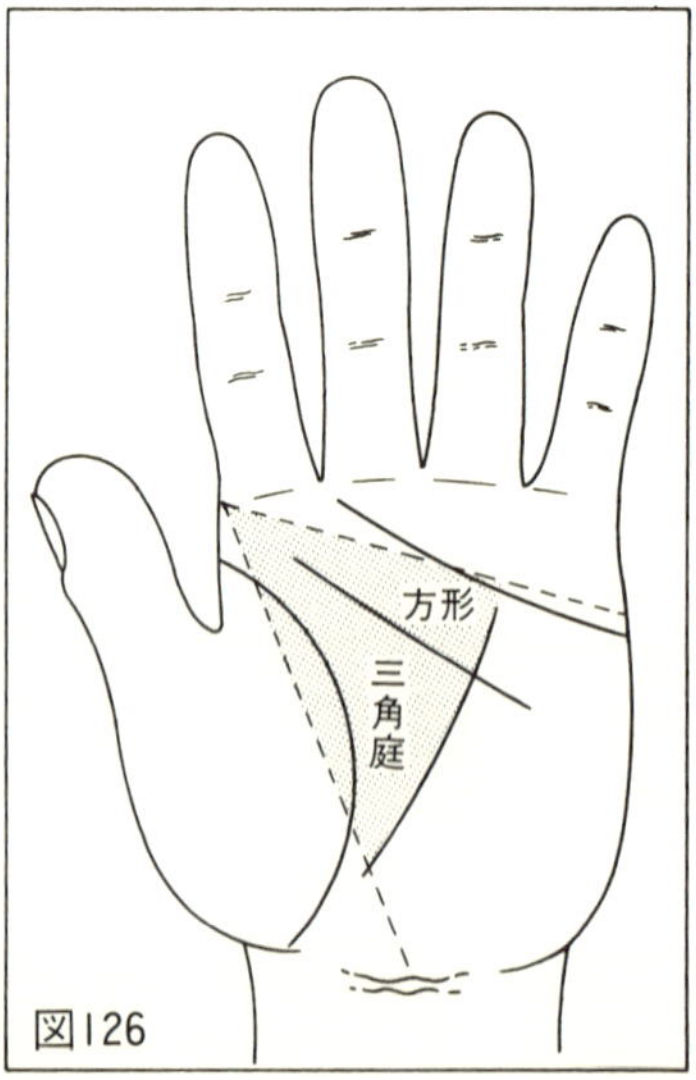

図126

いるのは、神経または関節の障害に冒されます。

ただし、実際に中凹の手の平と、周辺の丘が盛り上がっているために中凹のように見える正常な手の平と混同してはなりません。後者の場合はまったく問題ないからです。

＊方形

方形は正常な頭脳線と正常な感情線との間の局所を占め、木星丘と火星上丘との間の局所をも占めています（図127）。

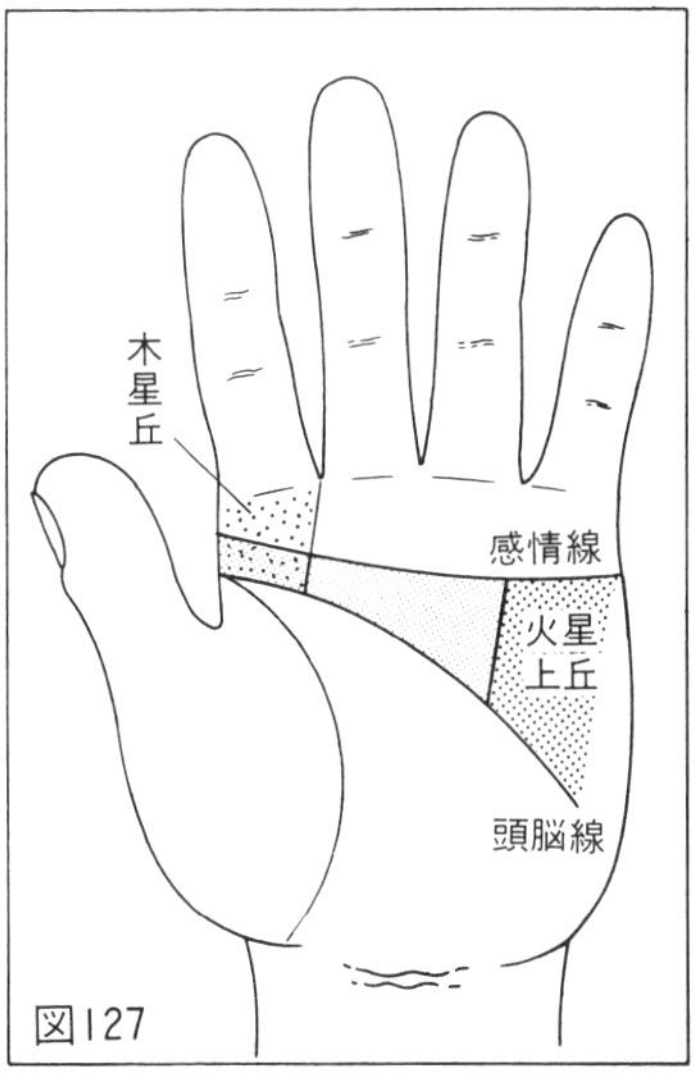

図127

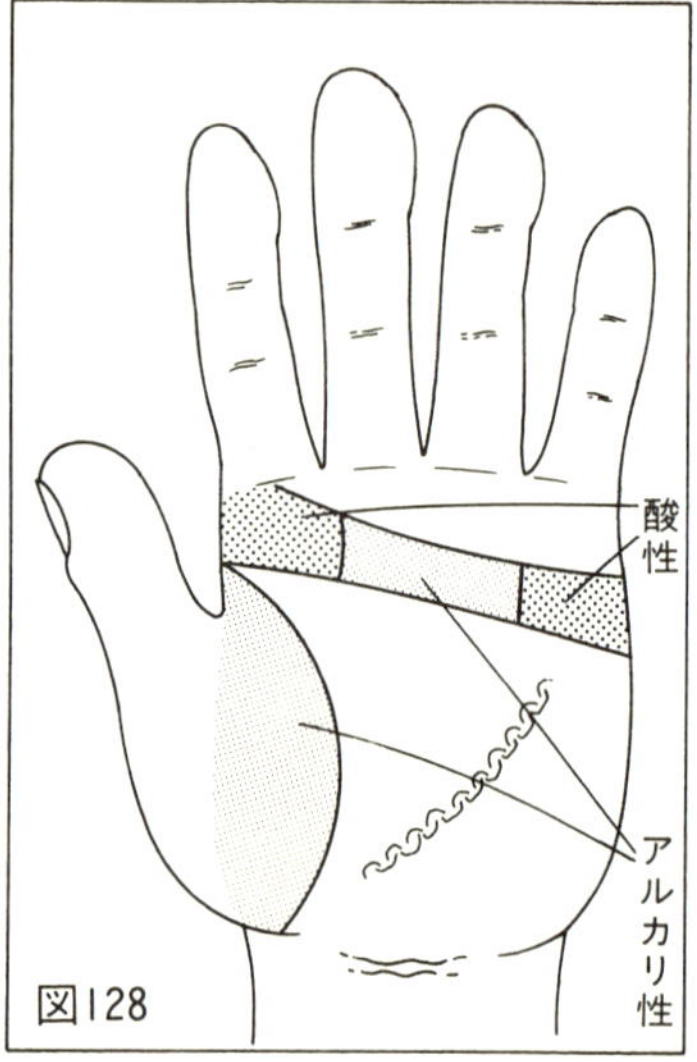

図128

図128のように、方形がせまく、健康線が貧弱で、指の頭がふくらんでいるのは、子供のときせきに苦しめられ、ゼンソク持ちです。

方形の真ん中は体液のアルカリ性、その両側は酸性をあらわしていますが、どちらの面積が広いかによって、どちらの体質かということが決まります。

方形の内側に白点があるものは、身体一般の虚弱を表わします。

方形内（感情線と頭脳線の間で、運命線と太陽線で囲まれている部分）、中指の延長上に貧弱な形の十字があり、しかもこれが両手にあるのは不吉な示徴で、その手の中でもっとも隆起した丘が不健全であることを示しています。

方形内に一つ円ができれば眼疾で、二つつながった円ができればテンカンになるおそれがあり、テンカンになると三つ連なりができます（図129）

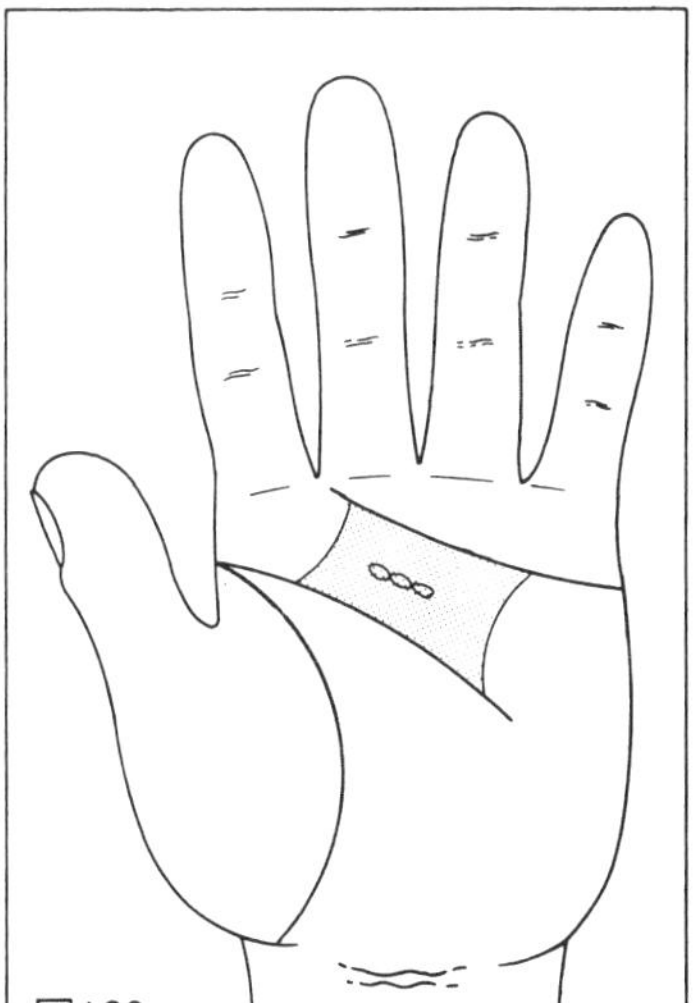
図129

テンカンは、出にくい便が腸を通過するときに起こり、通過すれば正常になります。テンカンの症状は代償過程ともいわれ、身体の機能を正常に戻そうとする自然の働きなのですから、無理に発作を止めようとしてはいけません。

腸の内容の間にすき間ができると、一種の腸閉塞を起こし、人事不省になりますが、水平に寝ていると治ります。便をならす方法が金魚運動（30ページ参照）です。

＊三角庭

正常な三角庭は、生命線、頭脳線、健康線の三者の間に介在します。これらのいずれかの線が欠ければ、本当の意味での三角庭は存在しません。

しかし、この場合でも、三角庭の中に包括されるはずの範囲に何らかの示徴があれば、三角庭内のものと考えねばなりません。

三角庭が低く、月丘がことさらに隆起し、手首横線の三環のただ一つだけがあらわれている（図130）のは全身強直症で、脳出血のおそれがあります。手首横線が三本あるのは手首が柔軟な証拠です。

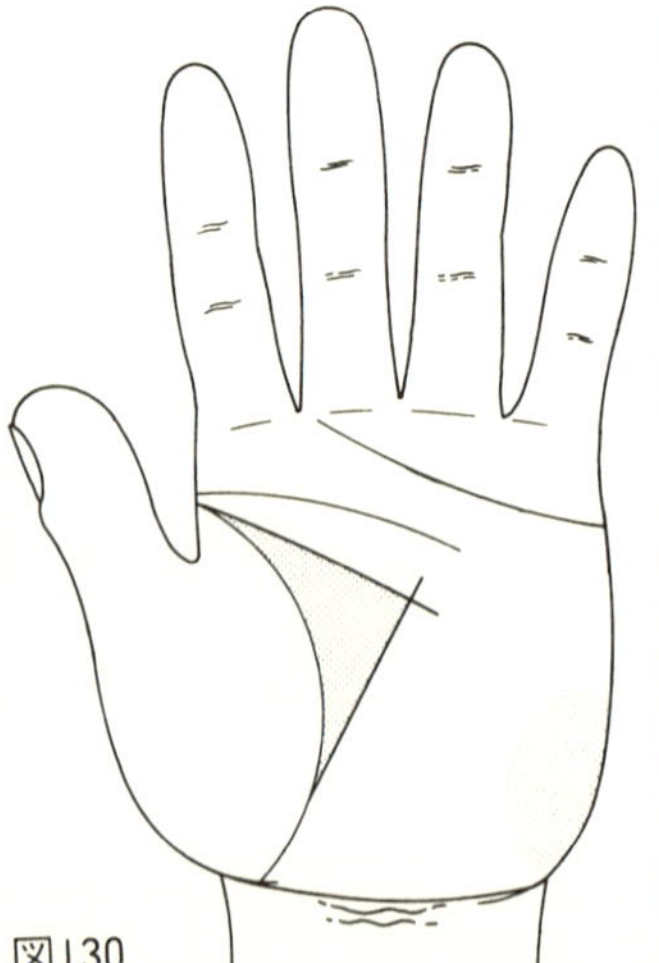
図130

網の目のようなすじが手の平一面にあるのは苦労性で、ストレスがたまっている人によく見られます。しかし、手にたくさんのすじがあるのは消す必要があります。断食なり生野菜食なりをやるのがよろしい。断食は信頼できる指導者のもとで、正しい法則に従ってやらねばなりません。

　女性で三角庭に赤点がある（図131—ⓐ）のは妊娠の徴候です。人差指と中指の中間の延長線が生命線とぶつかる付近に、ズキズキと拍動を感じるようでしたらまちがいありません。

　右手に強ければ右はらみで女の子、左手に強ければ左はらみで男の子が生まれる場合が多いと考えられます。

　三角庭内で、星や十字が健康線の近くにある（同ⓑ）のは、失明のおそれがあります。

　三角庭内に半月形があらわれる（同ⓒ）のは、今まで病気だった者が回復する徴候です。

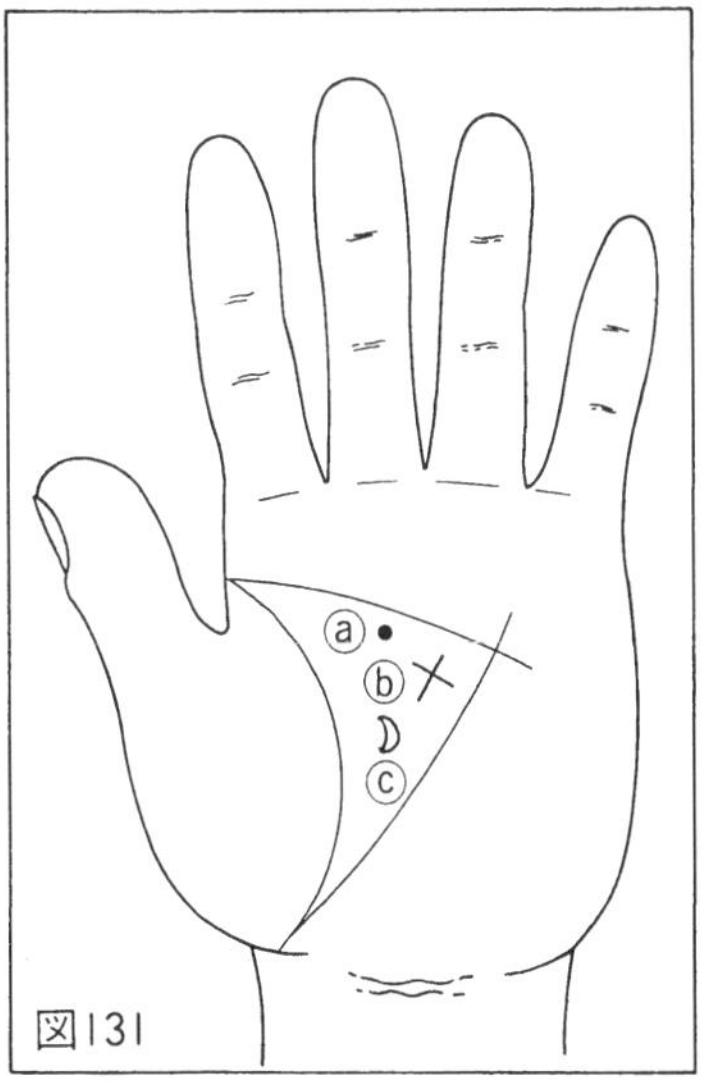

図131

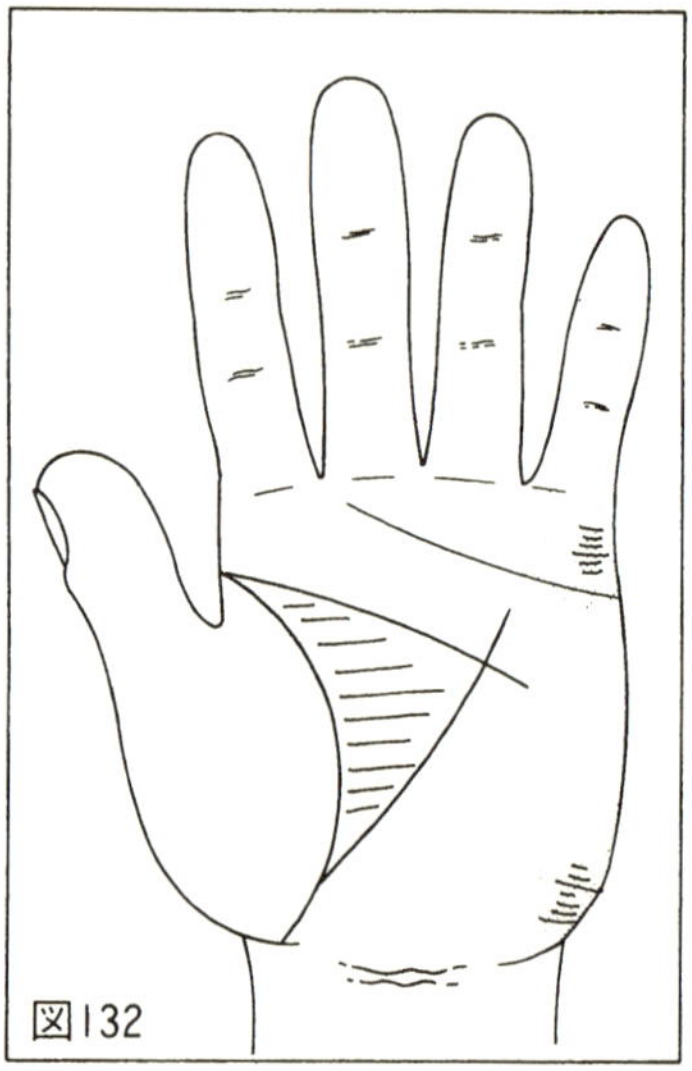
図132

図132のように、三角庭内にたくさんの横線があり、水星丘あるいは月丘にも多くの線があって、頭脳線が深く下垂していると きは神経衰弱となり、それが高じると精神異常になります。

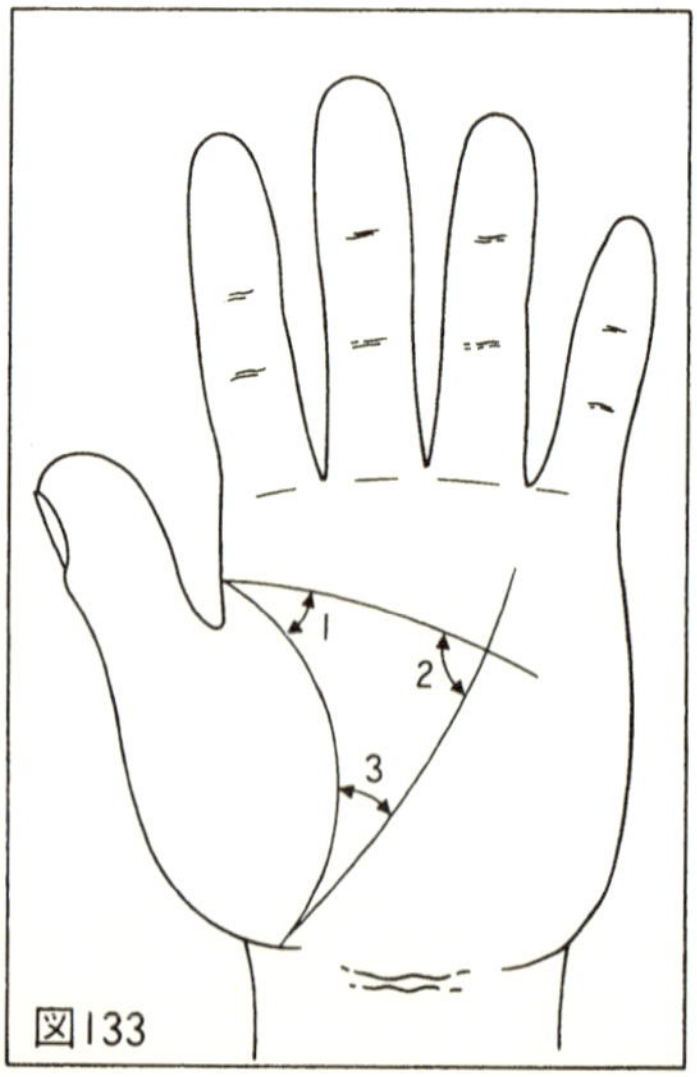

図133

三角庭には、図133のように、三つの角があります。このうち第一角は、生命線と頭脳線によって、第二角は頭脳線と健康線によって、そして、第三角は生命線と健康線によって作られます。

図134のように、第二角が鋭角となったものは、極端に神経質で、不健康です。

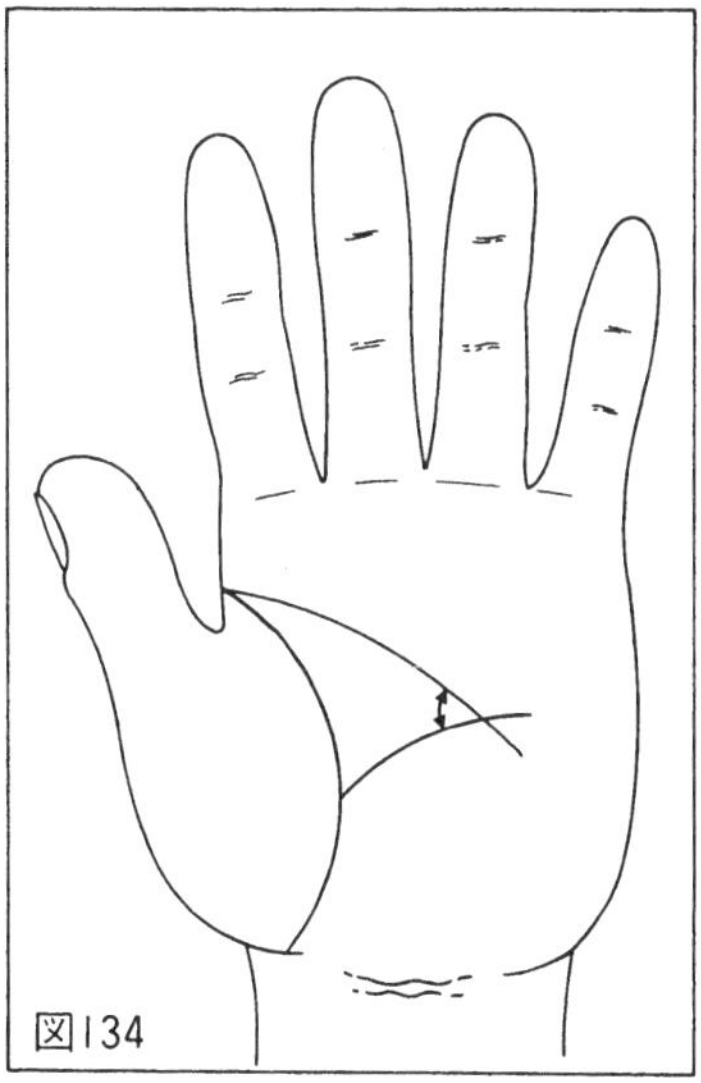
図134

図135のように、第二角が月丘の上に形成されているものは、咽喉や腸の慢性カタルに苦しみます。さらに月丘に放射線がたくさんみられるのはテンカンです。
頭脳線が貧弱で、月丘におびただしい放射線があるのも同じです。

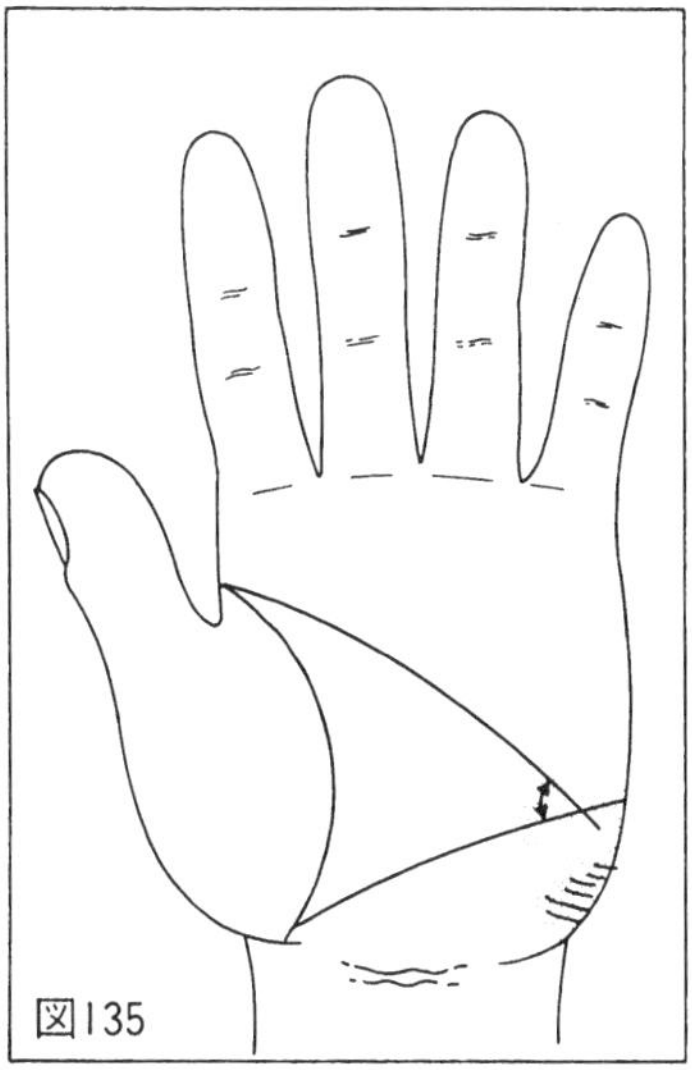
図135

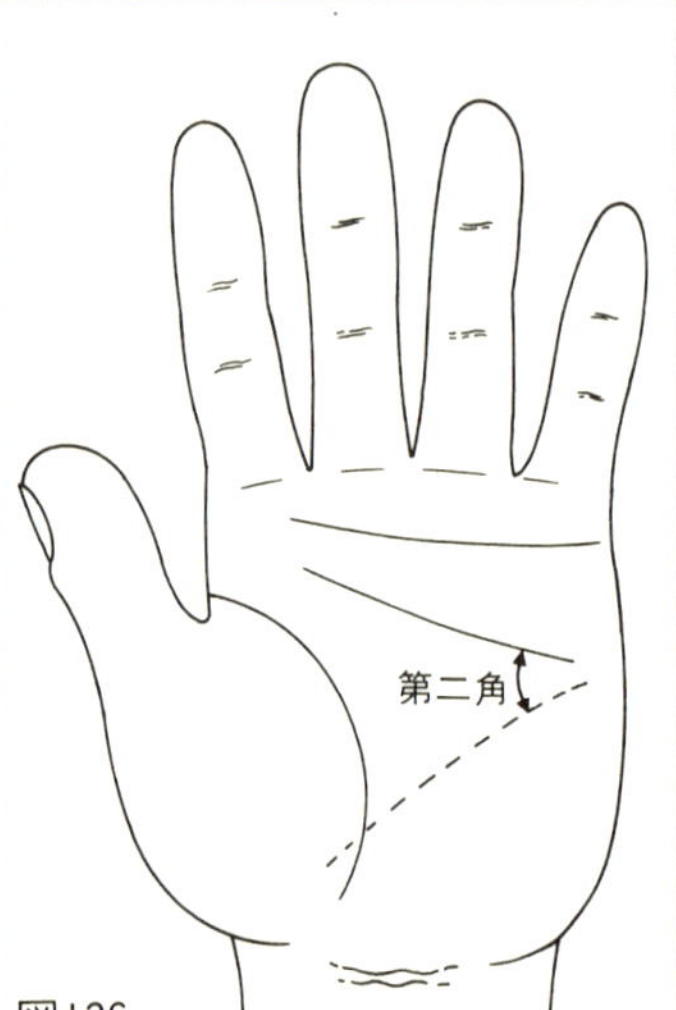

図136

第二角が欠如している（図136）のは健康線を欠くからで、それが子供だったらあまり勉強させてはいけません。知的発育が遅れ、想像力の発育が早くなってしまうために、身体の平衡が損なわれやすいからです。

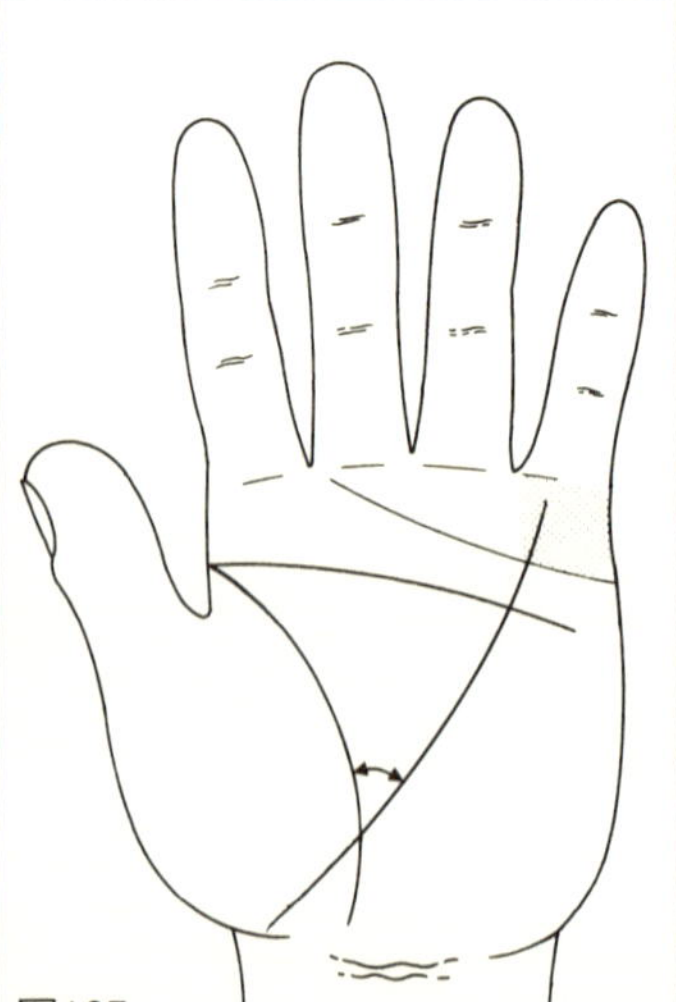
図137

図137のように、第三角が幅広くクッキリして十分開き、健康線が水星丘の下で終わるものは長命です。

7章

手の丘が教えるあなたの「健康」

＊手の丘が意味するもの

手の平の周辺に見られるわずかな隆起のことを「丘」といいます。丘は、火星丘を上丘と下丘の二つに分けて考えると、全部で八つあります（図138）。

また、手の平の小指側の縁を打撃縁（または打撃線）といいますが、丘はそれぞれ次のような位置にあります。

木星丘＝人差指の付け根
土星丘＝中指の付け根
太陽丘＝薬指の付け根
水星丘＝小指の付け根
火星上丘＝水星丘の直下で、感情線と頭脳線との間にあり、打撃縁に沿った部分
月丘＝火星上丘の直下で、打撃縁に沿った部分
金星丘＝生命線で取り囲まれる部分の内で、親指と人差指とのつくる角の頂点から水平に引いた想定線から下にある部分
火星下丘＝右の想定線と木星丘の間にある部分

丘の重要性は、これをおおう筋肉の発達具合にあるのではありません。おびただしい数にのぼる神経末端は手の平の全面にわたって分布していますが、手の平の本体や丘、とくに指の下にはことに多く集まっているため、丘が重要となってくるのです。

図138

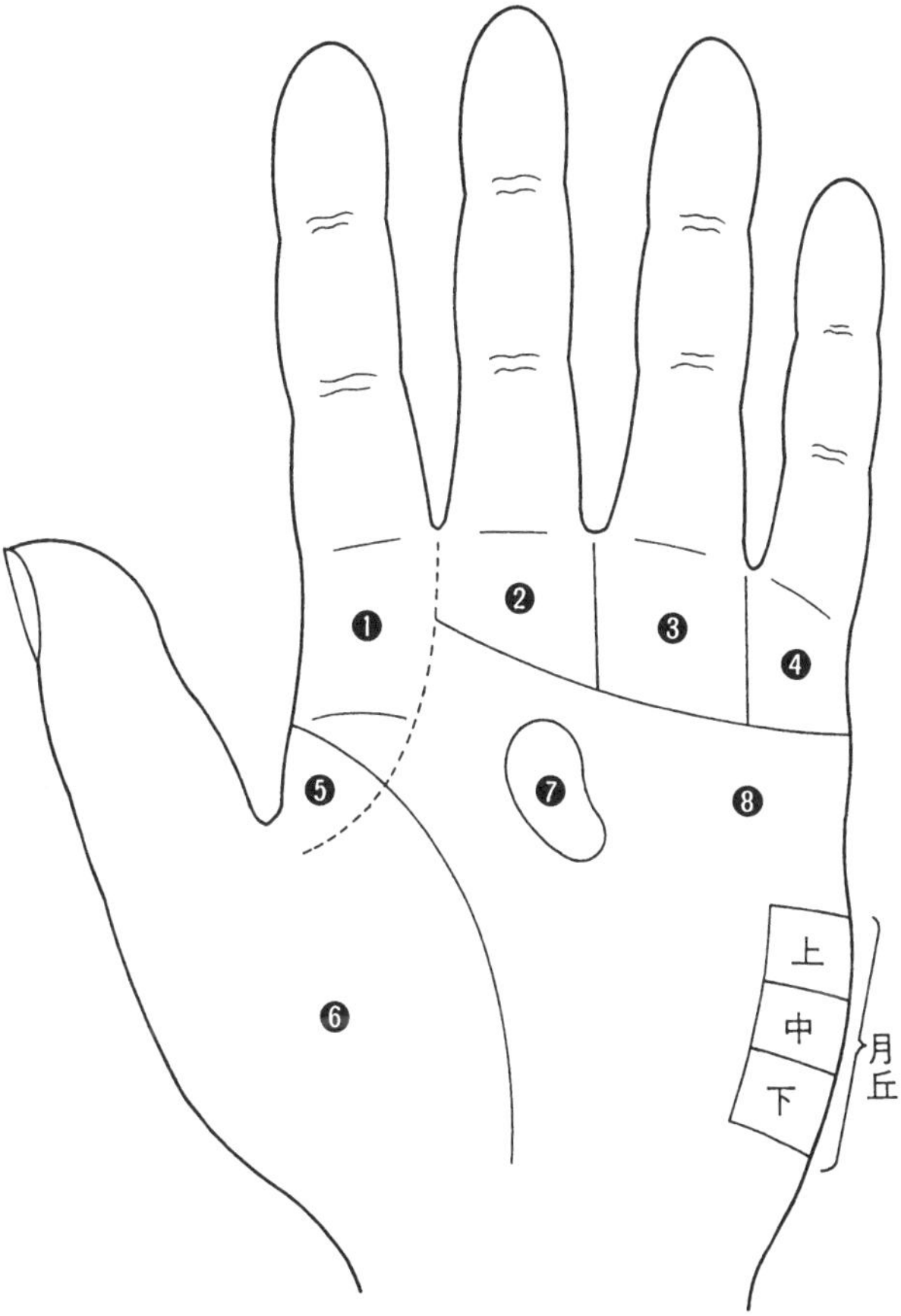

❶木星丘　❷土星丘　❸太陽丘　❹水星丘

❺火星下丘　❻金星丘　❼火星平原　❽火星上丘

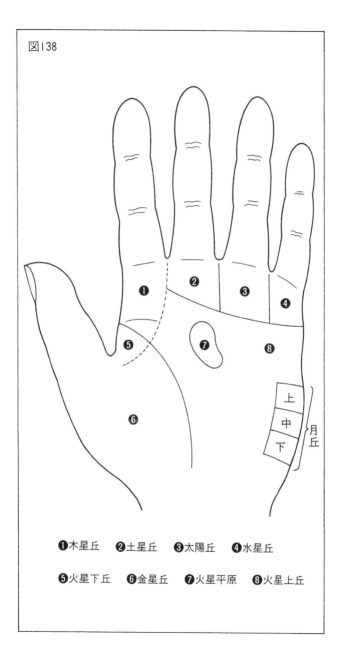

丘についての研究は、どれほど精密におこなってもけっして十分とはいえぬほど重要です。手の線についての観察に加えて、丘を完全に研究すれば、その人の肉体的、精神的および知的性質を的確に把握することができるでしょう。

つまり、私たちの探知しようとする人間の肉体と精神との神秘を開く鍵を与えられるわけです。丘さえ完全に理解すれば、他の線の観察は不要とさえ言えます。

手相で健康状態を判断する場合、本当なら、線よりもまず丘をみて、手を支配している性質を大ざっぱに把握してからにするのがよいのです。

拡大鏡で丘を観察すると、皮膚の外相的紋理を形成するこまかな線がよく分かるでしょう。そして各丘の中心の頂きのところでは、この線は、図139―①のような紋様を形成しているのが分かります。

山の頂きのところでは、楕円か放物線か双曲線かのいずれかになります（同②）。

＊丘の読み方

丘をみるときは、手首を経てぐるりとまわる、つまり手の平の中心にある火星平原（火星上丘、下丘を含む）から始めて、木星丘、土星丘、太陽丘、水星丘、月丘、金星丘という順でみていきます。

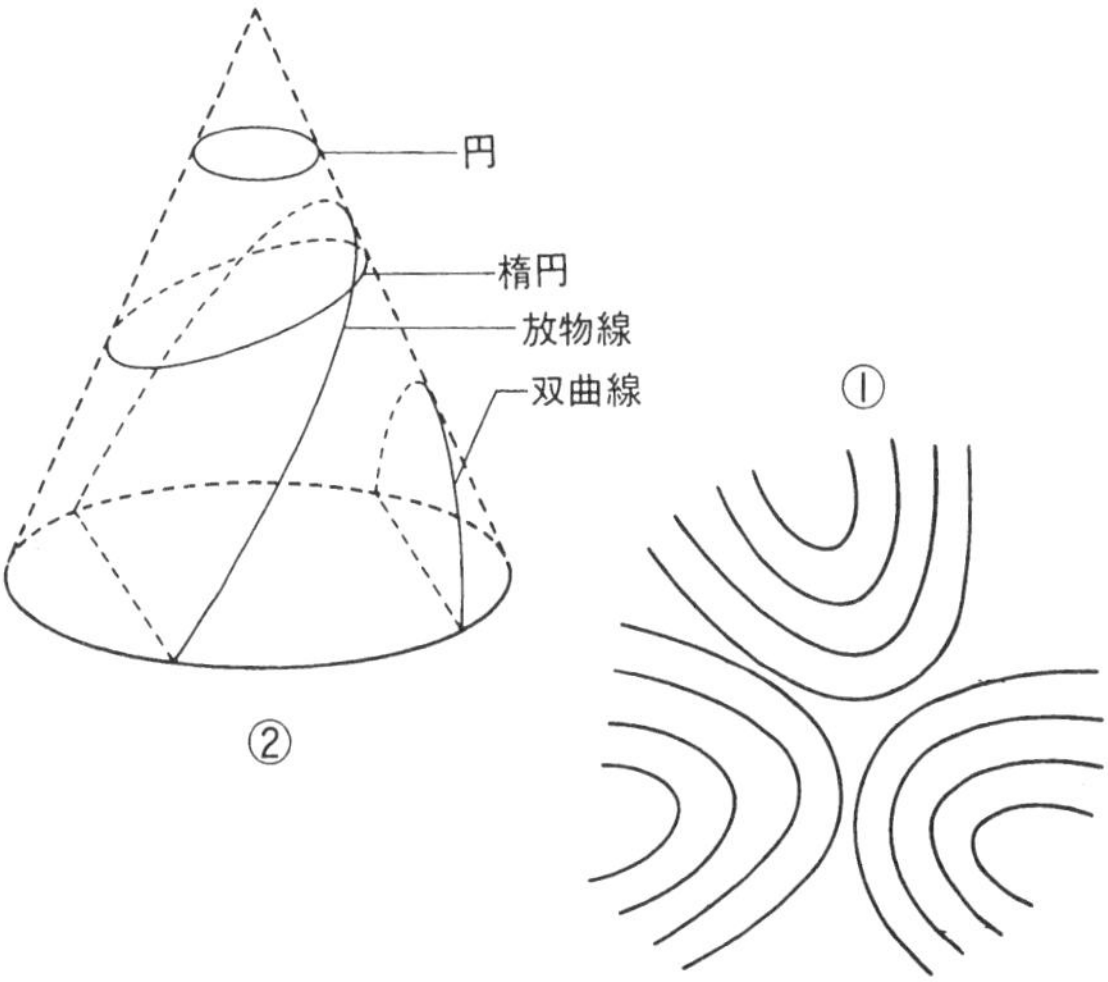

図139　丘を形成する皮膚の外相的紋理

前章で述べた火星平原は、栄養全体の健康を示しています。

木星丘は消化器官の健康を示します。

土星丘は腎臓、循環器官の健康をそれぞれ示しています。

太陽丘は、感覚器官、運動器官の健康を示しています。

水星丘は、呼吸器官、生殖器官の健康を示します。

月丘は神経の健康を示します。筋肉を疲労させると月丘がだめになり、ここがやせるとリウマチになります。

金星丘は胃腸の健康を示します。

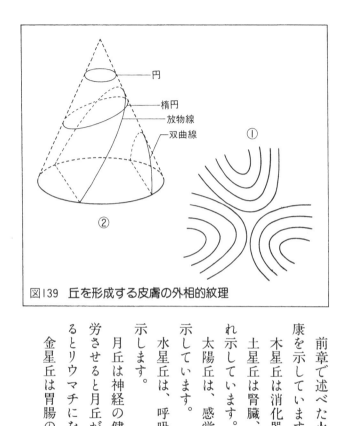

どんな疾病に冒されやすいかは、一つの丘が他の丘より異常に隆起していたり、丘が混沌《こんとん》とした線によっておおわれていたりすることで判断できます。

木星丘＝脳出血（卒中）、のぼせ、肺疾患

土星丘＝神経過敏症、痔、血液下降、脚・歯・耳の障害、麻痺、半身不随、リウマチ、肉体的欠陥およびこれに伴う障害（中指は循環系統をつかさどりますが、脚の循環がおそいため、ここに故障を起こします）

太陽丘＝動悸、動脈瘤、眼の障害（視力喪失にまで及ぶことがあります）

水星丘＝胆汁性障害、肝臓疾患、黄疸、法外な神経過敏症

火星上丘＝咽頭炎、気管支炎、血液の障害

月丘＝膀胱と腎臓の疾患、浮腫、結石、視力減退、ときとして視力喪失（月丘に属するリンパ体質の結果）、痛風、貧血、婦人病

火星下丘＝これが陥没したのは梅毒、淋病

金星丘＝生殖器の疾患

＊木星丘

木星丘が他の丘に比べて卓越した手の持主を木星型といいます。以下同じです。

木星型の人は胆汁質、多血質で、痛風にかかりやすく、脳出血も注意を要します。

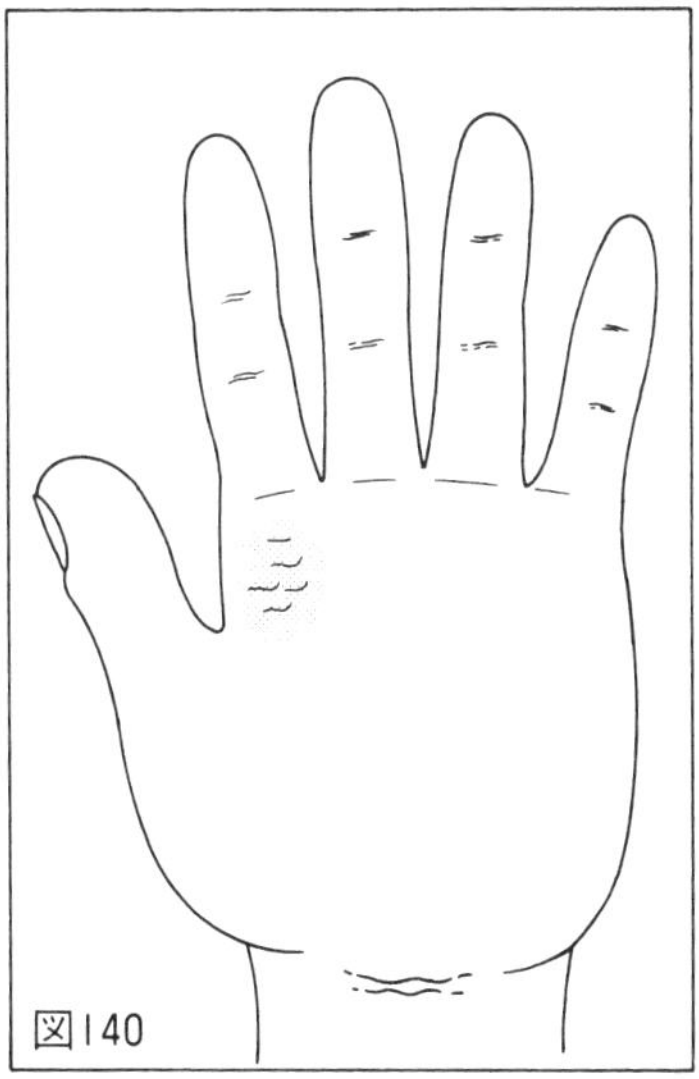

図140

これは、食欲が強く、暴飲暴食に陥りやすいからです。

図140のように、木星丘が異常に隆起したり、混沌とした線がある人は、脳出血の傾向があります。

手の平が赤いのは多血質で、はなはだしく赤いのは、脳卒中の危険があります。脳出血は血液が酸性に傾くと起こるものなのです。

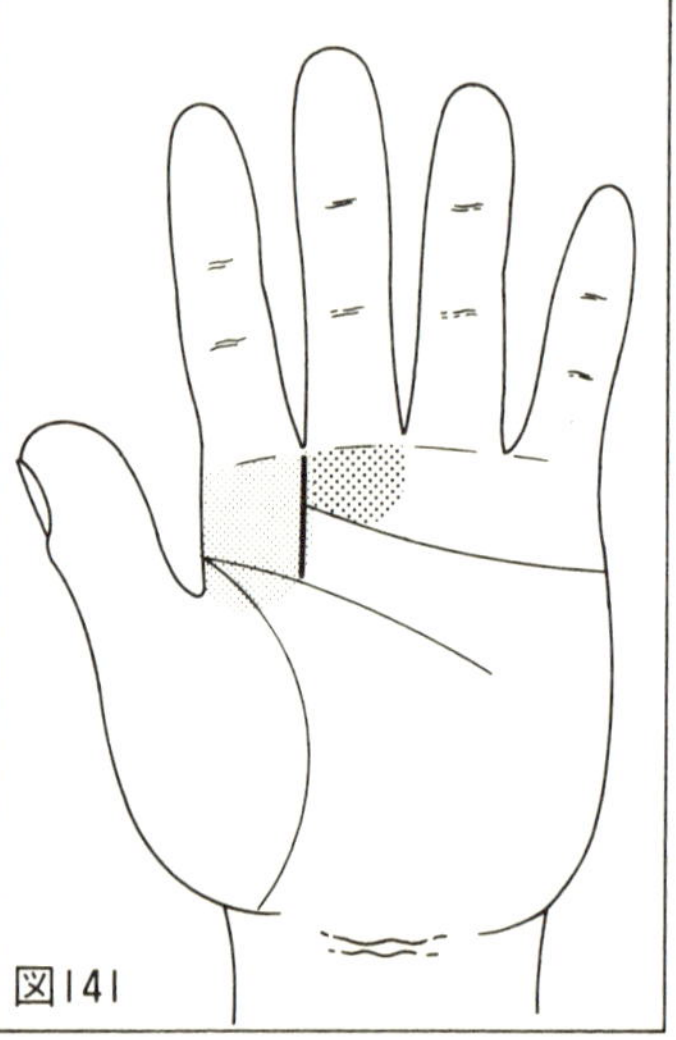
図141

図141のように、木星丘の土星丘寄りにはっきりした赤線があり、人差指と中指とを分けているものは腸の故障です。
小腸の故障は月丘に、大腸の故障は金星丘に変化が出ます。青黒いのもよくありません。

＊土星丘

土星型の人は、木星型の人が神経胆汁質であるのに対し、真性胆汁質です。

土星丘は循環系統をつかさどっていますが、土星型の人は足の疾患やケガに冒されやすいのです。

この丘が異常に隆起したり混沌とした線によっておおわれているのはリウマチです。静脈瘤に冒されることも多く、比較的早くから脚がきかなくなります。

また、はなはだしい苦労性のため、慢性の神経症に悩まされ、神経衰弱、さらにそれが高じて精神錯乱に陥ることも少なくありません。

劣悪な土星型の人は、他にも好ましくない示徴がみられますが、水を嫌うという特徴があります。そのため、腎臓病、脚気などに悩まされる人が多いのです。とくにくもりが見られるのは、如実にそのことをあらわしています。

図142のように、土星丘に星があり、二重または三重の金星帯ができると、悪性の梅毒で命を失ったりします。

冠状動脈が梅毒でやられるのは皮膚呼吸が妨げられるからで、体液が酸性になると梅毒になりやすく、アルカリ性になるとコレラにかかりやすくなります。

また、金星帯がある人は皮膚病にかかりやすいので、裸療法をやって薄着の習慣をつけることが必要です。網のようになって皮膚にくっつかないシャツを着ると、冬は温かで夏は涼しく、皮膚が強く美しくなり

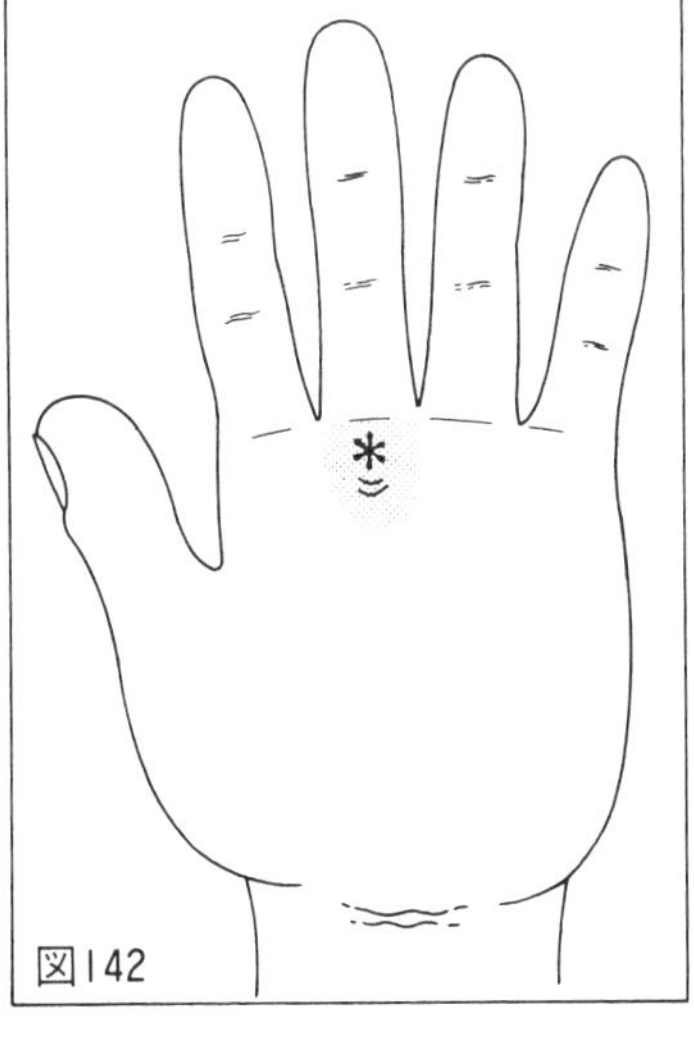

図142

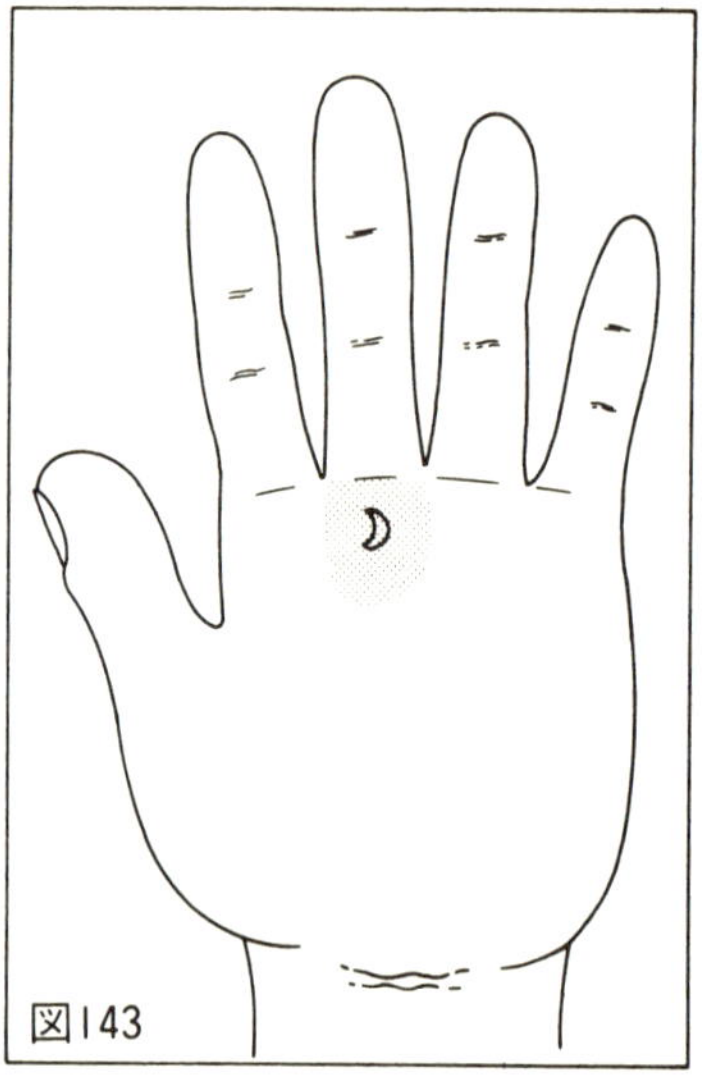

図143

ます。

皮膚病や寄生虫の中毒を起こすと、土星丘と月丘が黒ずみます。

土星丘に半月の印（図143）があるのは精神錯乱です。便秘が高じると精神錯乱を起

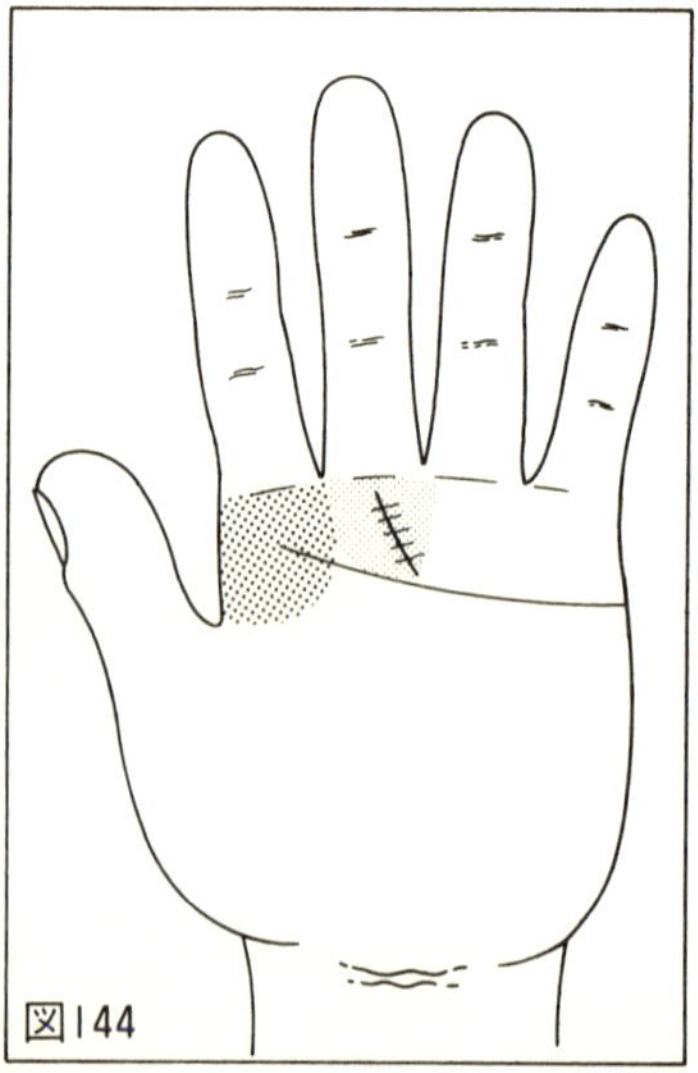

図144

こします。

図144のように、感情線から土星丘に向かう枝を斜めの線が切るものは、遺伝性のリウマチにかかります。この場合、丘の中心である峯が木星丘に寄ります。

土星丘に十字がある（図145—ⓐ）のは、急にあらわれるときは突然のけが、とくに足にけがをする心配があります。

土星丘に星がある（同ⓑ）人は、中風、半身不随にかかりやすく、同時に月丘に星（同ⓒ）があれば、その可能性大です。

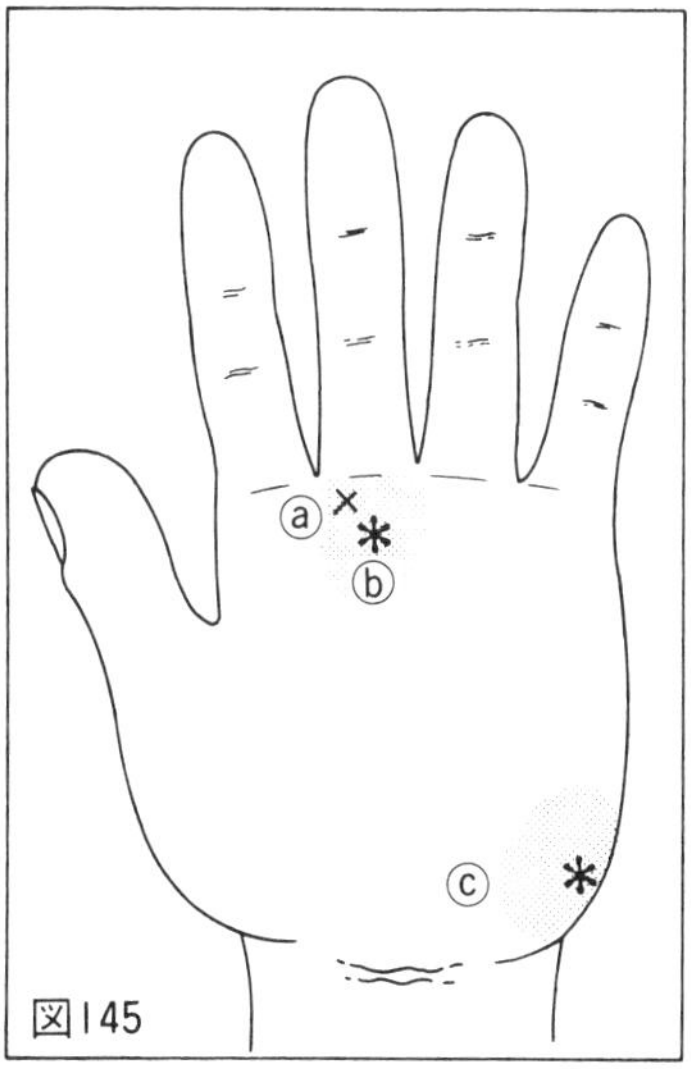

図145

図146のように、土星丘に細線が横向きに並ぶものは、胸部に打撲傷を受けるおれがあります。

また土星丘がくもったり星があるのは、神経症の疑いがあります。

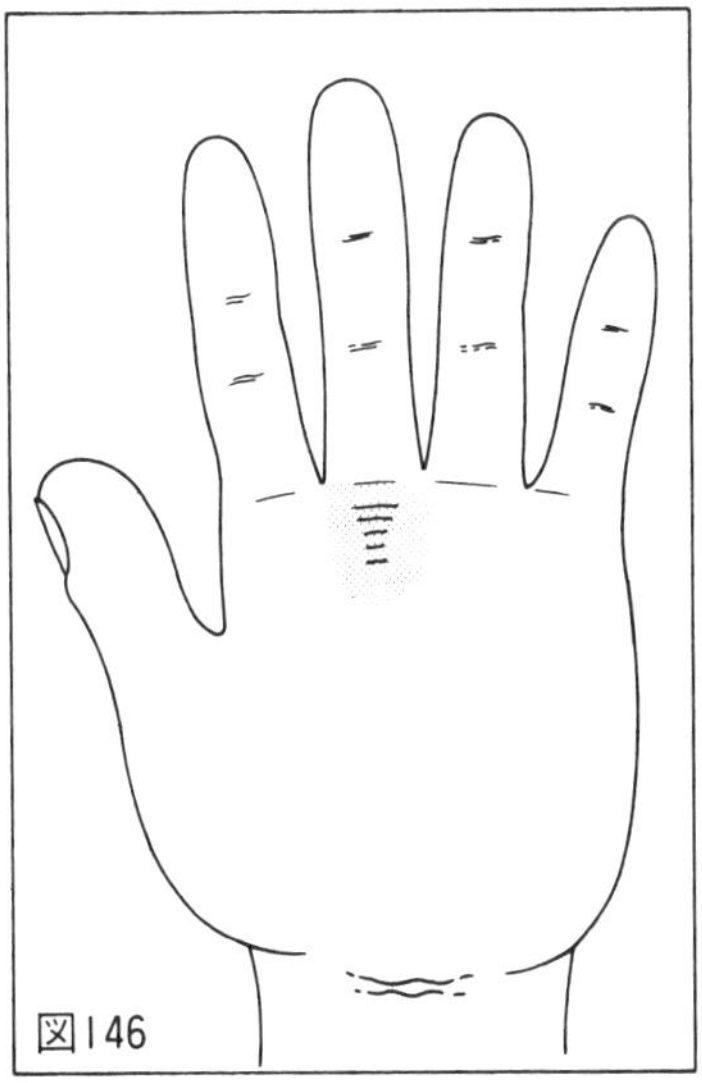

図146

半身不随は高血圧による脳出血か、低血圧による脳軟化症のどちらかが原因であるのがふつうですが、循環器系統の障害は土星丘に、腎臓の故障は月丘にあらわれます。

もともと、むせる人は低血圧である人に多いのですが、気管に入ったものの微小片や小気泡が肺胞を破って肺静脈に入り、循環して脳血管に引っかかり脳栓塞を起こして、脳軟化症になります。

＊太陽丘

太陽型の人は原則として、心身のバランスがとれていて健康です。生来ものごとの明るい方面を見る性向があるので、肉体的健康が増進されるのです。しかし、弱点は視力にあります。ときには、完全に盲目であるケースもあります。

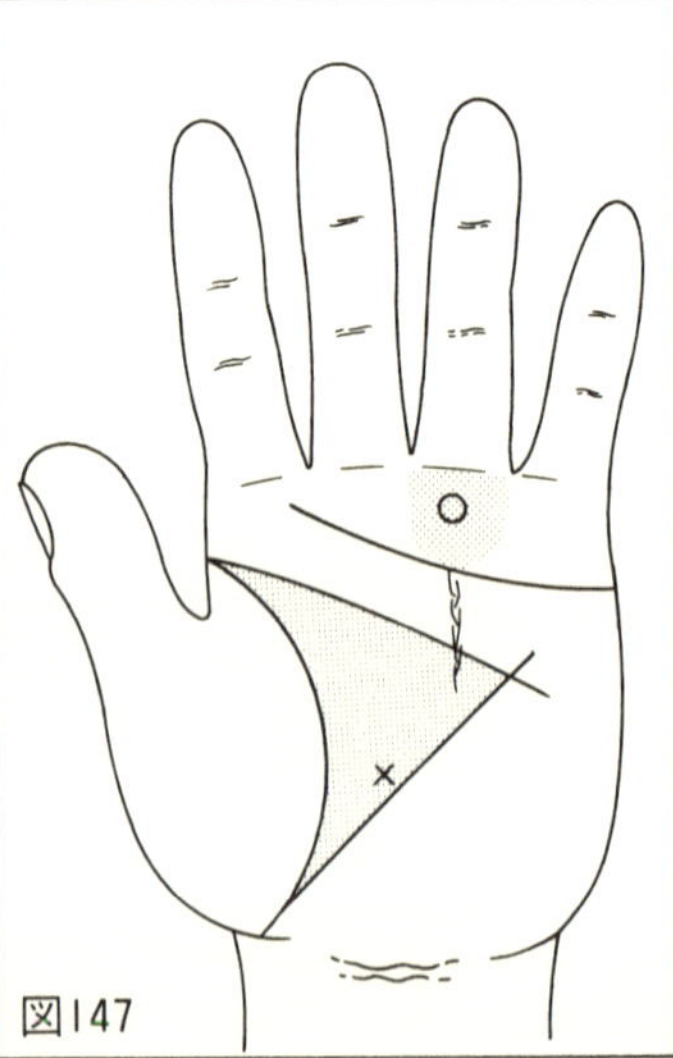

図147

図147のように、太陽丘に円があって、太陽線が貧弱な人は、失明のおそれがあります。

太陽丘が異常に隆起するか、または混沌として線によっておおわれている（図148）のは、目の障害で、視力を失うことがあります。

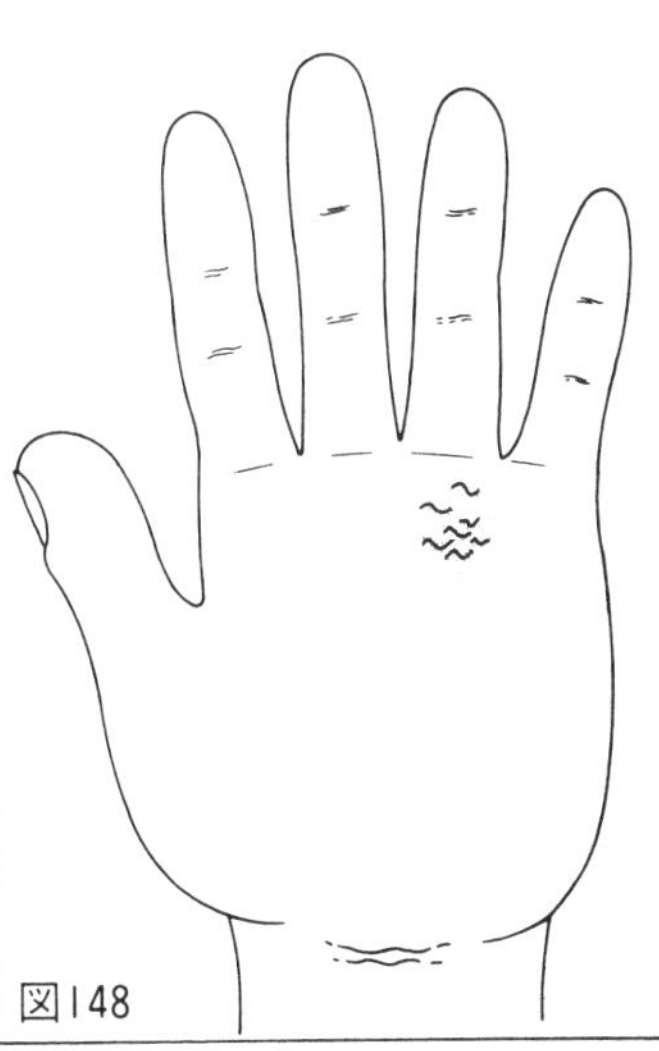
図148

また、三角庭（生命線・頭脳線・健康線の取り囲む領域）内で、星や十字が健康線の近くにある（137ページ・図131—ⓑ参照）人も、同じく失明のおそれがあります。

すぐれた太陽型の人も劣悪な太陽型の人も、心臓は虚弱なことが多く、動悸や不整脈、動脈瘤に冒されやすいのです。また日射病にもかかりやすいところがあります。

太陽丘が貧弱で、月丘もやせている人はリウマチです。

＊水星丘

水星型の人は胆汁性気質です。その弱点は呼吸器、生殖器、肝臓、消化器官にあります。

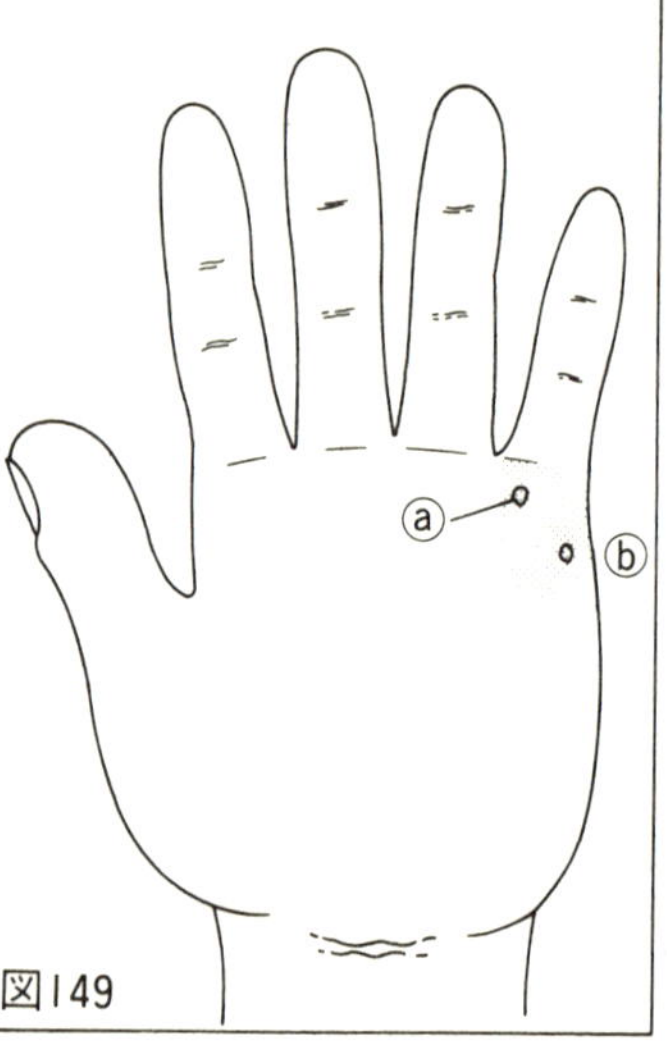

図149

したがって、水星丘の発達した人は、肺を患い、黄疸《おうだん》や胃ガンになる傾向がありま す。病気に冒されるのは腕と手が多く、とくにその動作の敏捷さを阻害されます。

また、水星型の人は、小指が発育していないことが多く、小指を健全にすることが全体の健康をもたらします。

水星丘に大きな点がある（図149—ⓐ）のは、性的不能におちいりやすく、夫婦間の悩みをかかえることになります。

その点が打撃縁寄りにある（同ⓑ）のは大腿骨の脱臼で、後天的な場合は脱臼を起こした側の手に点があり、先天的な場合は左手に点があります。脱臼が治るにつれて点も薄くなり、水星丘も豊かになっていきます。

＊火星上丘

火星丘には上丘と下丘とありますが、感

情線の下で小指寄りの部分にある火星上丘が他の丘に比べて隆起しているのを火星型といいます。

火星型の人は多血質で、実際に血が多すぎます。また、皮下出血を起こしやすいために血液を失い、卒中、皮膚病、内臓器官の炎症に冒されます。

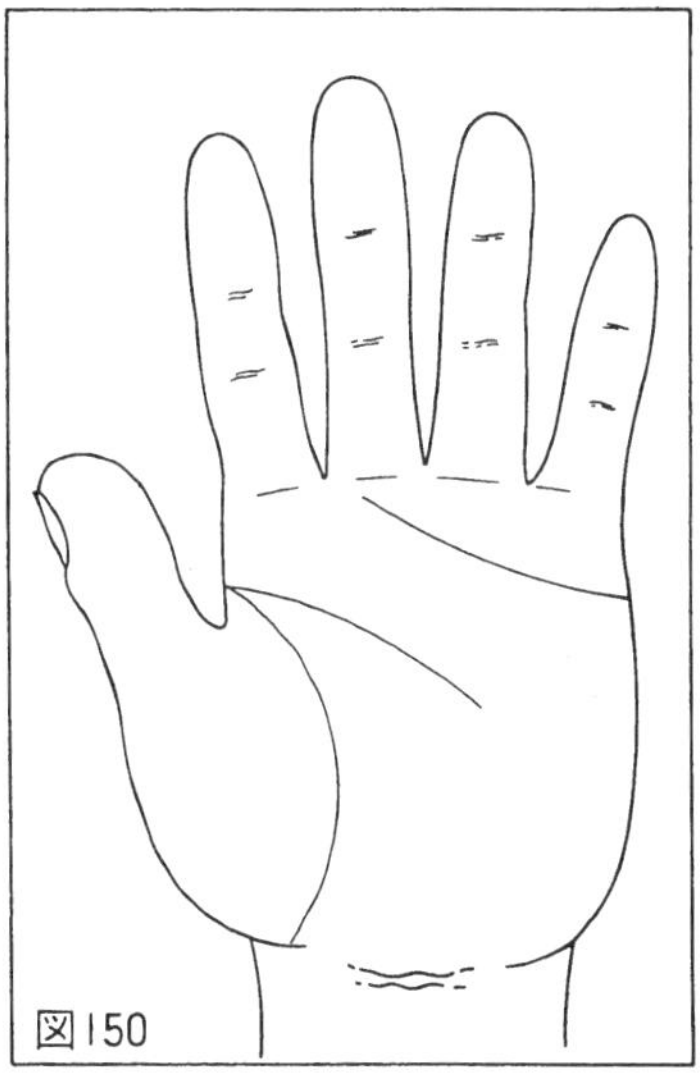
図150

火星上丘は人相学上、目の下の涙道に相当し、図150のように、これが豊かなのは腎臓病でむくみがあり、のどに水をためているために声がかれないのです。

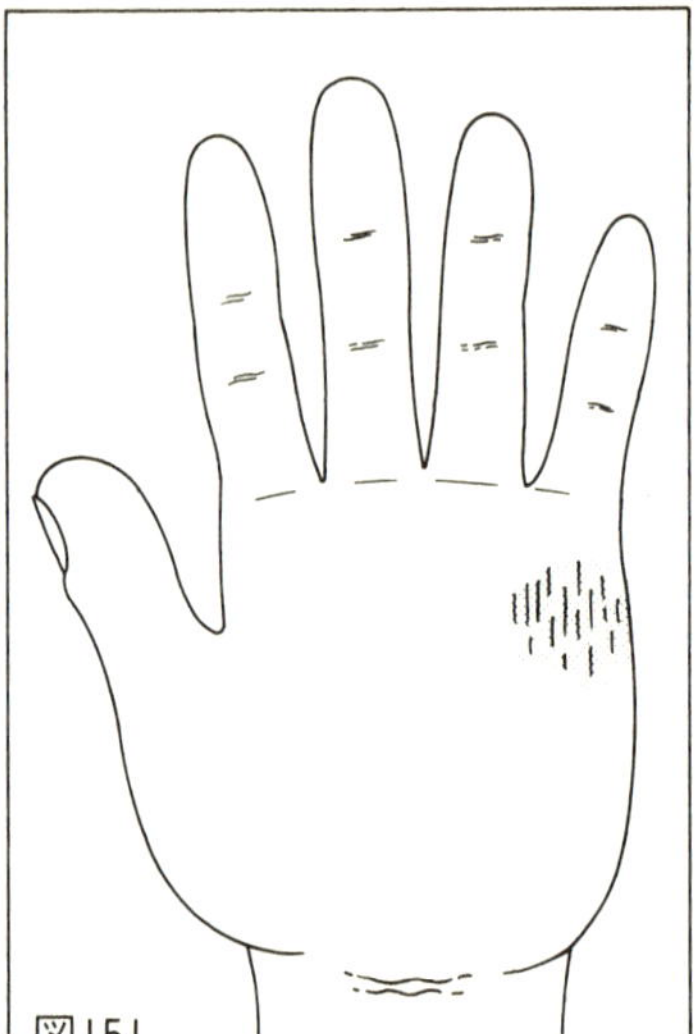
図151

図151のように、縦にたくさんの線があるものは、気管支炎や喉頭ガンにやられるおそれがあります。

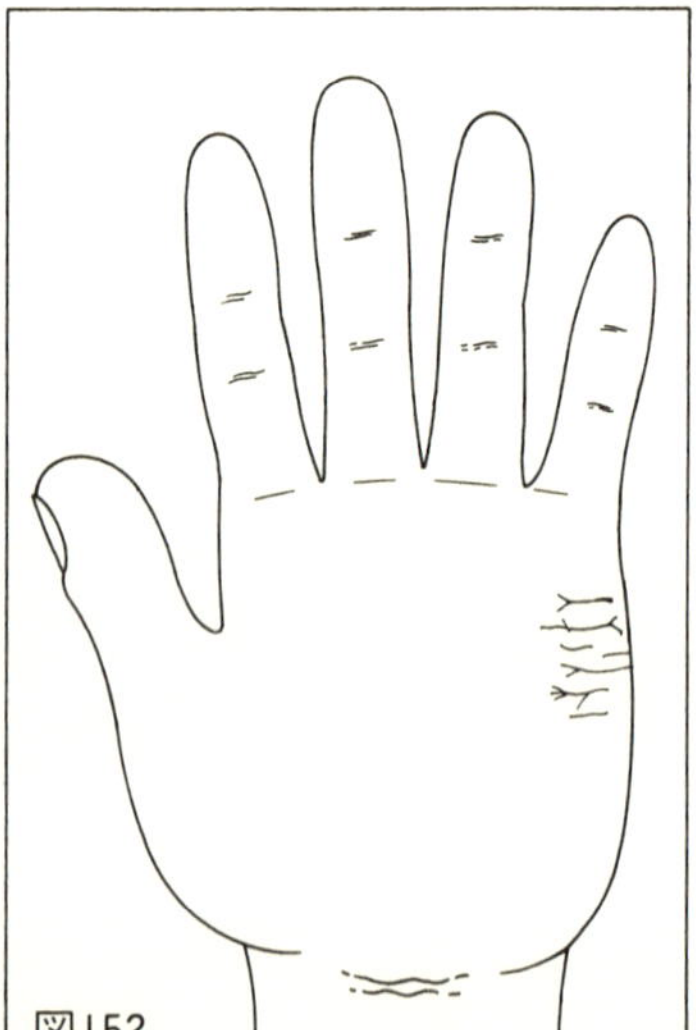
図152

図152のように、打撃縁から横線が出ていたり、丘の上に横線があって深く刻み込まれ、叉が二つあったり三つあったりするのは、のどが悪く、咽喉カタルや喉頭ガンに冒されやすいのです。

喉頭炎や気管支炎は、火星上丘に混乱した横線があります（図153）。

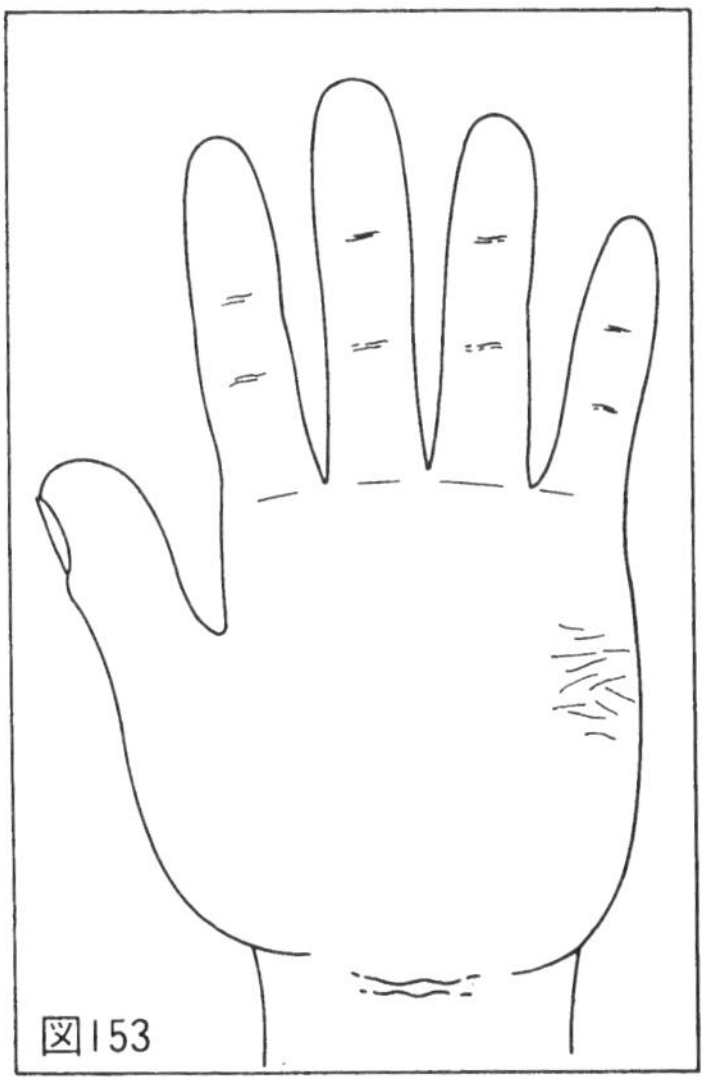
図153

また、火星上丘に円があらわれる（図154）のは、目に障害を受けるとき、または受けたときです。

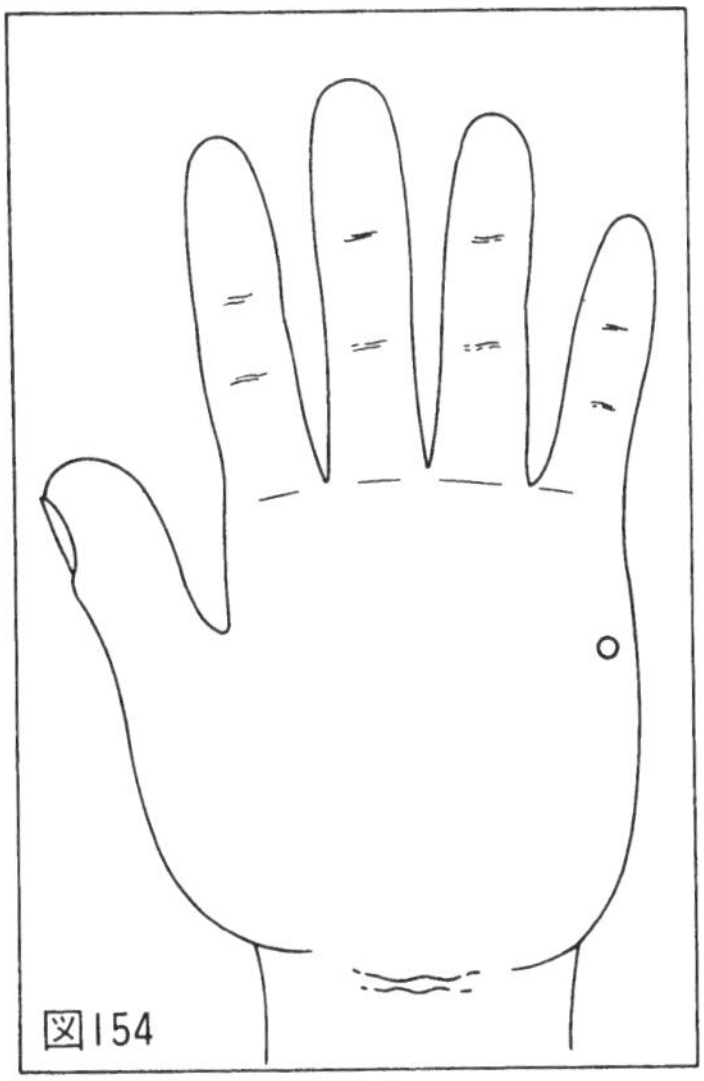
図154

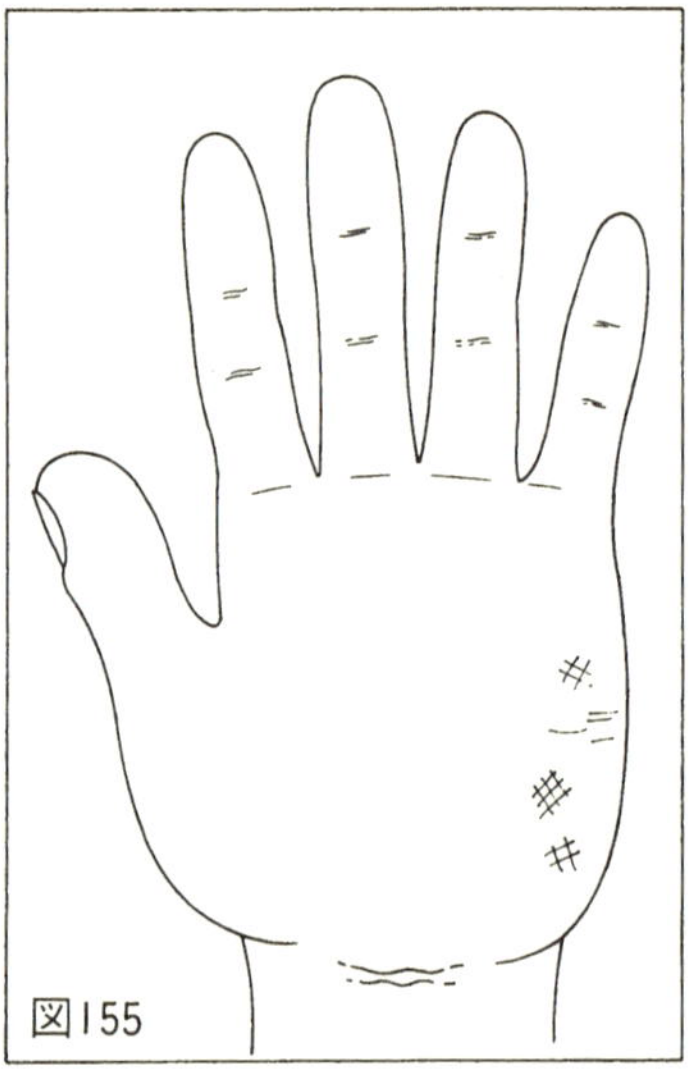
図155

図155のように、火星上丘から月丘にかけて縦横十字の格子や複雑な線のあるのは、腸の障害です。下痢をすると、打撃縁の肉がおちて丸みがなくなります。

＊月丘

月型の人は、本来リンパ体質で、血液が乏しく、激しい仕事や長く続く仕事には耐えられません。また、幻想にとらわれやすいため、ときとして精神錯乱を起こすことがあります。絶えず自分の健康を憂慮する傾向もあります。

最も多い疾患は、半身不随、ケイレン、およびテンカンであり、また種々の精神錯乱症にも冒されます。腎臓、膀胱、子宮の障害や、リウマチ、痛風に冒される危険があり、重症性腸疾患もこの型に特有です。

図156のように、月丘に縦の長い線と、それに交差する横線があるのは、足の故障やリウマチです。

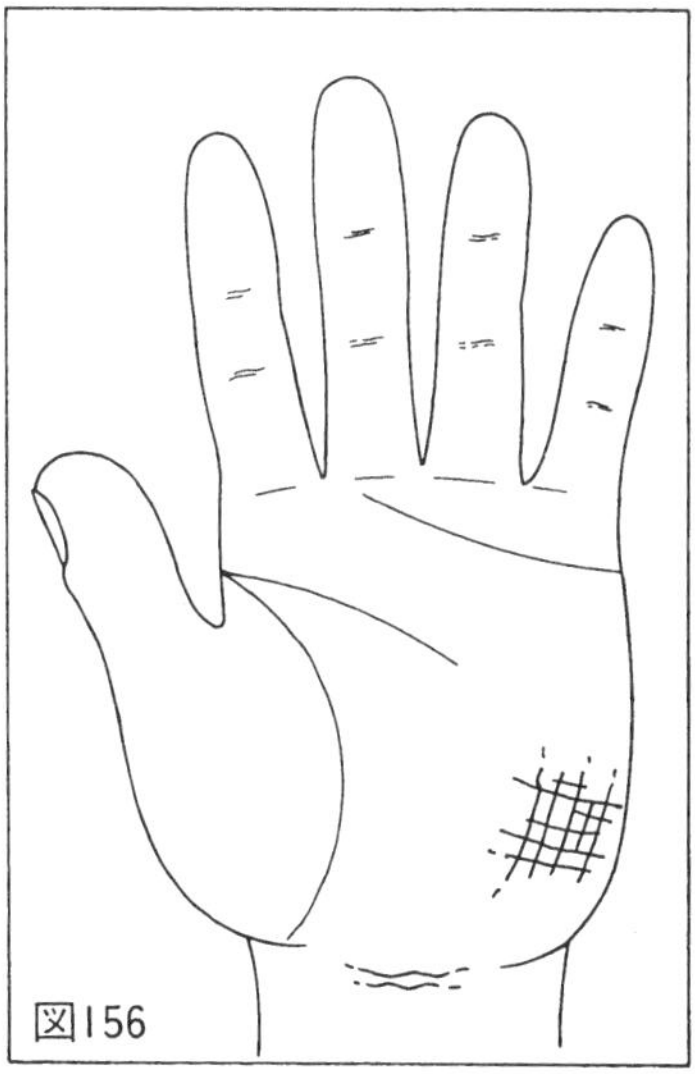
図156

図157のように、月丘に悪い形の十字があり、感情線の始まりが二重になったものは、ひどい痛風です。痛風は、尿酸がたまるために、関節の指がひどく変形を起こします。リウマチや痛風には、毛管運動、温冷浴、生野菜食が奏効します。

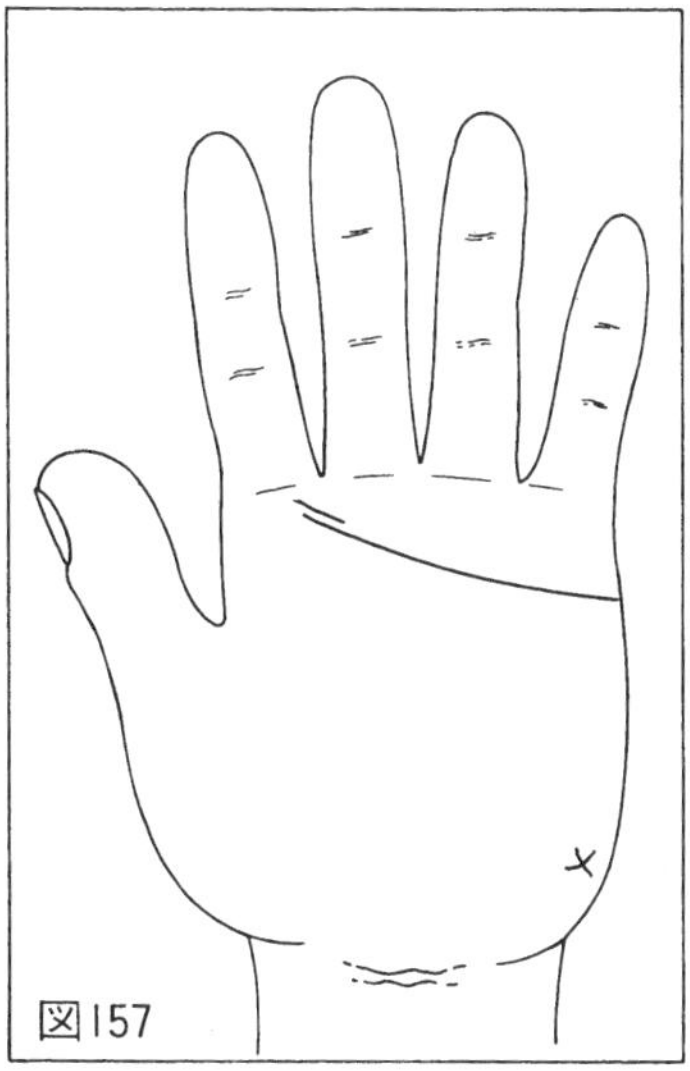
図157

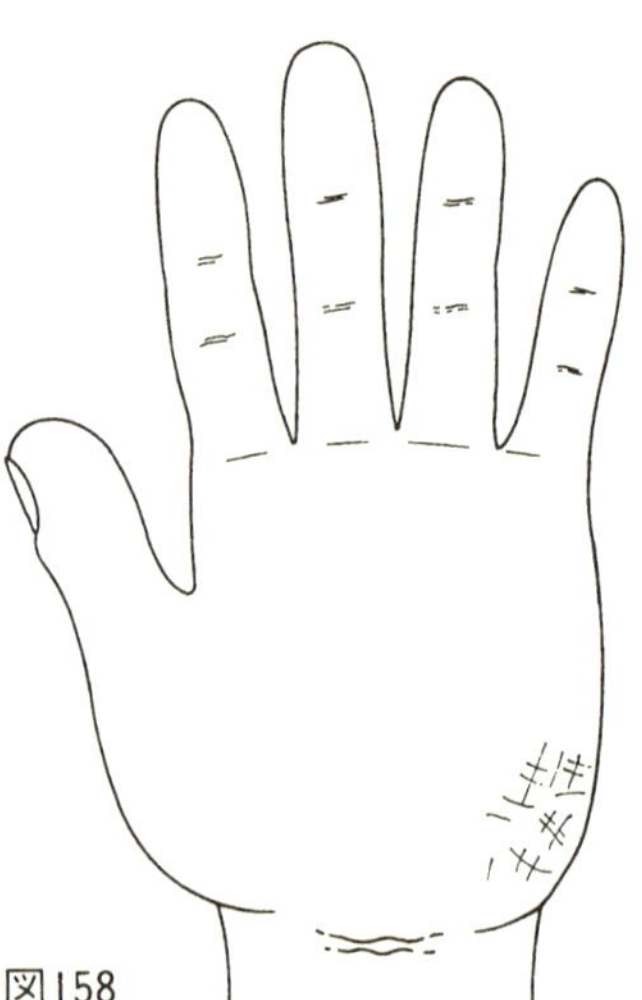

図158

月丘にゴチャゴチャした雑線がある（図158）のは、不眠症で幻想にとらわれがちです。

図159のように、月丘、それと土星丘も黒ずみ、しかも頭髪が真っ白で、皮膚病が体中にあるのは寄生虫です。

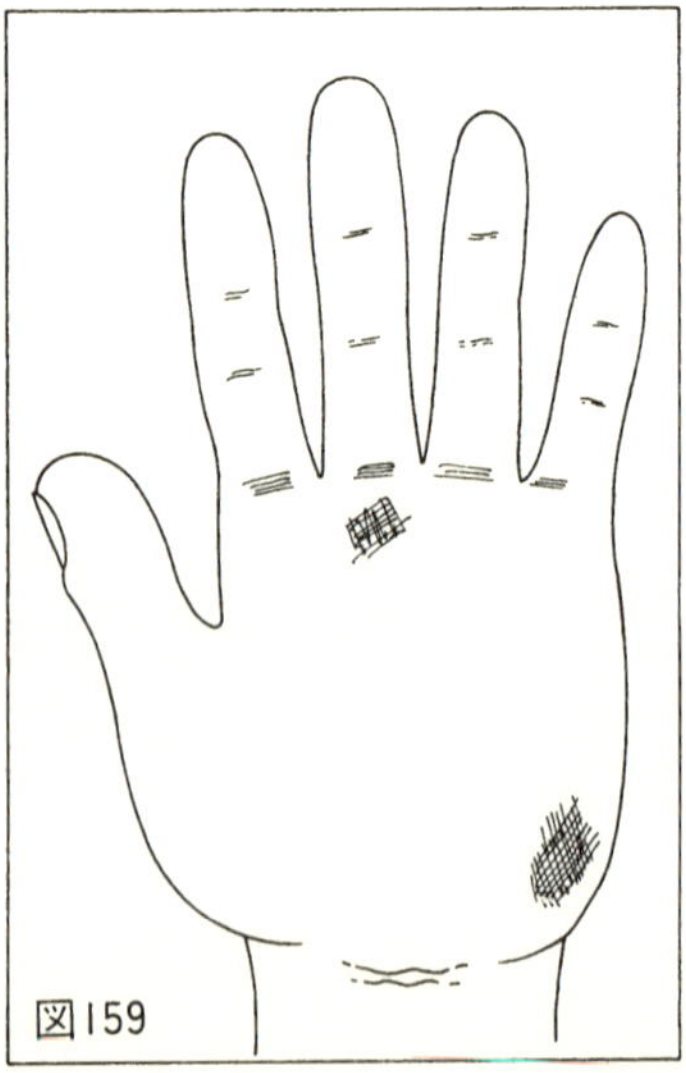

図159

また、指の付け根が黒ずむのは痔で、手術をすると特に黒ずみます。右手は肛門の右側、左手は左側を示します。痔は下肢の静脈瘤ですから、脚絆療法で治します。

図160のような月丘下部の横線または弧線は、腎臓病または糖尿病で、水分の欠乏を示しています。

月丘は、手相学上、小指球または創造の丘といい、水難など水に関係しているとされていますが、医学の見地からみると、泌尿器官と関連しています。

月丘と金星丘とともに赤い網のような小線がみられる（図161）と、腎臓結核のおそれがあります。

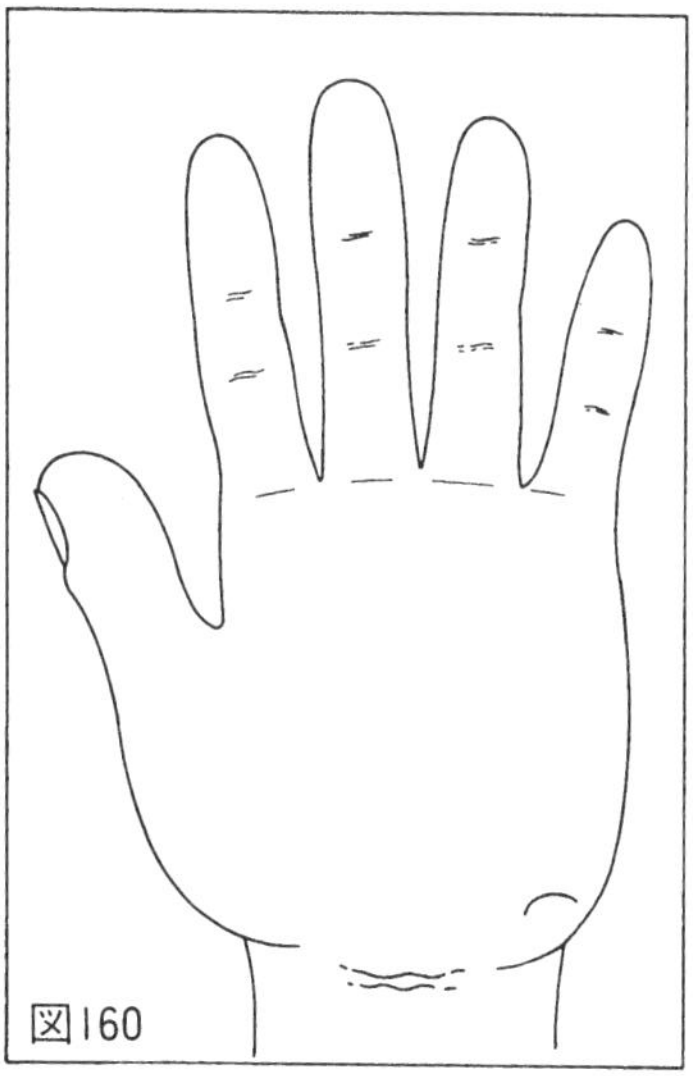
図160

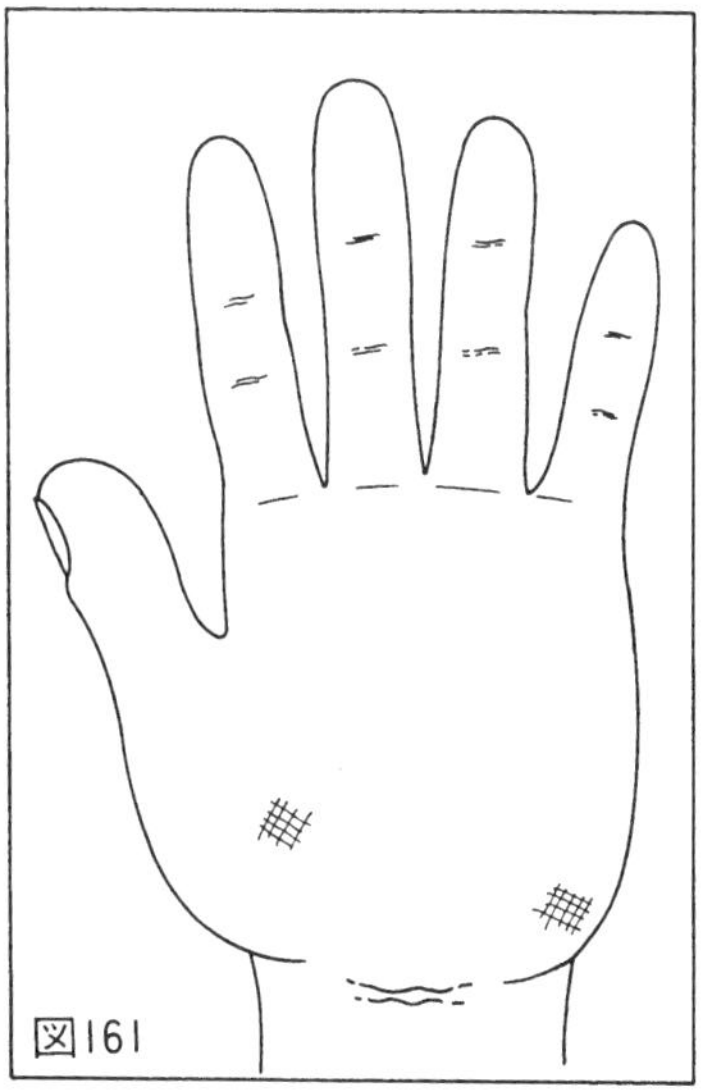
図161

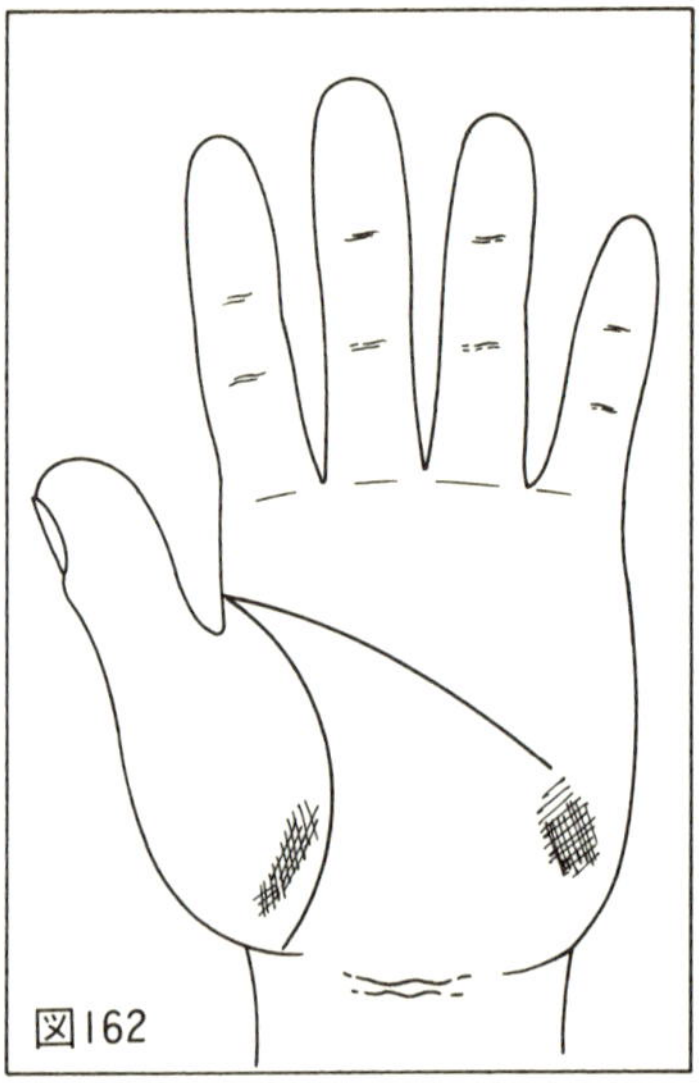
図162

図162のように、頭脳線が月丘の中部まで延び、それ以下がくもりがちで、生命線の下半分がどす黒いものは慢性下痢症です。下痢は生水を飲むと治ります。水を飲まないと、水分不足で尿毒症を起こして、どす黒くなるのです。

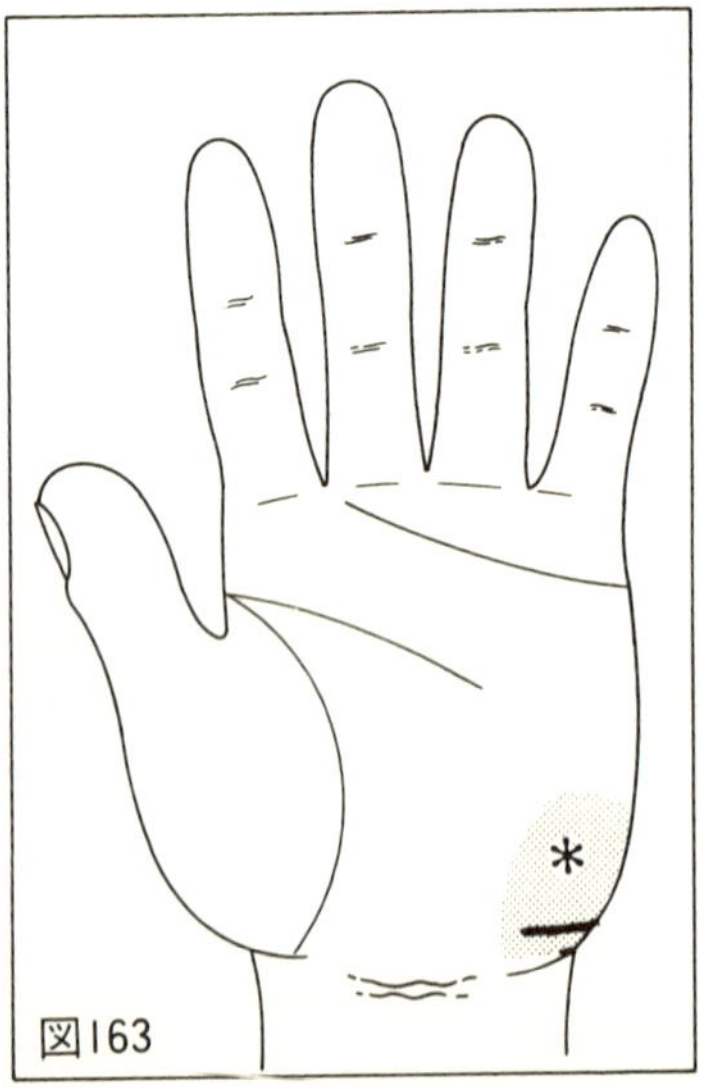
図163

図163のように、月丘から打撃縁にかけて一面にふくれ、頭脳線が上に追いやられ、月丘に星またはそれに似たようなものがあるのは、慢性糖尿病です。打撃縁から横に走る旅行線がはっきりしている場合もあります。

図164のように、打撃縁の月丘部分が凹み、金星帯ができているのは、急性腸炎のあらわれです。また、下痢のときには打撃縁の丸みがなくなります。

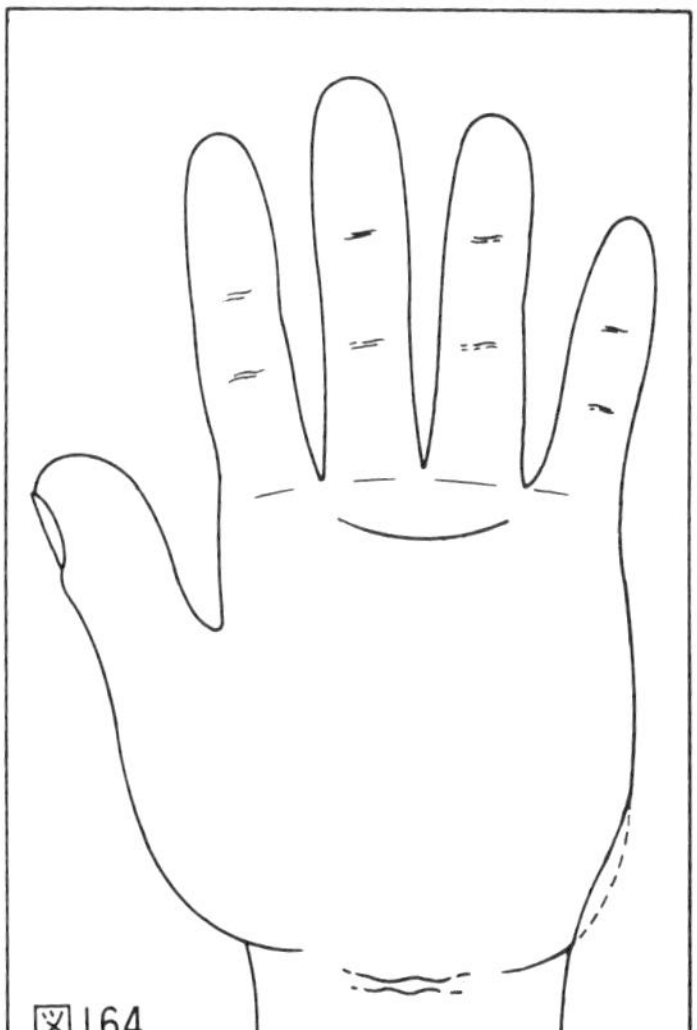

図164

図165のように、生命線が短く、感情線が鎖状で、頭脳線は途中で切れて月丘に下り、そこにゴチャゴチャした線があるものは、膀胱結石です。ホウレン草を煮て食べると石ができ、生で食べると石がとけます。温冷浴も結石に有効です。

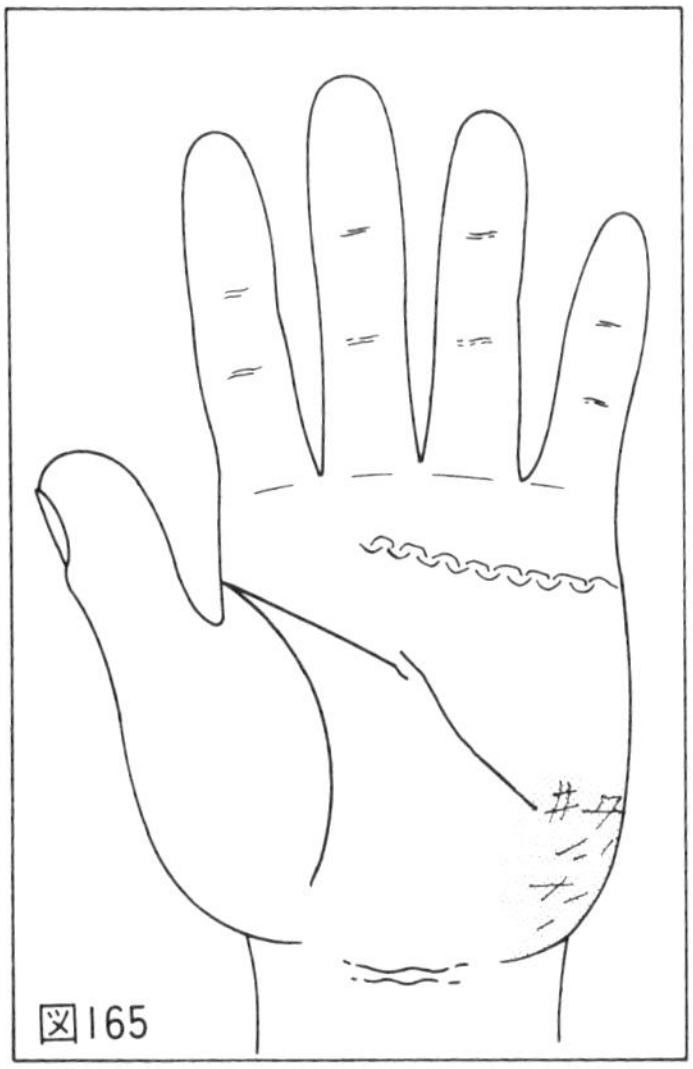

図165

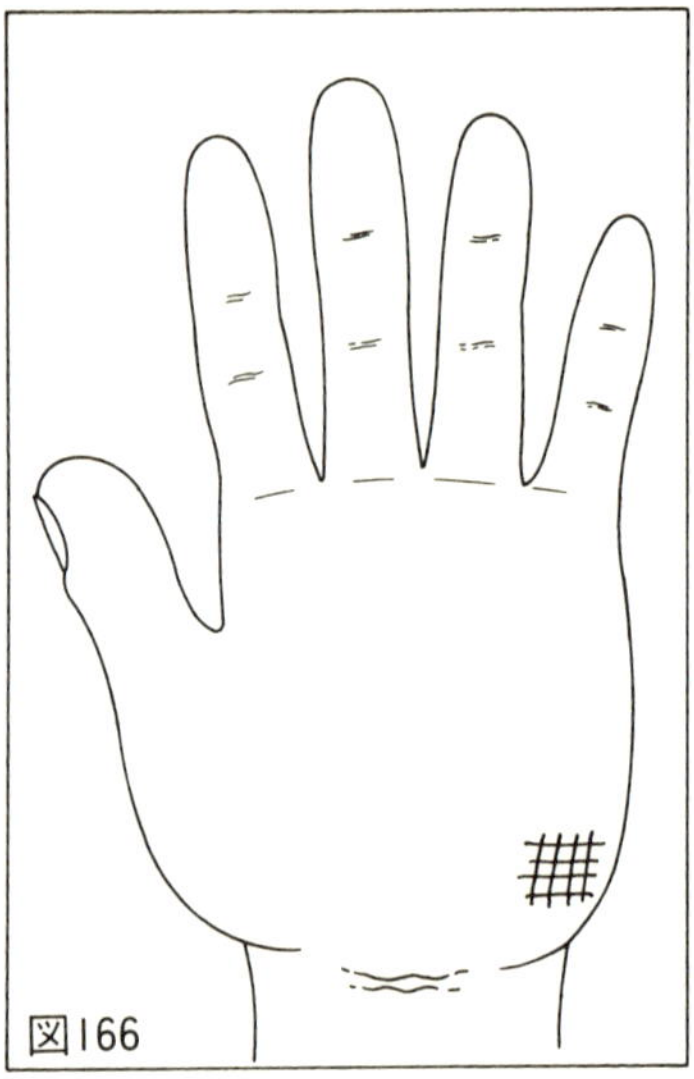

図166

月丘に格子がある（図166）のは、心身症、神経障害、子宮疾患、膀胱障害の徴候で、月丘下部にあるのはとくにそうです。

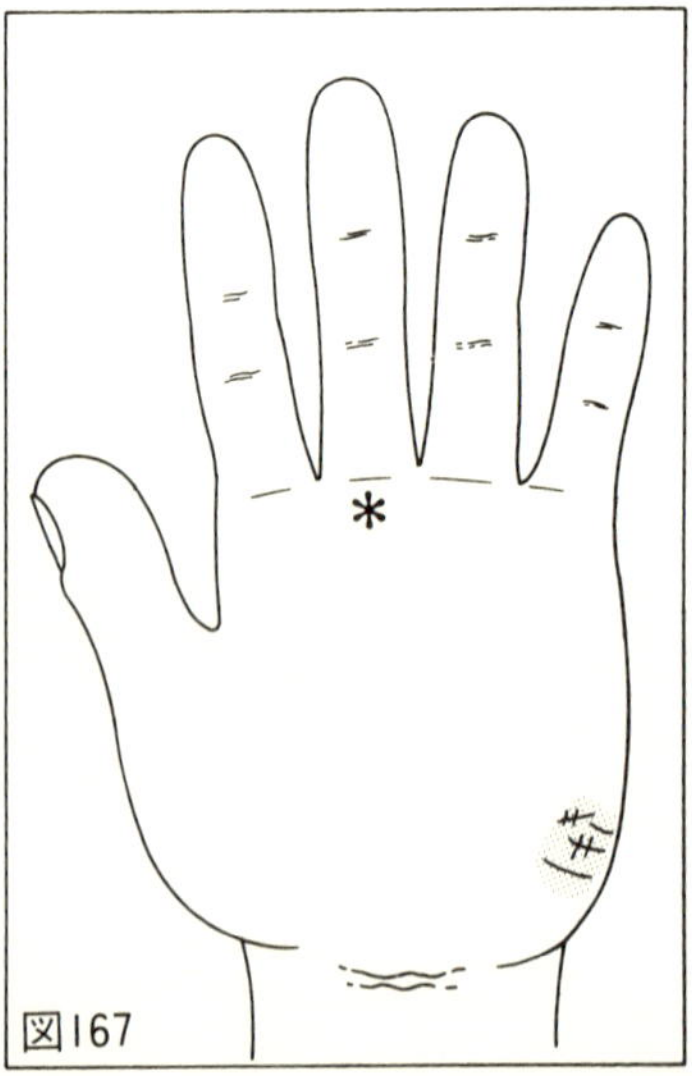

図167

図167のように、月丘に雑線または黒みがあり、土星丘に星があるものは、脳卒中を起こします。

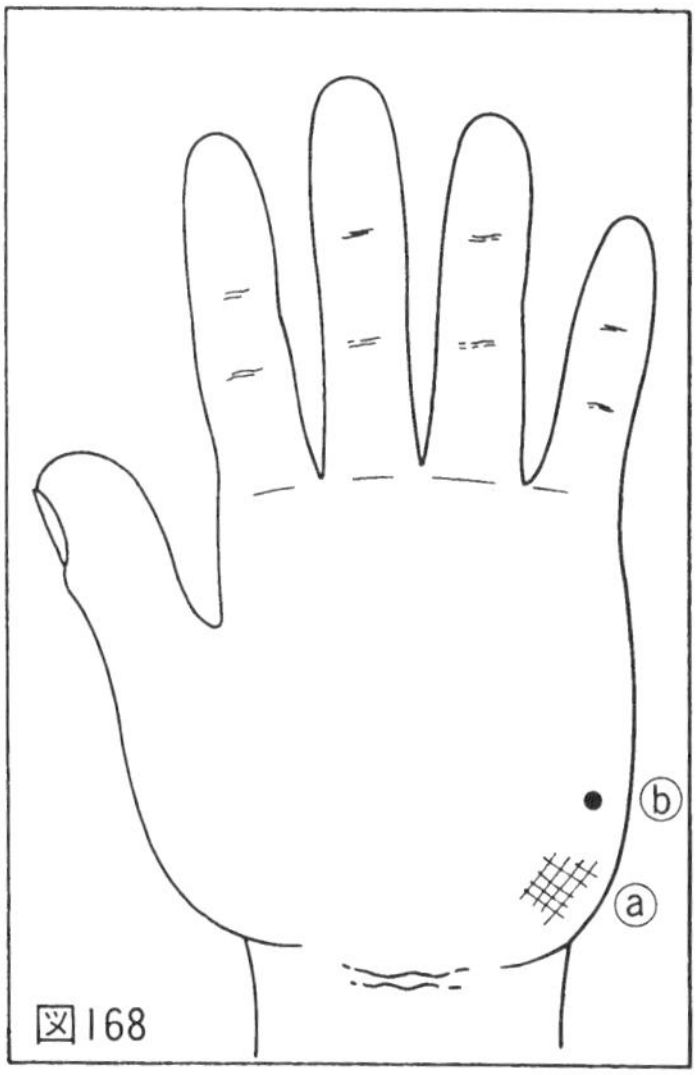

図168

月丘の下部に縦横交差の線がある（図168―ⓐ）のは、糖尿病、腎臓病です。

月丘にポツリと黒点が出る（同ⓑ）のは小腸の故障です。同じく月丘の下部に星があるのは浮腫（むくみ）の兆候です。

月丘にくもりがあるのは、精神錯乱のおそれがあります。

さらに中指の付け根までくもると、高血圧気味で、頭痛に悩まされやすい人です。また、萎縮腎などの腎臓障害のあらわれでもあります。

また、星が出てきた場合は、前立腺肥大症の疑いがあります。

＊金星丘

金星丘に赤い斑点があり、爪が鷲の爪のようにわん曲しているのも糖尿病です。

すぐれた金星型の人は、金星丘が特に卓越しているほか、他の点でも好ましい手相があるものですが、そういう人は強健で、きわめて理想的な混合型の神経多血質です。快活な性向に恵まれ、些細な障害は気にとめません。

しかし、生殖器の障害から起こる疾病に冒されます。金星型の女子は出産に困難を感じます。その結果がどうかは、多くは月丘の下部に示されます。

劣悪な金星型の人は金星丘が卓越してはいますが、他の点で好ましくない示徴があるものです。そういう人は、前記の性質の過剰に悩み、ひどい目にあうことが少なくありません。たとえば、梅毒に冒されたりします。生野菜食療法によれば、その心配はありません。

金星丘が青いのは、その手と同じ側の腸に便がたまっていることを示します。

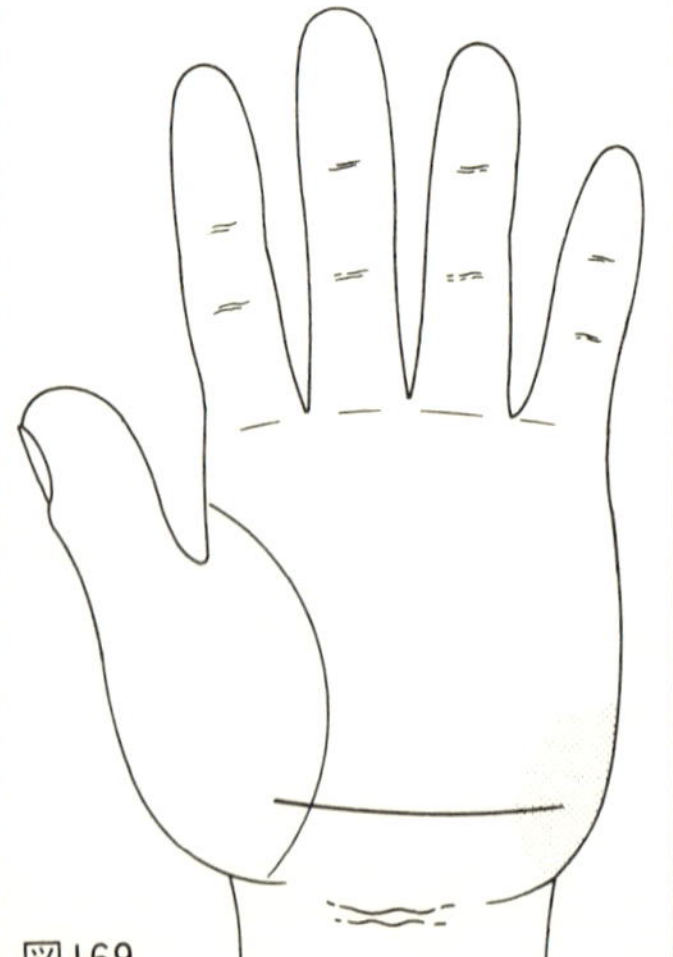
図169

図169のように、金星丘から起こって月丘に達する横線は、危険な腎臓障害を示しています。

金星丘に黒点があるのは、性病などの重症性疾患です。黒点は梅毒です。

図170のように、金星丘、それも生命線の終末あたりに星があり、頭脳線が下垂している人は、自分で病的妄想を描いて、本当に病気になります。

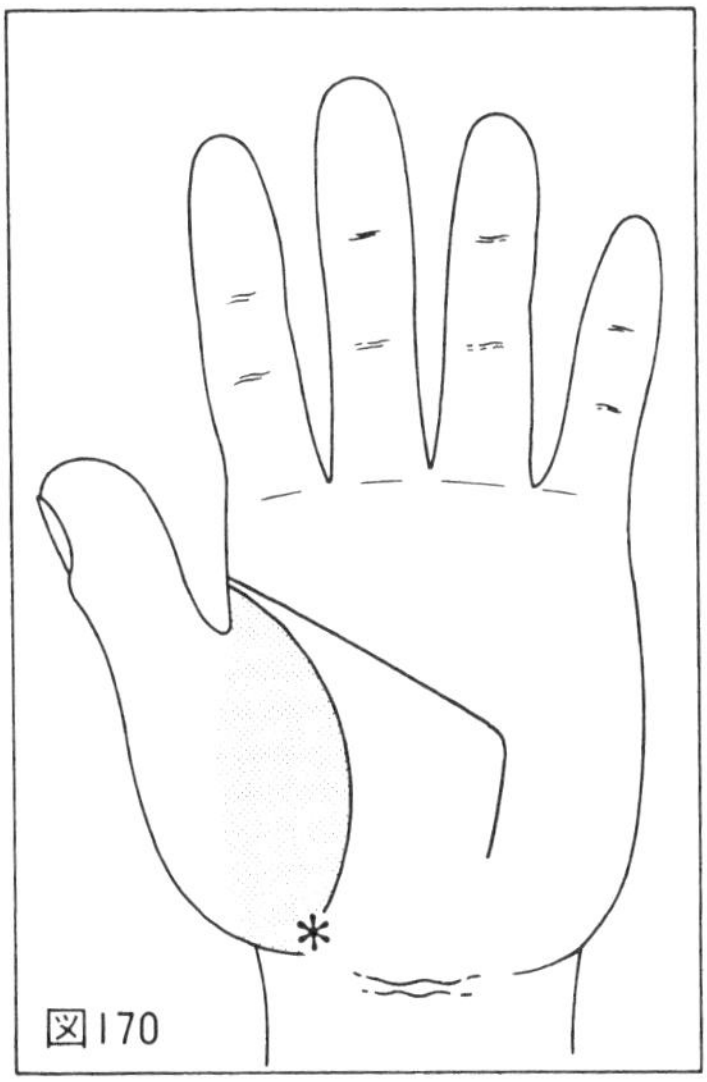

図170

金星丘に円があるのは慢性病で、病気の種類は他の点で見分けます。

図171のように、金星丘の肉が落ちて横し

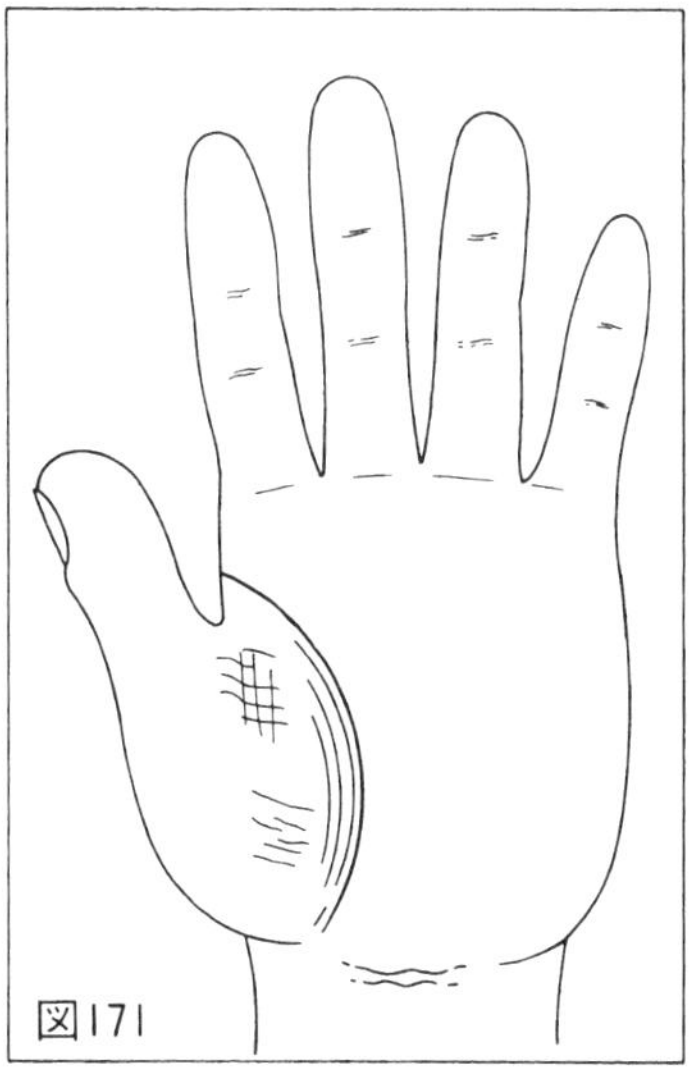
図171

わができたり、生命線に沿った同心円や格子状の線がみられるのは、金星丘の力が弱まっていることを示し、性的機能の衰えを意味しています。

8章

手の平・指・爪が教えるあなたの「健康」

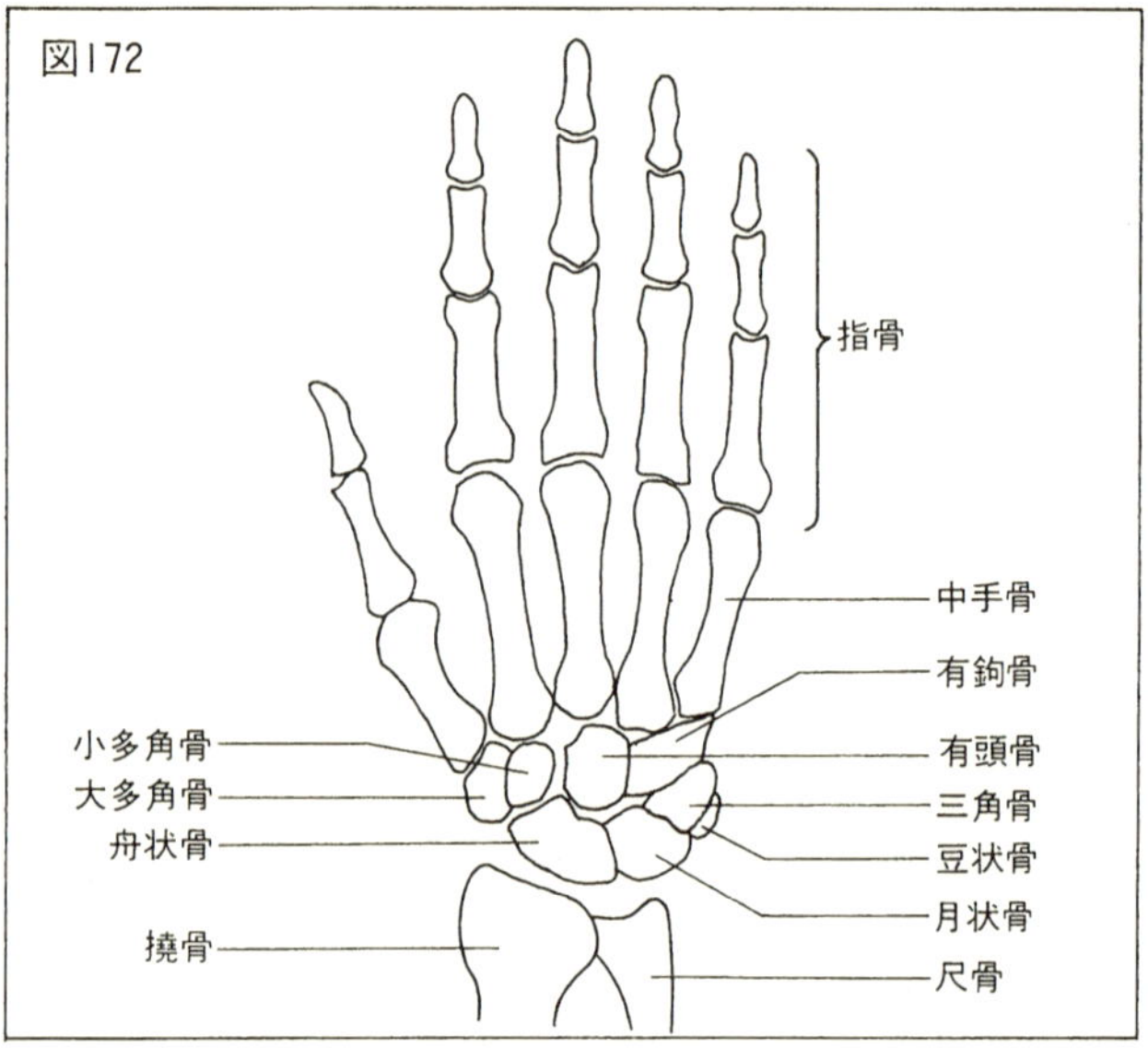

図172

＊手の平が意味するもの

医学でいう「手」とは、手首の関節から指先までの手の甲のことを指しています。「手の本体」とは、手首の関節からと指の付け根の指関節までの手の甲のことです。また、「手の平」とは、手首の関節から指の付け根までの手の内側をいいます。

手の基底に上下二列で並んでいる八個の小骨（図172）は、手首の関節を構成していて、これを解剖学では腕骨《わんこつ》といいます。

この基底からは五個の長い垂直な骨が突き出していて、これを中手骨《ちゅうしゅこつ》（掌骨《しょうこつ》）といいます。中手骨は手から指を除いた部分をかたちづくっています。ですから、「手の本体」「手の平」というのは、この部分のこととなります。

掌骨の上には一四個の指骨《しこつ》があり、うち二個は親指に属し、他の一二個は各指に対し三個ずつの割合で配分されています。

医学上は、掌骨と連接する指骨を第一指骨、爪についた指骨を第三指骨といいますが、デバロール（『手の神秘』を著し、掌紋学の基礎を築いた人で、手相家の父と呼ばれる）の説では、これが逆になり、爪についた指骨を第一指骨、掌骨と連接する指骨を第三指骨といいます。本書は後者にしたがいました。

＊手の平の色で故障を読む

顔色を見れば、どの器官が悪いかが分かるものです。白色は肺臓、黒色は肝臓、副腎、紫色は循環障害、呼吸困難、青色は胃腸、緑色は脾臓、黄色は肝臓、赤色は心臓の故障に関係しています。

その顔の色と同じ色素が不足していますから、その色彩の食物を食べるようにすると、健康色にもどります。

たとえば、顔色の黄色い人はニンジン、ミカン、ゆばなどを食べるとよく、青い人は緑野菜、黒い人は黒豆、黒ゴマ、コンブ、黒焼、赤い人は小豆やリンゴなどを食べるとよいといった具合です。

手の平の場合も、ほぼそれと同じです。赤と白がみかげ石（花崗岩）のように、まだら状に入りまじったものは、肝臓の障害をあらわしていますが、温冷浴をやるときれいになります。はなはだしく青白いのは、貧血です。

前にも述べたように、手の静脈怒張（青筋）は便の停滞を示します。図25（49ページ）のように、右の手の平に出ているのは廻盲部、右の手指部は上行結腸、左の手指部は下行結腸、左の手の平部はS状結腸の便の停滞です。

手の平の場合、普通生命線に沿って青筋が出ます。感情線のところに青筋のあるのは、横行結腸の便の停滞で、左右の大脳半球を連結する脳梁《のうりょう》（胼胝《へんち》体）の血管膨張（循環障害）を招き、ひいては精神異常を引き起こします。

手の平の中央部が青いのは、静脈がふくらんでいることを意味しています。同時に腸の静脈もふくらんでいて、その機能が低下しています。

手の平の黄色い人は、病的性質で胆汁質です。

また、はなはだしく赤いのは激しい気質で、脳卒中に冒される危険があります。

指の色が青黒いのは胃ガンです。

手の平の皮膚が繻子《しゅす》のようにはなはだしく滑らかな人は、リウマチや痛風に冒されています。

かさかさした皮膚は、発汗が不十分なため、皮膚病や胃ガンにかかりやすい傾向があります。

やせて硬い手は、消化系統の不全を示しています。

＊手の形が示す、かかりやすい病気

手は、指と手の平の形によって、次の五つの基本型に分けることができます。

①方形の手　②へら形の手　③円錐形の手　④精神型の手　⑤混成型の手

がそれです。

①方形の手＝図173①のように、指ばかりでなく、手の平そのものまで方形をしています。神経痛、胆石に注意してください。

とくに、打撃縁に丸みがなくペシャンコなのは、右手なら右側、左手なら左側のリウマチにかかります。

これは尺骨神経が冒されたもので、小指と薬指が曲がったまま伸びなくなります。

②へら形の手＝同②のように、手の平は方形をしておらず、手首のところが幅広く、指の付け根が狭くなっています。逆に、手首のところが狭くなっていることもあります。

指先は幅が広くなります。こうした形をした手の人は、心臓病、脳出血に注意してください。

③円錐形の手＝同③のように、手の平は適度の大きさで、指の付け根のところでやや細まっていますが、指先は丸くなっています。呼吸器の病気にかかりやすいのが特徴です。

④精神型の手＝同④のように、指がほっそりして先がとがり、手全体が長細くて幅が狭いので、弱々しくみえます。こうした手の持ち主は、心身症にかかりやすいといえます。胃腸病にも注意してください。

⑤混成型の手＝同⑤のように、ある指はへら形、ある指は方形、ある指は円錐形と混在しています。こうした手の持ち主は、病気になっても回復が早いことを意味しています。

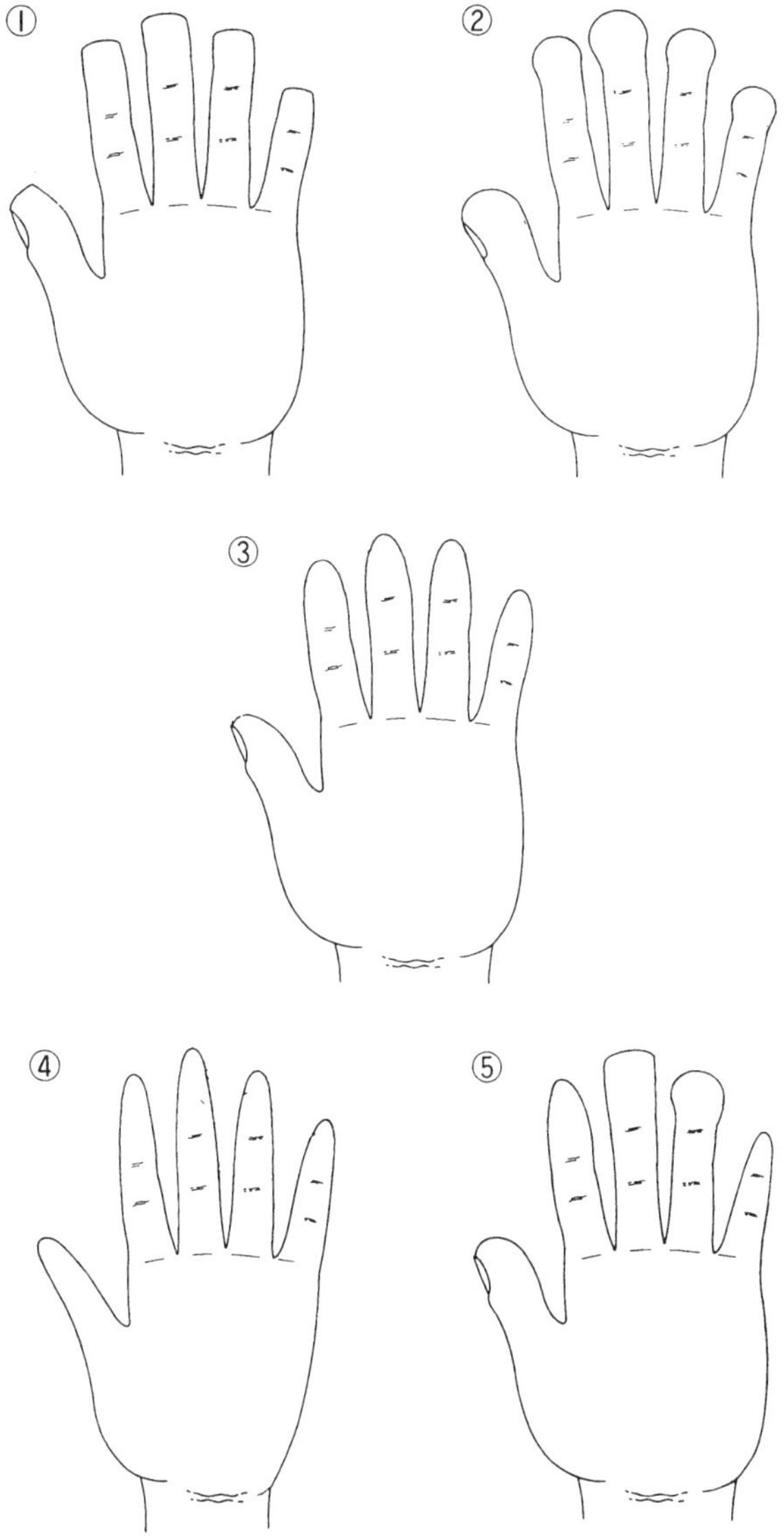

図173

＊酸性体質とアルカリ性体質

病気というのは、血液を弱アルカリ性に保とうという身体の調節作用です。吐くことによって余分の酸を捨て、下痢することによって余分のアルカリを捨てているわけです。酸が多すぎるときは、熱を出してアルカリを呼び起こそうとします。

手相をみるときも、まず酸性体質かアルカリ性体質かを見分けることが必要です。

図174をみてください。金星丘はアルカリ性をつかさどりますから、生命線はできるだけ大きな弧を描きながら、終末は手首に向かって垂直に降りるほうがよいわけです。

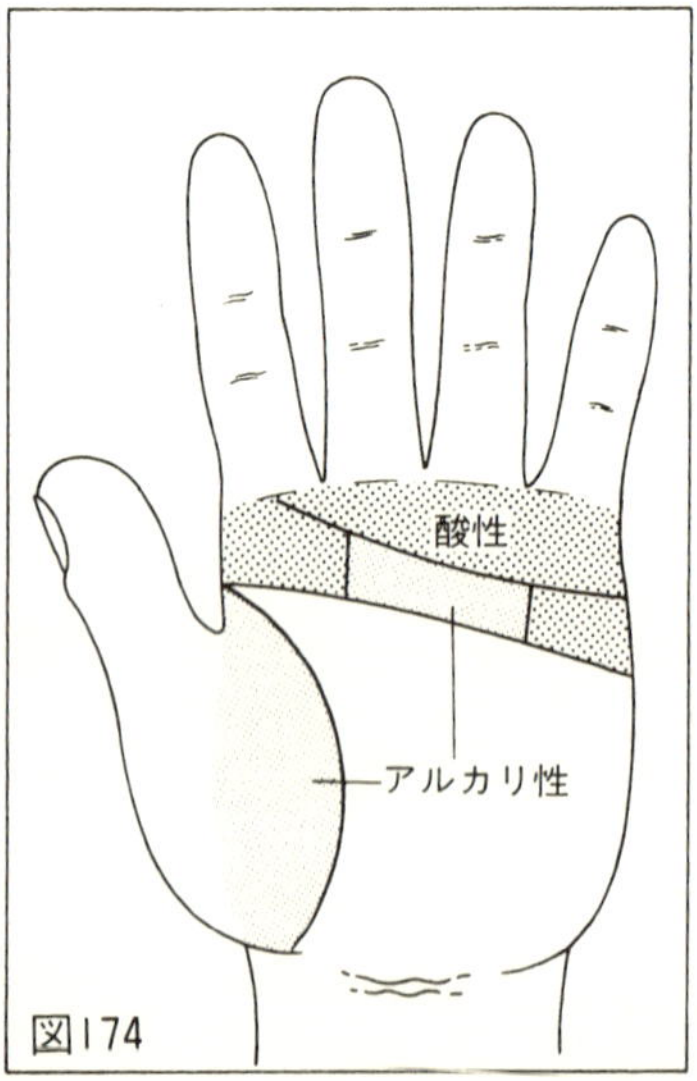

図174

これに反して、感情線の上部は酸性で、感情線の位置が下になるほど酸性は強くなります。また、頭脳線が水平に走るほどアルカリ性で、手首に向かって斜めに降りる(月丘に入る)ほど酸性となります。

感情線と頭脳線にはさまれた部分＝方形

はアルカリ性で、その両外側の部分は酸性です。

図175のように、生命線、頭脳線、感情線の三主線がくっついているのは、アルカリ過剰を意味しています。こういう人は両肩

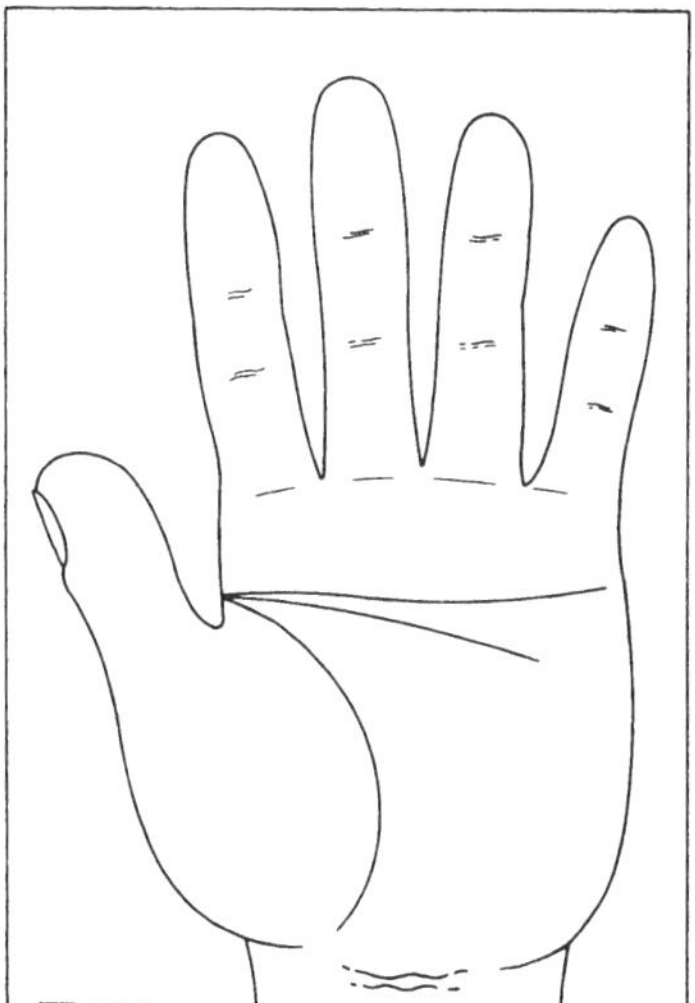

図175

が前へ出て姿勢が悪いため、前腕を形成する二本の骨（撓骨《とうこつ》と尺骨）が離れる傾向があります。これを直すには、手で同側の肩をつかみ、反対の手でひじを後上方へ押すようにします。

また、中指を中心として、指が小指側へ曲がる人はアルカリ性体質、親指側へ曲がる人は酸性体質です。

アルカリ性過剰の代表的な病気はガン、ゼンソク、テタニー（けいれん）、低血圧症、胃下垂などであり、酸性過剰のそれは動脈硬化、脳出血、糖尿病、発熱、風邪などです。

病気の七割は酸性過剰により、三割はア

ルカリ性過剰によるとされています。安静、煮た野菜食、温浴、笑うなどは体液をアルカリ性に傾かせ、運動、肉食、水浴、怒るなどは体液を酸性に傾かせます。

もともと、人間の身体には、自然に酸とアルカリの調節をする働きがそなわっています。たとえば、

①体液の酸性が高まると、呼吸を早めて二酸化炭素の放出を増やし、酸を少なくします。

②腎臓から酸性の尿やアルカリ性の尿を排泄して、体液を調節します。酸性、アルカリ性の調節でもっとも大きな役割をになっているのは腎臓です。

③肝臓では、タンパク質代謝によってアンモニアをつくり、そのアンモニアが酸過剰のときは、血中に入って酸性を中和します。

④酸過剰のときは血管が拡大し、アルカリ過剰のときは収縮して、中和をおこなうようになっています。

なお、酸性体質とアルカリ体質の特徴を表にまとめておきましたので参考にしてください。

	酸性体質	アルカリ性体質
神経	交感神経緊張症	副交感神経（迷走神経）緊張症
皮膚	顔がいきいきしている	青白い
筋肉	身体がこわばっている	ぐにゃぐにゃで力がない
体格	四肢が胴より発達（長線扁平型）	四肢より胴が発達（短線丸型）
血圧	高血圧が多い	低血圧が多い
頭髪	はげ頭が多い	毛がこわく白髪になりやすい
眼球	内側へ寄る	外側へ寄る
瞳孔	大きい	小さい
手指	中指を軸として指が親指側へ曲がる	中指を軸として指が小指側へ曲がる
手の平	感情線の囲む面積が大	生命線の囲む面積が大
運動	動くと疲れる	動くと元気が出る
分泌	少ない（唾液，胃液発汗等）	多い
睡眠	ねむい（昏睡）	ねむりにくい(不眠)
疾病	脳出血，糖尿病，発熱等	ガン，ゼンソク，テタニー等
性向	衝動によって動き，悲観的，闘争的	勇気に乏しく，平和と快楽を要求

＊指の意味するもの

指は、俵のようにふっくらとしたのがよく、各指をそろえて引きつけ、間がすかないのは栄養がいいことを示します。

また、指先は丸くて円錐形をしているのがよく、偏平なのは水分不足です。節《ふし》くれだったのはリウマチの傾向を示していますから、毛管運動（30ページ参照）で直す必要があります。

太鼓のバチ指といって、指先が丸くふくれあがっている（図176）ものは、小さいときに百日咳にかかった人が多く、その年齢は生命線の切れ目で調べられます。

先天性心臓疾患、僧帽弁疾患、脊椎側彎症による心臓疾患、気管支拡張症、肺膿瘍、肺壊疽などといった胸部臓器の疾患に見られます。これは、うっ血が原因になっ

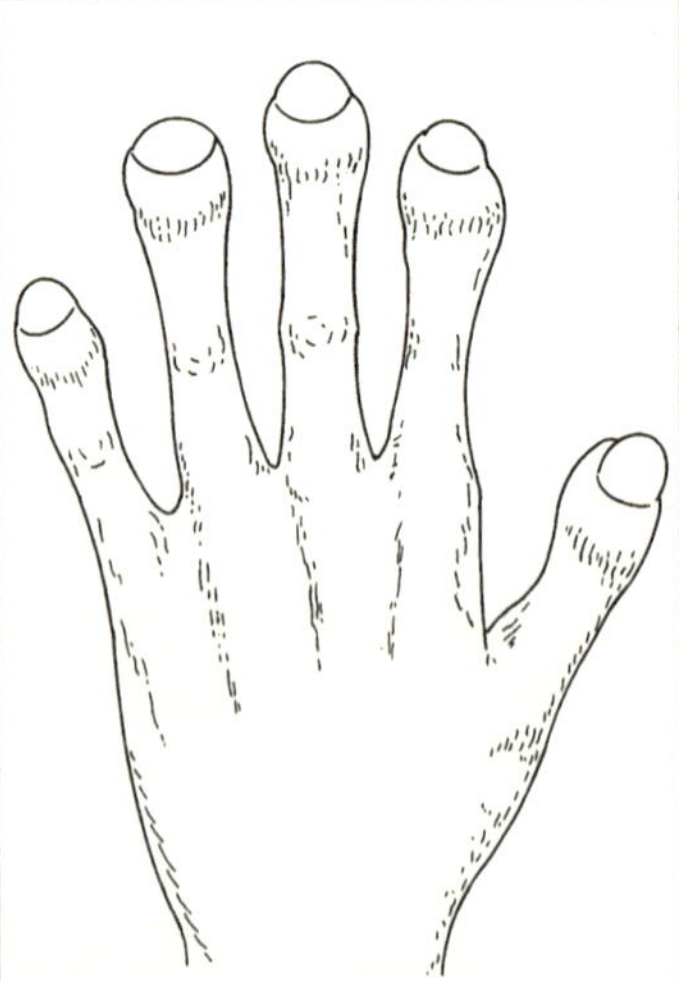

図176

図177　ホルモンを分泌する動静脈吻合管

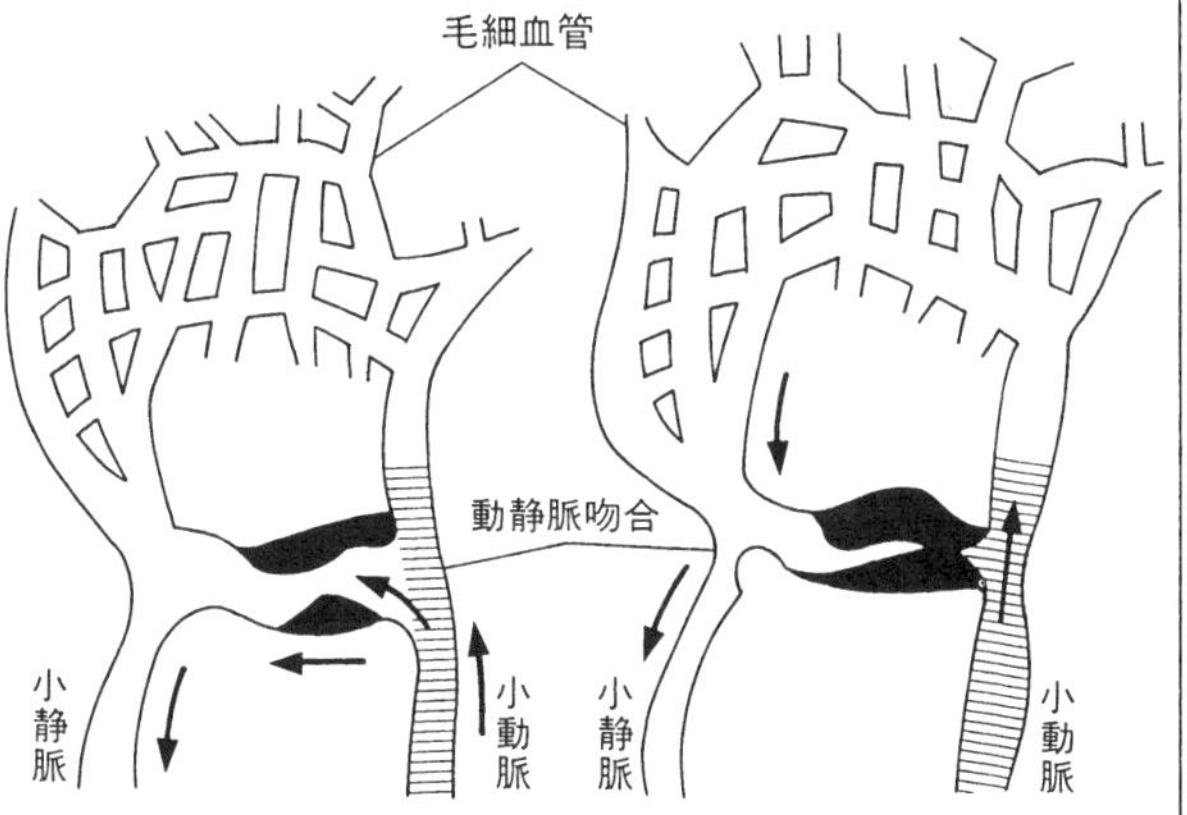

て酸素の欠乏をきたした結果ですが、これも毛管運動をつづければ治ります。

動脈と静脈は五一億本の毛細血管によって連絡されていますが、その七五％は四肢、六〇％は皮膚に配置されています。人間の毛細血管の直径は平均八ミクロン（一ミクロンは千分の一ミリメートル）で、細いものは赤血球がやっと通れるくらいです。

これとは別に、動脈を直接、静脈に連結する動静脈吻合《ふんごう》管（グローミュー）という血管があります。

この動静脈吻合管は指先、口唇、生殖器官、その他あらゆる臓器器官に存在し、毛細血管と交互に収縮拡大して、血液循環の調節、体温の調節、血圧の調節をおこなっています。

また、この動静脈吻合管は潜在意識すなわち自律神経（植物性神経）の場であり、一種のホルモンを分泌するともいわれています。図177の右側はこれが収縮して毛細血管が拡大し、左側はこれが拡大して毛細血管が収縮している場面を図解したものです。

これがアルコールで硬くなる（変質、硬化、開放）と動脈硬化症となり、砂糖で融ける（消失、軟化、萎縮）と糖尿病となり、ひいては万病に発展します。

これを再生強化することが、健康、若返りの秘訣ですが、温冷浴や毛管運動で毛細血管を収縮させ、動静脈吻合管に血液を通し、生野菜食でその壁を作ることができます。

生野菜も汁だけでなく、野菜をそのままよく噛んで食べるかすりつぶしてカスごと摂るようにします。

＊血液のアルカリ度をつかさどる親指

さて、五本の指は、それぞれ性質や内臓器官を示しています（図178）。

親指は体液、血液のアルカリ度をつかさどっています。つまり生命の本能、精神状

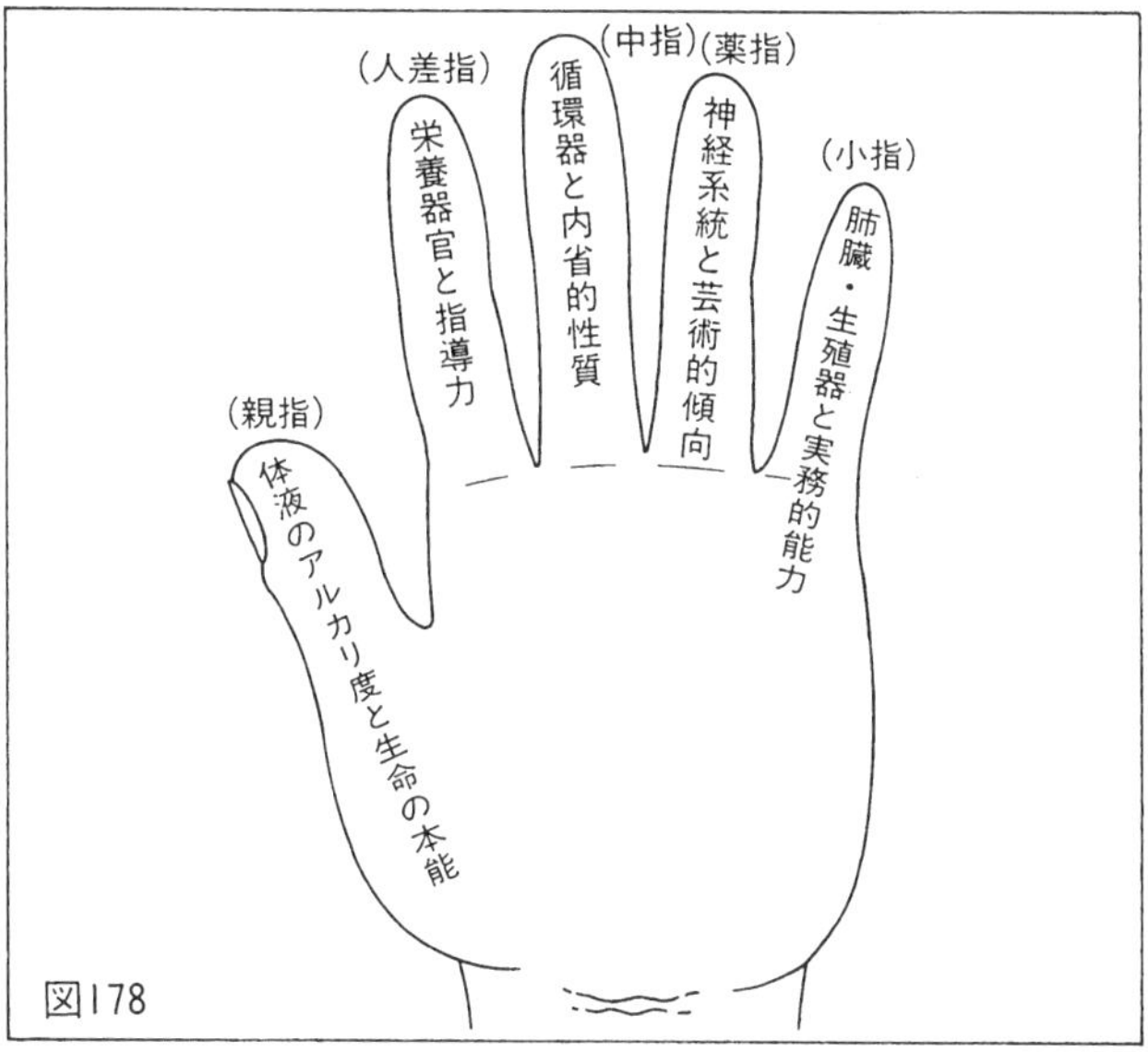

図178

態にも関わっているわけです。

親指は長くてしっかりしているのがよく、弱い親指が手の平に近接しているのは、疾病に対して抵抗力が弱く、知的能力にも乏しいといえます。

親指を内にして手を強く握ると、各丘が発育し、主線もはっきりします。直立の姿勢でかがみ、握った手が床に着かない人は下肢が硬化しているからで、脳出血、腎臓病、胃病、肝臓病、脊髄病、座骨神経痛等に冒されるおそれがあります。しかし、これは着くよう練習することによって予防できます。

赤ん坊が生後数日を経ても、なお親指を

他の四指の内側へ入れたきりなのは、虚弱です。一週間以上経ってもそうなのは精神に欠陥があります。

重病人の親指を手の平側へはじいてみて、はね返るのは助かる見込みがありますが、死期が近づいて意識がなくなると、親指は力を失って手の内側に垂れ、弾力がありません。

＊栄養をつかさどる人差指

人差指は肉体的には肝臓、胃、腸、膵臓などの栄養器官をつかさどっています。過食すると人差指が硬くなります。また、右手は肝臓、左手は胃に関係しています。

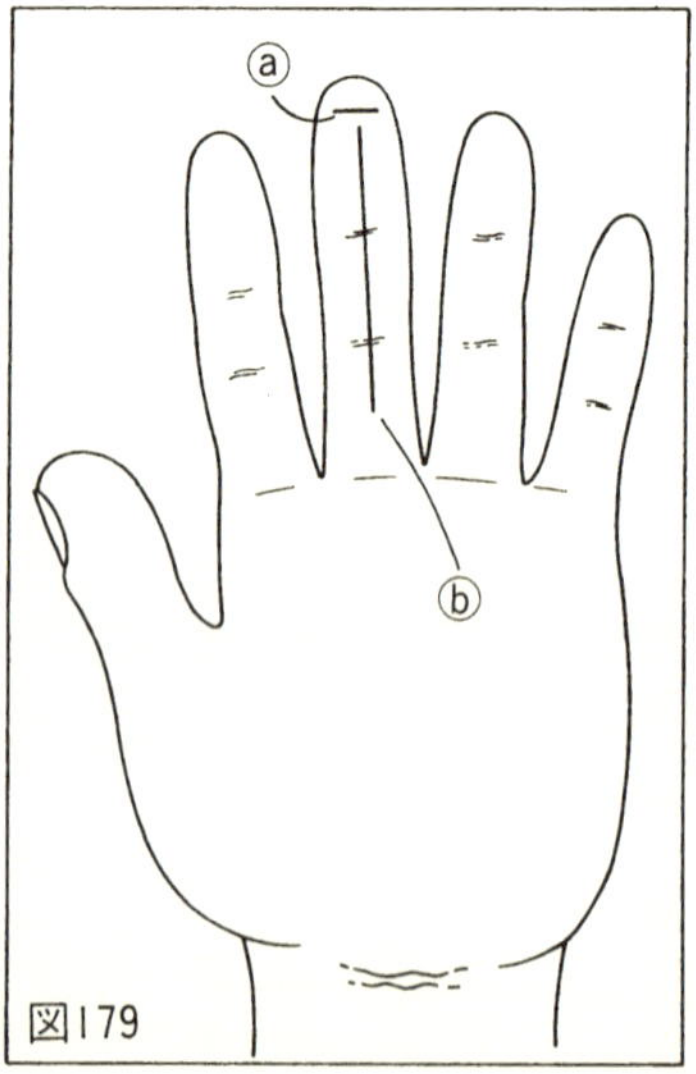

図179

＊循環系統をつかさどる中指

中指は心臓、腎臓、血管の循環器系統をつかさどっています。

中指がはればったい人は腎臓病で、根もとの土星丘が貧弱である場合がほとんどです。

　中指の第一指骨上に横線や十字がある（図179—ⓐ）のは、自殺の傾向があり、精神錯乱を起こします。下向線が、上関節および中関節を横切る（同ⓑ）のは、宿便がいっぱいたまっています。

　図180—ⓐのように第二指骨に格子があるのは、足、耳、神経系統といった土星丘で示される疾患の示徴でもあります。

　第三指骨に十字がある（同ⓑ）女性は、不妊の疑いがあります。

＊神経系統をつかさどる薬指

　薬指は神経系統、とくに視覚中枢をつかさどっています。

　また、頭痛持ちの人は薬指の動きが悪く、テンカンや聾唖《ろうあ》のなかには薬指の動かない人がいます。

　薬指を動かすようにすると頭がよくなり

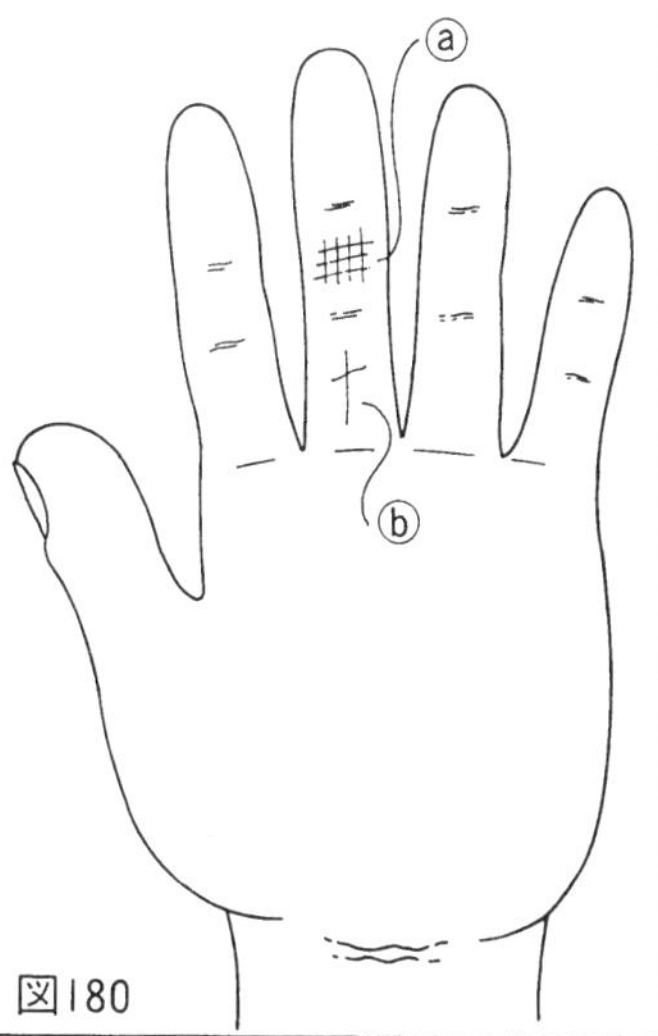

図180

の指を動かす練習も同時におこなう必要があります。

なお、図181のように第一指骨に格子があるのは、最悪の精神錯乱です。

＊生殖器系統をつかさどる小指

小指は肺臓、生殖器をつかさどっています。

小指が曲がっているのは、曲がっている側の肋膜の癒着があります。

小指は薬指の上関節まであるのが標準ですが、曲がって縮んでいる女性は、足腰が冷えやすく、子宮も小さいことを示してい

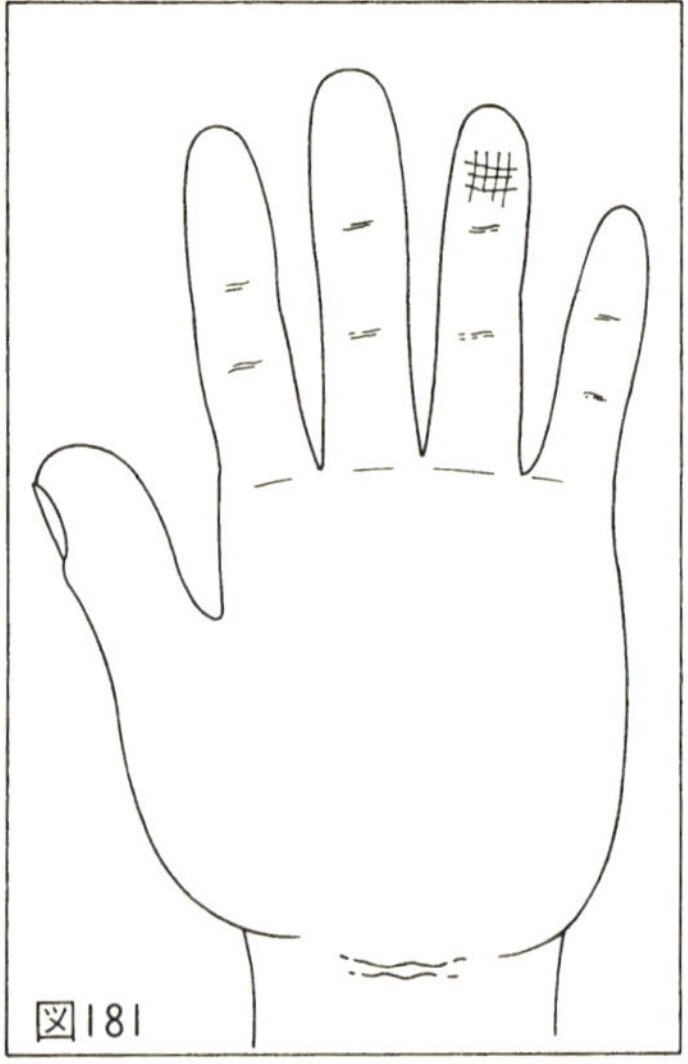

図181

ます。五指を広げて手の平を机の上につけ、薬指だけを机から離して、それが高く上がるほど優秀です。引っ張り上げる練習をしていると神経系の故障は治ります。

ただし、ピアニストのように、手ばかり使っていると神経過敏になりますから、足

ます。

＊すべての指に共通すること

指は、必要に応じて長くも短くもできるようでなければなりません。これは、手の形、すなわち手を組み立てている骨の相対的な位置を変える練習を積めば誰にでもできます。

親指は第一、第二指骨があり、他の四指は第一、第二、第三指骨がありますが、指の全長を一〇とすると、次の比率をなすのが正常です。

第一指骨：第二指骨：第三指骨＝二・三・五：四・五

図182のように、どの指にも各指骨に縦線があるのは、〝米俵〟といって健康であることを示しています。入浴後、指にしわが寄るのは浮腫（むくみ）のとれたことを示します。

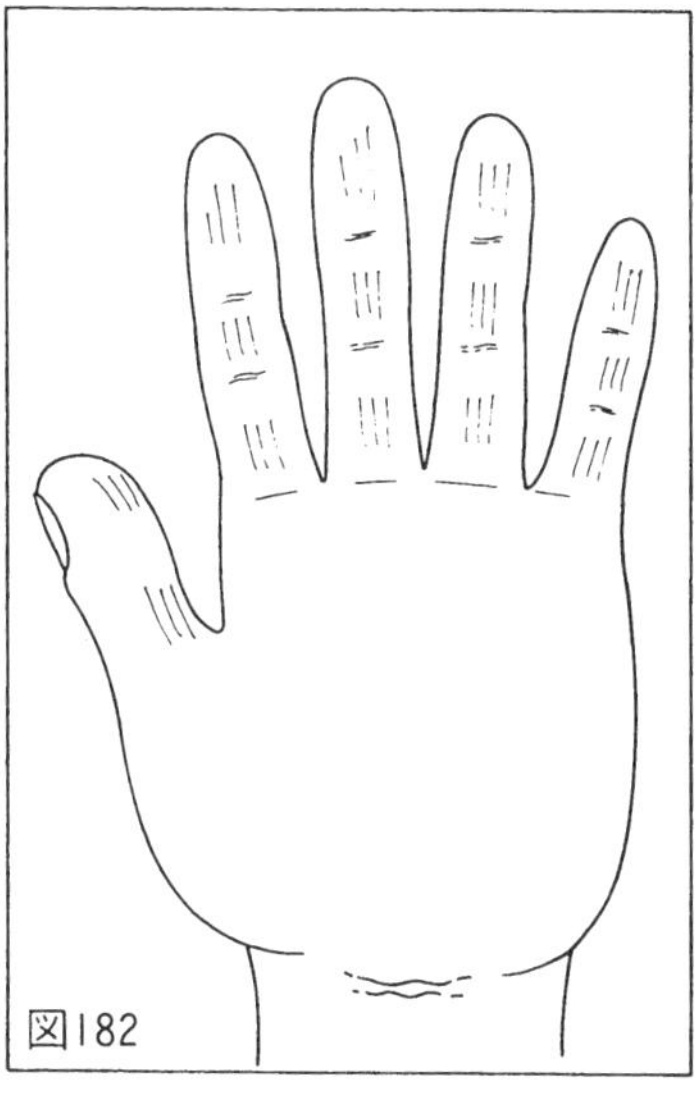
図182

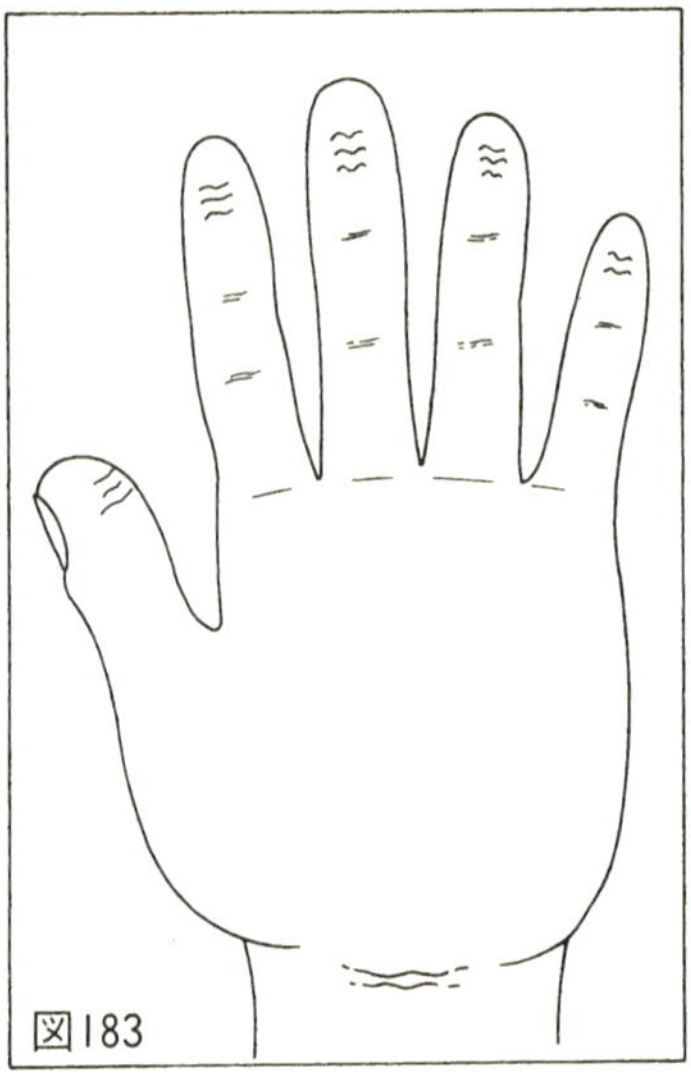
図183

すべての指で第一指骨上に横線が多くある（図183）のは、逆に不健康なことを示しています。

＊爪の三日月、しわの読み方

爪は、表皮および真皮の結合によって成る器官です。そして胎生学上、表皮は外胚《はい》葉《よう》より、真皮は皮下組織とともに中胚葉より発生するものです。ですから、爪は毛髪および歯と同じく、表皮の変形物です。

親指は、先に述べたように、指の代表であり、爪をみる場合も、親指の爪の観察が重要です。親指の爪は完全に生えかわるには四カ月を要しますので、それくらいの期間をかけて判断する必要があります。

さて、爪で健康状態をみる場合、三日月が大事だとよく言われます。たしかに、三日月（小爪）のはっきりした人は下痢をしてもケロリと治りますが、三日月のない人は大食家で始終下痢がちです。宿便が腸の内壁に固着していて吸収率が悪く、胃腸病、肺炎、脳栓塞の傾向があります。

しかし、三日月が爪の三分の一以上出たものは、吸収率がよすぎて脳出血を起こす危険があります。このような人は爪が両側の肉に食い込みますが、成人なら動脈硬化症や脳出血に、子供ならリンパ体質になりやすいのです。

三日月が多く出ている人は、酒を飲むとすぐ顔が赤くなり、じきに酔いますが、三日月のない人はなかなか酔いません。そういう人は胃下垂とか、慢性軟便症とかが多いので、お酒を飲んだほうがよいのです。飲むといっても、夕食のときにさかずき一、二杯のお酒を飲むと、胃腸の調子がよくなって太ってきます。量が多くては逆効果になります。

健康な人の爪は薄紅色で光沢がありま す。爪が赤すぎるのは充血で、のぼせ症や熱病にみられ、指先に動脈血がたまっていることを示しています。

蒼白なのは貧血で、むくみのあるときも白っぽくなります。

青みがかかっているのは静脈血の停滞で、ひどくなると黒ずんできます（チアノーゼ）。これは血液中の酸素の不足を示し、死の迫った危険状態です。

黄色っぽい爪は肝臓障害です。

爪にポツポツと小さな穴や凹みがあるのは横の溝と同じく、便秘か寄生虫です。

盛り上がってゴツゴツした岩のようなものが爪にできるのは、動脈硬化症か梅毒の疑いがあります。

爪に白い斑点ができるのは寄生虫や貧血症で、血液循環に欠陥があることを示しています。

黒または青い斑点は、伝染病などによる血液中毒症（敗血症）の場合にあらわれることが多く、黄色い斑点は肝臓病に随伴しています。

爪に縦のしわがあるのは老人に多くみられますが、心臓の弱い人に多く、皮膚を包みすぎる結果です。近ごろは、冬は暖房、夏は冷房ということで、皮膚を弱くしてしまいがちで、暑さ、寒さに対して皮膚を鍛練するように心がけなければなりません。

横の溝は寄生虫による障害と爪の成育の停止を示し、便秘症の人に多くみられますが、リウマチや急性伝染病などで、その時期に爪のカルシウム分が不足したことも示しています。

爪に点状の凹みがあるのは、便秘や寄生虫（主に回虫）です。

横の溝ばかりでなく、凹凸のあらわれる指によって、その意味が変わってきます。

親指に凹凸が出た場合は心身が疲労しやすく、人差指では胃腸や肝臓の故障、皮膚病、中指は心臓、腎臓、血管の故障、尿酸の筋肉内停滞によるリウマチ、関節炎など、薬指は神経系統の疾患、眼病、気管支炎などの障害、小指は呼吸器、生殖器の疾患に関係しています。

これは凹凸や溝ばかりでなく、爪のすべての変化についていえることです。

＊爪の形で健康状態を読む

爪が細長いのは下痢、短いのは便秘で、短い人は土星丘に金星帯ができることが少なくありません。

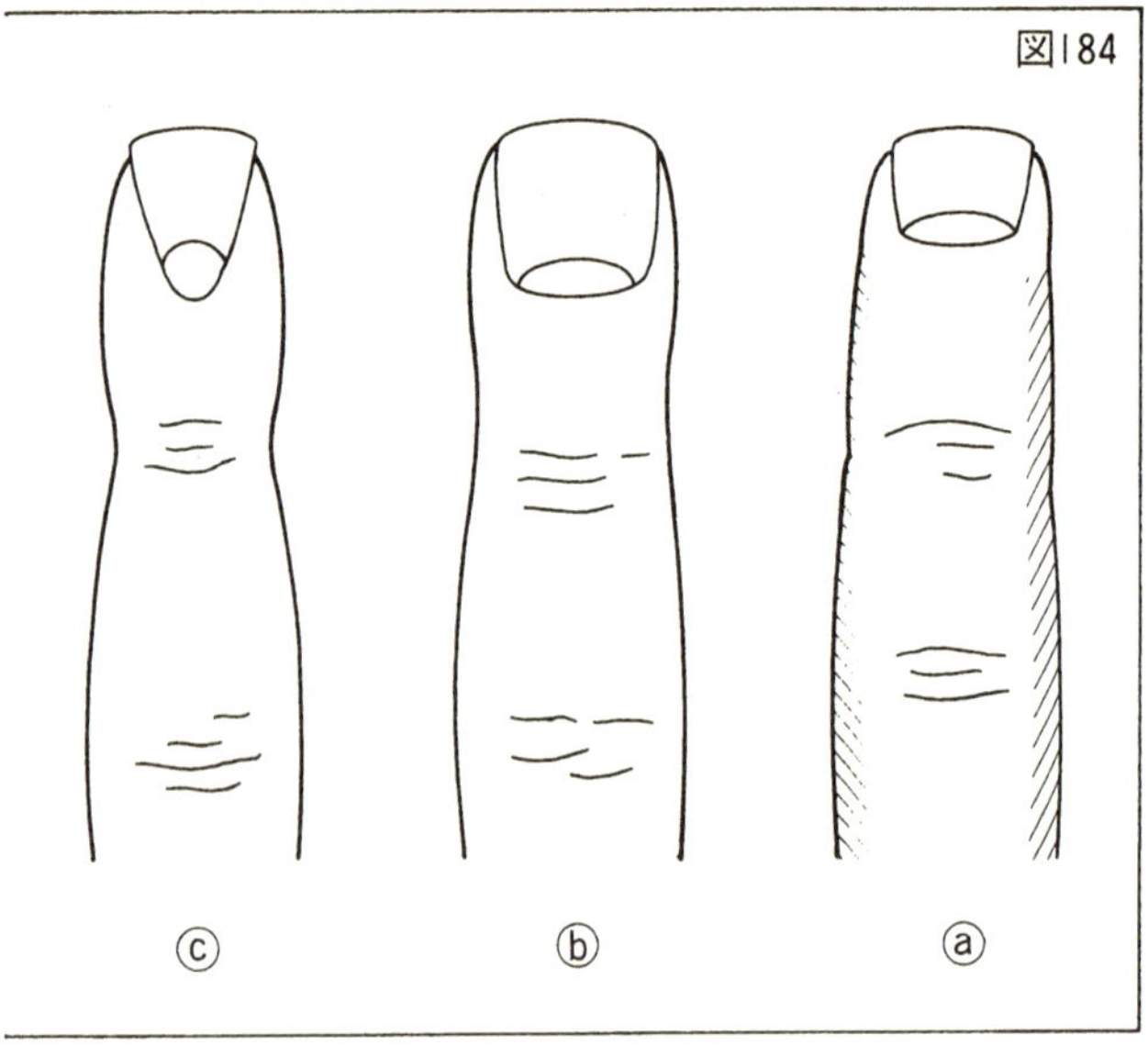

図184―ⓐのように、短くて方形で青みがかった爪は、死んだ人の爪と同じで、心臓に障害があることを示しています。

短くてあまりに幅の広い場合は、神経過敏やノイローゼの素質を持っています。

同ⓑのように、幅広く基底のところが方形、つまりほとんど四角に近い爪も、心臓病や病的な神経症に悩まされやすい人です。

爪の幅が広いうえに三日月がみえず、指が短くて太い不格好な手をした人は十二指

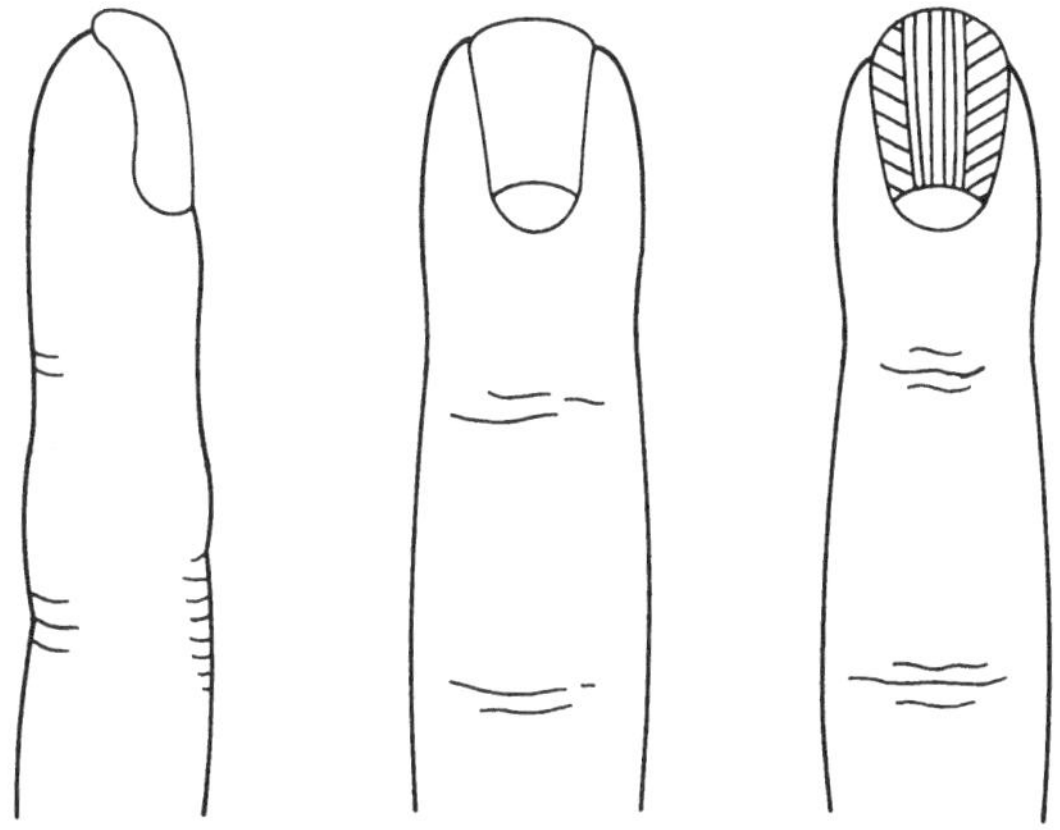

腸潰瘍の素質があります。

同ⓒのように、短くて三角形の爪で、三角形の項点が指骨へ近接しているものは、マヒ症に冒される恐れがあります。

さらに、三角形をしているのは、脳脊髄の障害や中風を起こしやすい人です。

長い爪で特に薄くてもろいときは、身体が弱く知能を欠くことが多いものです。

同ⓓのように、長くて薄くかつ曲がっているのは、呼吸器が弱く、咽喉痛に冒されやすい傾向があります。

爪に畝《うね》または縦溝のついているのは肺結核の示徴です。

また、ドングリ状になっている爪は、動脈系統の弱い人にみられます。

爪が長く、三日月があらわれ、指も細長い人は胃潰瘍の疑いがあります。

同ⓔのように、細く弱く、左右側方が巻き込んだ爪は、脊椎カリエスになります。

また、オウムのくちばしのように、あまりに中央が高くなった爪は、呼吸器疾患に冒される素質を持っていることを示しています。

爪が碁石のように丸くなり、手の平が黄色みを帯びているのは肝臓障害の兆候とみてまちがいありません。

同ⓕのように、爪の先が鷲の爪のようにわん曲しているのは、カルシウムが糖によって奪われるからです。爪に横の溝があらわれたり、糖尿病性壊疽《えそ》によって足指が黒くなり、爪が脱落することもあります。

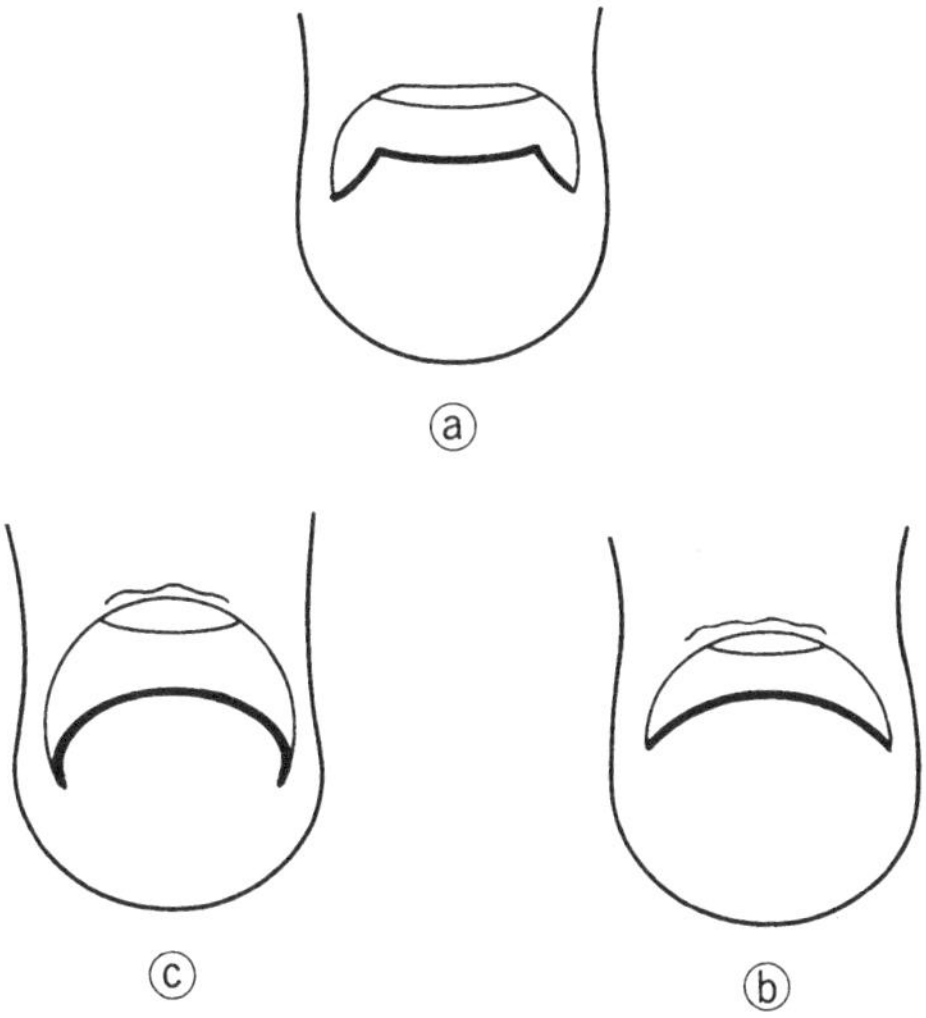

図185

竹を縦に割ったような爪は動脈硬化症、鳥の爪のように曲がった爪は糖尿病で、丸くてつやがあるのは肝臓障害です。

なお、ヒポクラテス（紀元前四六〇―三七七年）は、人差指の爪が内側へはなはだしく曲がっているのは、ルイレキおよび肺病の示徴であると指摘しましたが、この診断は今日に至るまで正しいと認められています。

指先については、図185をみてください。正常な爪はなだらかな穹窿《きゅうりゅう》形（弓形または半球形）をしていなければなりません。

穹窿の側縁が急に落下して屋根のような

形をしている（同ⓐ）のは、動脈硬化症およびＩ腎臓疾患の兆候です。

穹窿がアーチ形をとり、ほとんど半円に近いもの（同ⓑ）は、腎臓機能の障害により中毒症が起こっています。

筒形になっている（同ⓒ）のはガンに冒される素質のあることを示します。

また、爪が薄いとか、もろくて欠けやすいのは、体内のカルシウムが不足して、風邪などひきやすいことを示しています。カルシウムが不足する最大の原因は、白砂糖のとりすぎです。が、水の不足によるグアニジン中毒、副甲状腺の異常によって、カルシウムが血液中に溶かし出されることによっても起こります。

カルシウム不足を解消し、爪を丈夫にするには生水飲用、生野菜食、小魚を骨ごと食べること、毛管運動、温冷浴、硬枕によって頚椎を整えることなどがあります。

さらに、内分泌腺の障害によっても爪の変化が起こります。たとえば、甲状腺機能減弱症にかかると、爪は乾燥し、もろく、割れやすくなり、溝ができます。また、脳下垂体機能亢進症では、陰茎の肥大、陰毛発育の旺盛とともに、爪が肥大します。

むすび

米国ペンシルベニア大学のベリー博士が著した『身体疾患としての手』（Theodore J. Berry, The Hand as a Mirror of Systemic Disease）という本は、手や指や爪の形、色などの変化を、各病気に応じて、写真入りで説明したものです。この本でベリー博士は、手をみて診断することは、迅速で、しかも費用も労力もかけずにできることであり、内科医は手の観察に注意をはらうべきだと言っています。

個人の識別や犯罪操作に利用されている指紋には、渦と流れの二種類があります。渦は自然の恵みを受けており、その指のあらわす器官（183ページ参照）の丈夫なことを、また流れは文明の影響を受けていて、弱点のあることを示します。

染色体の異常による精神薄弱の一種ダウン症候群（蒙古症）は、掌紋に異常があるとされていますが、食事療法などでかなり改善した例もあります。

サルの手は、人間の足のような形をしており、三主線が一つになっています。これをわれわれは「猿線」と呼んでいますが、これが二線（感情線と頭脳線が一本になっていて、生命線の一本と対立している）に進化したのが、いわゆる「ますかけ」です。これも、環境の変化によって三本になる場合があります。仏像の手の線も、初めの頃は「ますかけ」が多く、後になると三本になってきます。

人に使われるとか、単純な肉体労働をする人は、三主線だけで十分ですが、人を使ったり計画を立てたりする立場の人は、見通しをつける運命線が必要であり、人気を得るとか特技を活かして生きていくには、太陽線（個性線）をつくらなければなりません。

「病人が手鏡をみる」という言葉がありますが、手の色、形、線などは変化しうるものなのです。自分の長所を生かし短所を補い、悪い示徴は消し、不明瞭で短い線ははっきりした長い線に変えていくのが健康増進、病気の回復につながります。生野菜をたくさん食べる、親指を内にしてこぶしを強く握る、手足をあげて微振動する毛管運動などは手相を改善する方法の一つですが、本文でも述べたように、ぜひ実行してみてください。

詳しくは、拙著『西式健康法』（潮文社刊）をお読みください。

平成元年一〇月一日

樫尾太郎

樫尾 太郎（かしお たろう）
1918年（大正７）新潟県生まれ。
1942年　東京大学医学部卒。医学博士。
内科専攻。元名古屋商科大学講師。
著書　「君も秀才になれる」「近眼治療法」
　　　「保健治病の手引き」「顔による診断と治療」など多数。
訳書　「生野菜汁療法」
　　　「いたみ」

〔お願い〕
著者樫尾太郎先生は1996年（平成８年）12月ご逝去されました。
申し訳ございませんが、本書の内容に対するご質問につきましてはご遠慮させて頂きます。（株式会社東洋書院編集部）

【復刻版】完全図解！
医者が教える
手相の健康法則

２０１８年６月28日　初刷発行
定　価――本体１、６６７円＋税
著　者――樫尾太郎
発行者――斎藤 勝己
発行所――株式会社東洋書院
〒１６０－０００３
東京都新宿区四谷本塩町15－８－８F
電　話　０３－３３５３－７５７９
ＦＡＸ　０３－３３５８－７４５８
http://www.toyoshoin.com
印刷所――株式会社平河工業社
製本所――株式会社難波製本

ISBN978－4－88594－519－9